MISSION
FORESTIERE
COLONIALE

TOME DEUXIÈME

LES BOIS
DU GABON

A. BERTIN

2e Édition
revue et augmentée

LIBRAIRIE LAROSE
11, Rue Victor Cousin
PARIS
1929

MISSION FORESTIERE COLONIALE

Les Bois du Gabon

DU MÊME AUTEUR :

(Onze volumes)

Six volumes : **Mission d'Etudes Forestières** envoyée dans les colonies françaises, par les Ministères de la Guerre, de l'Armement et des Colonies : chef de mission, Commandant A. Bertin, inspecteur des forêts.

Ire partie. — **Les Bois de la Côte d'Ivoire.**

Etat civil des bois usuels. — Liste des bois susceptibles d'une mise en œuvre immédiate. — Usages possibles pour les bois choisis. — Fiches indiquant les propriétés physiques de chacun de ces bois. — Répertoire des noms indigènes permettant d'identifier les espèces ligneuses de la forêt avec l'aide des prospecteurs indigènes.

1 volume in-8° avec reproduction photogr. et carte.

IIIe partie. — **La Question Forestière coloniale** (en deux volumes).
Situation du commerce des bois. — La question forestière aux colonies. — La forêt tropicale. — Les exploitations coloniales. — Sylviculture coloniale. — Etude au point de vue des industriels de la métropole. — Classement industriel des Bois.

Deux volumes in-8°, avec reproductions photogr. et cartes.

IVe partie. — **Les Bois du Cameroun.**

V^e partie. — **Les Bois de la Guyane française et du Brésil.**
Un volume : **Les emplois chimiques du bois et l'utilisation des déchets d'exploitation** (Vie Technique et Industrielle).

Une brochure : **Régime forestier dans les Colonies françaises. Réglementation des concessions et permis de coupe** (Vie Technique et Industrielle).

Une brochure : **Comment augmenter la production et le rendement de nos forêts traitées en taillis.**

Une brochure : **Des principaux modes de transports forestiers.**

Un volume : **Cours d'exploitation forestière coloniale,** professé à l'Institut National d'Agronomie coloniale — à l'Ecole supérieure pratique de Commerce de Paris — à l'Institut Technique colonial — à l'Ecole de Législation et de Pratique coloniale, etc...

Publication faite sous le patronage des **MINISTÈRES** de la Guerre, de l'Armement, de l'Agriculture et des Colonies. — Du **COMMISSARIAT GÉNÉRAL** de la production agricole de l'Afrique du Nord et des Colonies françaises (M. le député Cosnier, Commissaire-général) — et de l'**UNION COLONIALE FRANÇAISE** (M. Chailley, directeur).

Mission d'Etudes Forestières

ENVOYÉE DANS LES COLONIES FRANÇAISES

PAR LES MINISTÈRES DE LA GUERRE, DE L'ARMEMENT ET DES COLONIES

CHEF DE MISSION :

Commandant A. BERTIN
Inspecteur des Eaux et Forêts

TOME DEUXIÈME

Les Bois du Gabon

avec 15 reproductions photographiques et 1 carte hors texte

Deuxième Edition

Revue et corrigée par le Colonel A. BERTIN
Conservateur H. C. des Eaux et Forêts
Conseiller technique du Ministère des Colonies

PARIS
LIBRAIRIE LAROSE
11, RUE VICTOR-COUSIN, 11

1929

GOUVERNEMENT GÉNÉRAL
DE
*l'Afrique Équatoriale Française
et de l'Afrique Occidentale Française*
—

Paris, le 10 février 1918.

Le Gouverneur général de l'A. E. F. et de l'A. O. F.

à Monsieur le Chef de Bataillon A. BERTIN,
Inspecteur des Eaux et Forêts,
Chef de la Mission forestière Coloniale

Mon cher Commandant,

Je vous remercie de m'avoir offert de patronner votre travail, je déplore toutefois que la lourde tâche à laquelle je dois tous mes instants me condamne à être aussi bref.

J'ai suivi avec le plus grand intérêt les recherches de votre mission à la Côte d'Ivoire, au Gabon et au Cameroun, où vous avez évolué dans la grande forêt équatoriale, cette terrible « mangeuse d'hommes », selon l'expression du général Galliéni, et qui a constitué l'obstacle le plus puissant à ma pénétration en Côte d'Ivoire.

Cette forêt, je la connais de longue date, et j'ai plus que jamais la volonté de l'exploiter rationnellement, pour qu'elle serve enfin au progrès et au bien-être des peuples noirs, après avoir été la cause primordiale de leur existence chétive, inquiète et troublée par d'incessantes alertes, comme d'ailleurs le refuge des dernières résistances contre notre action civilisatrice.

« L'idée que l'on peut, en quelque sorte (dit M. P. Leroy-Beaulieu), civiliser l'Afrique, ou tout au moins en développer les richesses naturelles sans prendre toute la direction économique et politique des peuplades africaines est une idée frivole. » J'ai pris cette direction économique partout où l'occasion s'est offerte et je la prendrai encore pour la question forestière, où votre aide et votre expérience de technicien averti me seront précieuses.

Quels que soient les obstacles à vaincre pour y parvenir, la mise en œuvre de nos ressources forestières africaines entre dans mon programme de gouvernement. Pour moi, vous le savez, « gouverner » c'est non seulement prévoir, c'est avant tout vouloir, et j'ai la ferme volonté de réaliser cette grosse amélioration économique intéressant au premier chef les immenses régions de notre empire africain.

C. ANGOULVANT.

Le Gouverneur des Colonies CARDE,
Commissaire de la République Française au Cameroun

à Monsieur le Chef de Bataillon A. BERTIN,
Inspecteur des Eaux-et-Forêts,
Chef de la Mission forestière Coloniale

Mon cher Commandant,

C'est avec un intérêt très vif que j'ai suivi et aidé les travaux de votre Mission et que j'en vois paraître aujourd'hui les résultats.

Personne n'ignore que les besoins de la France en matières premières sont énormes à l'heure actuelle à côté de moyens de production singulièrement diminués, mais peu de gens savent que nos Colonies sont une mine de ressources incomparables qu'il suffirait d'un léger effort pour utiliser.

Plus particulièrement en ce qui concerne les bois, la situation est angoissante pour l'industrie métropolitaine.

Or, ces bois qui nous font défaut existent dans nos Colonies. Le Cameroun seul possède 15 millions d'hectares de forêts, deux chemins de fer, un réseau important de voies navigables, des ports d'embarquement, de la main-d'œuvre. Les Allemands l'avaient si bien compris que dès 1914 ils y avaient déjà amorcé l'installation de six scieries pourvues d'un outillage moderne complet. L'effort à faire consistera dans le développement des moyens de transport entre nos Colonies et la Métropole et dans l'étude approfondie de la question forestière.

Ce que j'exprime ainsi sont des banalités pour le monde colonial. Il faut atteindre le grand public français et c'est le but de votre livre.

Puissiez-vous le convaincre.

Dès maintenant, dans leur domaine, les coloniaux sont prêts à agir avec toute leur volonté et tout leur cœur pour aider à l'exploitation de nos magnifiques forêts.

CARDE.

NOTE DE L'AUTEUR POUR LA PREMIERE EDITION

Cette publication, comprenant six volumes, est présentée comme rapport de Mission. Le tirage en a été accéléré le plus possible.

**

Le présent tome contient un grand nombre de tableaux pour l'identification des espèces ligneuses. Le plan général, le cadre des tableaux, le style même de cet ouvrage ont été calqués sur le tome premier, puisqu'il s'agit d'exposer des matières identiques et puisqu'il s'adresse à des lecteurs différents ou au moins préoccupés d'une colonie différente. Il était important d'ailleurs, de faire en ces jours de guerre toutes les économies possibles de temps et de composition, et le plan identique des deux volumes permettra les rapprochements et les comparaisons. L'auteur demande l'indulgence du lecteur pour la présentation forcément aride et peu attrayante de ces études de classification et de détermination qui sont la base de toute la question forestière coloniale. On ne peut rien dire, ni faire de précis sans connaître d'abord les essences à mettre en valeur. Il faut nécessairement commencer par cet exposé aride plus important que tout discours.

Le tome troisième sera plus facile à lire.

Dans l'introduction de ce tome troisième, l'auteur remerciera et nommera toutes les personnes qui ont bien voulu l'aider de leurs conseils, et lui prêter des documents et des clichés photographiques. Dès maintenant il tient à leur exprimer sa reconnaissance et à leur annoncer des remerciements plus complets.

André BERTIN.

ANNEXE
POUR LA DEUXIÈME ÉDITION

Répertoire des noms locaux des principaux bois du Gabon central
Revu, corrigé et complété pour la deuxième édition

ACAJOU du Gabon — *Khaya sp.* (Méliacées) — s'appelle : *zaminguila* (en pahouin, akèlè) *ombega* en nkomi), *mombega* (en eschira).

AFANE (en pahouin) — *Panda oleosa* (Pandacées) *beupando* (en akèlè) — *movamba* (en eschira) — graine grasse comestible appelée « *pamba* » (en eschira).

AZOBÉ (à la Côte d'Ivoire) — *Lophira procera* (Lophiracées) — s'appelle : *akogha* ou *akoura* (en pahouin) — *ngoou* (en eschira, bapounou) — *okoka, bokoka* (en akèlè) — *bongossi* (au Cameroun) — Très beau bois de fer.

BAHIA (à la Côte d'Ivoire) — *Mitragine macrophylla* (Rubiacées) — s'appelle : *ntovo* (en nkomi) — *tobo* (à Sette-cama) — *elelom,* ou *elelom nzam* (en pahouin) — *tobou* (en eschira, bapounou) — *betoto* (en akèlè) — *bopé,* ou *okobi* (au Cameroun), écorce solide servant de semelles aux indigènes.

BILINGA (en gabonais) — *Sorcocephalus trillesii* (rubiacées) — s'appelle : *aloma,* ou *ntoma* (en pahouin) — *ntomba* (en akèlè) — *bilinga* (en eschira) — *mouroumbi* (en bandjabi, bapounou) — fruit comestible.

COULA (en mpongouë) — *Coula édulis* (Olacinées) — s'appelle : *ogoula* (en nkomi) — *éwoumé* (pahouin) — *bongomba* (akèlè) — *mougouminou* (eschira, bapounou) — *mougoumini* (bandjabi) — graines comestibles de la grosseur d'une noix, et ayant le goût de la noisette.

DOUKA (Loango) — *Dumoria africana* (Sapotacées) — s'appelle : *okola* (en pahouin) — *biadji* (akèlè) — *moudouka* (en eschira, bapounou, bandjabi) — voisin du makoré de la Côte d'Ivoire, graine oléagineuse.

EBAP (pahouin) *Pachylobus sp.* (Burséracées) — *apopo* (akèlè) — *tombou* (eschira) — *moutombo* (bandjabi) — racines adventives sortant très haut audessus du sol, comme celles du rikio et du palétuvier — les indigènes emploient les racines d'ébap pour faire des manches de hache.

EVEUSS (pahouin) — *Klainedoxa latifolia* (Irvingiacées) — *béyéssié* (en akèlè) —*mougouma* (en eschira) — *mougoma* (en bapounou, bandjabi) — fruit comestible — bois très dur.

FROMAGER (divers) — *Eriodendron guineense* (Malvacée) — s'appelle : *doum* (en pahouin) *bouma* (en akèlè) — *moufouma* (en eschira, bapounou, bandjabi) — C'est le dragonnier, kapokier, ou arbre à kapok.

ILOMBA (en mpongouë) — *Pycnanthus kombo* (Myristicacées) — s'appelle : *kombo* (en gabonais) — *étan* (en pahouin) — *attengro* (en akèlè) — *dilomba* (en eschira, bapounou) — *lombo* (en bandjabi) — C'est l'arbre à suif, donnant une graine oléagineuse.

Iroko (en anglo-africain) — *Chlorophora excelsa* (urticacées) — *abang* (pahouin)
—*mandji* (en eschira, akèlè) — *kambala* (sette-cama) — Ce bois est vendu
dans le commerce sous le nom de Teck d'Afrique ou de Teck-iroko.

Kévazingo (en mpongouë) — *Didelotia africana* (Légumineuses Césalpiniées) —
s'appelle : *ovang* (en pahouin) — *yégno ou yengno* (en akèlè) — *mobaka*
(en eschira) — C'est le faux bois de rose.

Mbimou (nkomi ou mpongouë) — *Mimusops sp.* (Sapotacées) — s'appelle :
mbanjock (en pahouin) — *lamban lajock* (en akèlè) — *mbimou* (en eschira)
— graine oléagineuse.

Miama (en pahouin) — *Calpocalux kloinéï* (Légumineuses Mimosées) — *mbon-
gouë* (en akèlè) —*moamba* (en eschira, bapounou, bandjabi) — *amia, bon*
(au Cameroun).

Moabi en eschira, bapounou, bayaka) — *Baillonella Djave* (Sapotacées) —
s'appelle : *oréré* (en mpongouë) — *adza* (en pahouin) — *beyabo* (en akèlè)
— *moyabi* (baudjabi) — *njabi, djavé* (Cameroun) — Graine oléagineuse
comestible appelée djavé, dont on extrait une huile estimée.

Movingui (en eschira, bapounou, bandjabi, bayaka) — *Distémonanthus Benthamianus* (Légumineuses Césalpiniées), — s'appelle en pahouin : *èyène,
éli-bengan* (traduction : arbre du médecin), — *biyène* (en akèlè), — *tabako*
au Cameroun). — L'écorce rouge de cet arbre est employée en médecine
indigène.

Ngan (pahouin) — *Carapa sp.* (Méliacées), — s'appelle : *lagnegang* (en akèlè),
— *ngangui* (en eschira, bandjabi).

Niové (en mpongouë) — *Staudtia gabonensis* (Myristicacées) — s'appelle : *mboun*
(pahouin) — *ngoubia, ngobié* (en akèlè) — *mougoubi* (en eschira, bapounou) — *bopé-bambalé ou ékop* (au Cameroun), — *moulanga* (en bandjabi),
— bois flexible, arbre à pagaie.

Noyer du Gabon (divers). — *Méliacées indéterminées, ombolo-mbolo* (nkomi) —
beuschié (en akèlè), — *Mouraguelemande* (en eschira, bapounou).

Oba (*mpongouë*). — *Irvingia gabonensis* (Irvingiacées), — s'appelle : *andok* (en
pahouin) — *beupeukou* (en akèlè), — *mouiba* (en eschira, bapounou), —
mounsikou (en bandjabi). La graine torréfiée donne le *chocolat indigène*
utilisé dans la fabrication du pain d'odika ou beurre d'odika.

Odiénfjé (mpongouë). — *Odyendyea Gabonensis* (Simarubacées), — s'appelle :
onzang (en pahouin). — *bejunga* (en akèlè). — *moussi-guiri* (en eschira), —
moussiguiti (en bandjabi), — graine oléagineuse, utilisée pour fabriquer
le beurre d'odyendyé.

Odzikouna (pahouin). — *Scytopétalum sp.* (Scytopétalacées), — s'appelle :
djimabé (en akèlè).

Okoumé (Français), — *Aucouméa klainéana* (Burséracées), — s'appelle : *okoumé* (gabonais), — *angouma* (en pahouin, en akèlè), — *moukoumi* (en
eschira, bapounou, bayaka) — *ngoumi* (bandjabi), — Résine abondante à
odeur d'encens, utilisée par les indigènes pour faire les torches dont ils
s'éclairent la nuit, et susceptible d'autres emplois nombreux.

Omvong ou Onvong (pahouin). — *Dialium guineense* (Légumineuses Césalpiniées),
— s'appelle : *poulou* (en eschira), — *beumbougno* (en akèlè). — Beau bois
d'acajou dur non fendif.

Ossoko (nkomi), — *Scyphocéphalium ochocoa* (Myristicacées), — *sogo ou sorro*
(pahouin), *moussoukou* (eschira, bandjabi, bapounou), — *schoukoa* (akèlè).
—Graine fournissant une graisse utilisable en stéarinerie.

OzIGO (mpongouë). — *Pachylobus Buttneri* (Burséralcées), — s'appelle : *assia* (en pahouin), — *bessiyo* ou *beschiyo* (en akèlè), —*moussigou* (en eschira, bapounou, bandjabi). — C'est l'atanga sauvage, fruit comestible estimé. Cet arbre donne une résine utilisée pour faire les torches.

OzOUGA (mpongonë). — *Saccoglotis gabonensis* (Humiriacées) — s'appelle : *essoua* (en pahouin), —*nchouko* (akèlè), — *moussouga* (en eschira), — *mouchouga* (bapounou, bandjabi). — Beau bois abondant.

PADOUK (en anglo-hindou). — *Pterocarpus Soyauxii* (Légumineuses Papilionacées), — s'appelle : *mbeul* ou *ébeul* (en pahouin), *mbeul* (en akèlè), — *kissikou* ou *guissigou* (en eschira), — *ngola* (en bandjabi). — Bois rouge ou bois corail utilisé pour la teinture.

PARASOLIER (en français). — *Musanga Smithii* (Urticacées), — *asseng* (pahouin) — *deschiengua* (akèlè), — *dibala* (eschira, bapounou, bandjabi). — Bois très léger.

RIKIO (à la Côte d'Ivoire). — *Uapaca benguelensis* (Euphorbiacées). — s'appelle *assam* (en pahouin), — *beschambo* (en akèlè), — *ntiombi* ou *ntchombi* (en mpongouë), — *ntombo* (en bavili), — *moussamfu* (en eschira, bapounou), — *mouchembi* (en bandjabi), *bosambi* (au Cameroun).

TSOUMBOU (gabonais). — *Piptadénia* ou *Newtonia sp.* et *Parkia Klainéi* (Légumineuses Mimosées), — *toum* (en pahouin), — *nchioumbou* (en gabonais), — *bechoumbou* (en akèlè), — *moussingua* (en eschira, bapounou). — Très voisin du dabéma à la Côte d'Ivoire, écorce purgative très employée en pharmacopée indigène, et réussissant, dit-on, à guérir la lèpre.

———

Il faut UTILISER

nos BOIS COLONIAUX

La France peut trouver dans ses **immenses forêts coloniales** tous les approvisionnements de bois et de *pâtes à papier* qui lui manquent et qu'elle achète actuellement à l'étranger.

Pour améliorer notre **change** et pour apporter la vie et la prospérité dans nos grandes possessions forestières, il suffirait d'utiliser leurs très nombreuses essences de bois actuellement prêtes pour l'exploitation.

En effet, grâce aux **plus récentes études**, il est aujourd'hui nettement établi que nos forêts coloniales ne contiennent pas seulement quelques bois précieux pour l'ébénisterie, importés jusqu'à présent sous le nom commercial de « BOIS DES ILES ». De récentes prospections montrent que les massifs équatoriaux sont composés principalement d'**excellents bois d'œuvre** propres à tous usages courants.

On trouvera ci-après une liste des principaux BOIS COLONIAUX D'AFRIQUE pouvant remplacer aussi bien les bois tendres que les bois durs (*peuplier premier choix, sapin, chêne, frêne, noyer, etc...*), avec les principales caractéristiques de chacune de ces essences africaines.

La **Guyane**, l'**Indochine**, **Madagascar** peuvent fournir également de très bons bois d'œuvre qui forment en mélange avec de beaux bois d'ébénisterie des forêts immenses.

En présence de l'appauvrissement de nos réserves métropolitaines en bois spéciaux : *noyers, bois de tournerie, de moulure, de charronnage, etc...,* nos **Industriels**, nos **Commerçants**, nos **Banquiers** et nos **Armateurs** devraient comprendre toute l'importance des exploitations coloniales qui constitueront pour eux un champ d'opérations des plus fructueux.

———

(1) Cette note ainsi que le classement qui la suit ont été publiés pour la première fois dans la Revue d'Agronomie Coloniale, bulletin de l'I. N. A. C.

La dénomination adoptée pour chacun des divers bois, sanctionnée d'ailleurs par les **Commissions officielles** et par le **Congrès des Architectes Français,** a été fixée par les habitudes du commerce international sur la Côte d'Afrique. (L'Iroko, l'Okoumé, etc., sont déjà bien connus sous ces vocables à Liverpool, Hambourg, etc...)

Il est impossible de baptiser uniformément : *Sapin d'Afrique* ou *Chêne d'Afrique* les bois nombreux qui serviront aux mêmes usages que le *Sapin* ou le *Chêne,* car leur couleur, aspect, etc., sont très divers et parfois fort éloignés de l'aspect de nos bois types. — D'autre part, une sélection rigoureuse a été opérée, et l'élimination **arbitraire** d'espèces excellentes et abondantes serait une simplification illusoire. — Le commerce choisira.

Il semble pratique d'adopter pour les bois coloniaux la présentation simple ci-après, basée sur le groupement de ces bois d'après leurs usages éventuels par analogie avec les emplois de chacune de nos essences types d'Europe.

Première Catégorie

Bois tendres pouvant remplacer le PEUPLIER, le GRISARD, le TULIPIER D'AMÉRIQUE

Emplois. — Menuiserie légère, caisserie, contreplacages et travaux d'intérieur n'exigeant pas beaucoup de résistance.

Dénomination adoptée pour les divers bois	Noms scientifiques	Pays producteurs	Densité moyenne	Observations Caractéristique des bois
AVODIRÉ.	*Turraeanthus africanus*	Côte d'Ivoire (C.I)	0,600	Beau bois blanc uni.
Canarium.	*Canarium velutinum.*	Gabon.	0,400	Bois blanc légèremen¹ rosé.
ÉMIEN.	*Alstonia congensis.*	Côte d'Ivoire. Gabon et Cameroun.	0,425	Bois blanc uni.
FROMAGER.	*Eriodendron guineense,*	id.	0,315	Bois blanc grisâtre.
LO.	*Parkia agboensis.*	Côte d'Ivoire,	0,525	Bois blanc légèrement grisâtre.
M'Bébame.	*Gambeya africana.*	Gabon.	0,625	Bois jaune pâle et rosé.
Odiénejé.	*Odyendyea gabonensis.*	id.	0,325	Bois blanc jaunâtre.
Ossongo.	*Anthostema Aubryanum*	id.	0,375	Bois blanc grisâtre.
PARASOLIER.	*Musanga Smithii.*	Côte d'Ivoire. Gabon et Cameroun.	0,270	id.
Samba.	*Triplochiton scleroxylon.*	Côte d'Ivoire	0,425	Bois blanc uni.

Deuxième catégorie

Bois pouvant remplacer les PINS et SAPINS

Emplois. — Charpente, menuiserie.

Dénomination adoptée pour les divers bois	Noms scientifiques	Pays producteurs	Densité moyenne	Observations Caractéristique des bois
ACAJOU PALE du Cameroun.	Indéterminé.	Cameroun.	0,450	Bois blanc rosé d'un grain analogue à l'acajou ordinaire.
AIELE.	*Canarium occidentale.*	Côte d'Ivoire.	0,450	Bois rosé très pâle.
BAHIA.	*Mitragyne macrophylla*	(C. I.) Gabon et Cameroun.	0,550	Bois jaune rosâtre foncé.
Bossipi.	*Oxystigma Mannii.*	Cameroun.	0,660	Bois brun.

(1) Les noms des bois les plus connus à l'heure actuelle sont écrits en caractères de capitales et plus gros. Ils constituent une première sélection parmi les espèces figurant aux tableaux ci-dessus.

Deuxième catégorie (suite)

Déno-mination adoptée pour les divers bois	Noms scientifiques	Pays producteurs	Densité moyenne	Observations Caractéristique des bois
Daniella.	*Daniella* divers.	Gabon.	0,500	Bois gris rosé.
Ekoune.	Indéterminé.	id.	0,525	Bois jaune rougeâtre.
Evino.	*Vitex pachyphylla.*	id.	0,500	Bois jaune paille gris.
Framiré	*Terminalia ivorensis.*	Côte d'Ivoire.	0,475	Jaune clair.
Moambe jaune.	*Enantia chlorantha.*	Cameroun et Congo.	0,600	Bois jaune vif.
Niangon.	*Cola proteiformis.*	Côte d'Ivoire.	0,575	Bois rosé.
Okoume.	*Aucoumea Klaineana.*	Gabon.	0,440	Bois rose saumon pâle
Olonvogo.	*Fagara et Sorindeia.*	Gabon et Cameroun.	0,500	Bois jaune paille.
Onzabili.	*Antrocaryon Klaineanum.*	Gabon.	0,500	Bois blanc légèrement rosé.
Ossoko.	*Scyphocephalium ochocoa.*	Id.	0,550	Bois brun.
Evoga.	*Poga oleosa.*	id.	0,425	Bois rose saumon.
Ozigo.	*Pachylobus Büttneri.*	id.	0,625	Bois brun rosé clair.
Sibo.	*Sarcocephalus esculentus.*	Côte d'Ivoire.	0,475	Bois jaune vif.

Troisième catégorie

Bois pouvant remplacer les diverses variétés de CHÊNE et TECK

Emplois. — Construction, menuiserie de bâtiment, charpente, pilotis, poutres, matériel de chemins de fer, constructions navales.

Abome (1)	*Berlinia* sp.	Gabon et Cameroun.	0,700 à 0,950	Bois jaune rosé.
Bokombolo.	*Piptadenia* sp.	Cameroun.	0,950	Bois brun.
Dabema.	*Piptadenia africana.*	Côte d'Ivoire.	0,775	Bois gris jaunâtre.
Bouka.	*Dumoria africana.*	Gabon.	0,750	Bois vieux rose.
Mbiara.	*Berlinia bracteosa.*	id.	0,675	Bois rose.
Iroko.	*Chlorophora excelsa.*	Côte d'Ivoire, Gabon et Cameroun.	0,700	Bois jaune gris clair.

(1) L'Abome a une densité de 0,700 environ au Gabon, mais il est généralement plus lourd au Cameroun où il atteint une densité de 0,950.

Troisième catégorie (suite)

Dénomination adoptée pour les divers bois	Noms scientifiques	Pays producteurs	Densité moyenne	Observations Caractéristique des bois
MAKORÉ	*Dumoria Heckeli.*	Côte d'Ivoire.	0,725	Bois rosé.
MOABI	*Baillonella djave.*	Gabon et Cameroun.	0,800	Bois vieux rose.
Niangon.	*Cola proteiformis.*	Côte d'Ivoire.	0,575	Bois rosé.
Olon.	*Fagara macrophylla.*	Gabon.	0,875	Bois jaune doré.
Sougué.	*Parinarium tenuifolium.*	Côte d'Ivoire.	0,850	Bois brun clair.
TALI.	*Erythrophloeum guineense.*	Côte d'Ivoire, Gabon et Cameroun.	0,875	id.
Tsoumbou.	*Parkia* divers.	Gabon et Cameroun.	0,700	Bois gris jaune.
FRAKÉ OU NOYER DU MAYOMBE.	*Terminalia altissima.*	Cameroun, Côte d'Ivoire et Congo.	0,610	Bois blanc -jaunâtre.

Quatrième catégorie

Bois pouvant remplacer le HÊTRE, le CHARME et le PLATANE

Emplois. — Tournerie, bois à brosses, bois de pelles, bourrellerie, fabrication de sièges.

Sénan.	*Maesobotrya Stapfiana.*	Côte d'Ivoire,	0,675	Bois rosé.
RIKIO.	*Uapaca* divers.	Côte d'Ivoire, Gabon et Cameroun.	0,750	Bois rougeâtre.

Cinquième catégorie

Bois pouvant remplacer l'ORME, le FRÊNE et l'ACACIA

Emplois. — Carrosserie et charronnage (moyeux, jantes, rais, bois de tournerie).

Miama.	*Calpocalyx Klainei.*	Gabon et Cameroun.	0,675	Bois brun.
MOVINGUI.	*Distemonanthus Benthamianus.*	Gabon et Cameroun.	0,750	Bois jaune citron.
Ossimiale.	*Piptadenia* sp.	Gabon.	0,675	Bois brun rose argent.

BOIS d'EBÉNISTERIE et de PLACAGE

Emplois. — Menuiserie de luxe, ameublements.

Déno-mination adoptée pour les divers bois	Noms scientifiques	Pays producteurs	Densité moyenne	Observations Caractéristique des bois
ACAJOUS DIVERS (Grand Bassam, Tiamâ, Ndola et divers.)	*Khaya et Méliacées diverses.*	Côte d'Ivoire. Gabon et Cameroun.	0,625	Bois rouge saumoné.
Apomé.	Indéterminé.	Côte d'Ivoire.	0,950	Bois brun rose.
Assas.	*Bridelia speciosa.*	Gabon.	0,575	Bois jaune grisâtre.
BADI et BILINGA.	*Sarcocephalus* divers.	Côte d'Ivoire, Gabon et Cameroun.	0,775	Bois jaune ocre.
BOSSÉ	*Trichilia cedrata.*	Côte d'Ivoire.	0,625	Bois rose pâle.
Demi-deuil.	*Diospyros aggregata,*	Cameroun et Gabon.	0,975	Bois blanc à rayures noires irrégulières.
EBENE.	*Diospyros* divers.	Cameroun et Gabon.	1,200	Bois noir.
EVINO.	*Vitex pachyphylla.*	Gabon.	0,500	Bois gris jaune paille.
Kevazingo.	*Copaïfera aff. Arnoldiana.*	Gabon et Cameroun.	0,900	Bois rouge violacé.
Niové.	*Staudtia gabonensis.*	Gabon et Cameroun.	0,875	Bois ocré rouge.
NOYER DU GABON.	Indéterminé.	Gabon.	0,700	Bois grisâtre.
Oboto.	*Ochrocarpus africanus.*	Côte d'Ivoire et Gabon.	0,775	Bois rosé.
PADOUK.	*Pterocarpus Soyauxii.*	Gabon et Cameroun.	0,775	Bois rouge vif corail.
Zingana.	Indéterminé.	Gabon.	0,725	Bois de cœur blanc un peu jaunâtre.

(N.-B. — L'okoumé et plusieurs autres bois déjà cités dans les catégories précédentes sont également très employés en ébénisterie.)

Bois pouvant être utilisés pour TRAVERSES de chemins de fer, MATÉRIEL ROULANT, TRAVAUX DE MINES, PILOTIS, CONSTRUCTIONS NAVALES et divers usages variés

Dénomination adoptée pour les divers bois	Noms scientifiques	Pays producteurs	Densité moyenne	Observations Caractéristique des bois
Abalé.	*Petersia viridiflora.*	Côte d'Ivoire.	0,750	Bois rosé.
Adjansi.	*Cicca discoïdea.*	id.	0,850	Bois jaune grisâtre.
Adjouaba.	*Haematostaphis Barteri*	id.	1,050	Bois gris brun jaunâtre
Alep.	*Desbordesia* sp.	Gabon et Cameroun.	1,150	Bois brun foncé.
Azobé	*Lophira procera.*	Côte d'Ivoire, Gabon et Cameroun.	1,075	Bois brun violacé.
Boango.	*Avicennia nitida.*	Cameroun.	1,000	Bois brun rosé pâle.
Bodioa.	*Anopyxis occidentalis.*	Côte d'Ivoire.	0,950	Bois jaune.
Bombaba.	*Dialium macranthum.*	Cameroun.	0,850	Bois rosé.
Corynanthe.	*Corynanthe gabonensis.*	id.	0,850	Bois rose pâle.
Coula.	*Coula edulis.*	Côte d'Ivoire. Gabon et Cameroun.	1,075	Bois brun lie de vin.
Eveuss.	*Klainedoxa latifolia.*	Gabon et Cameroun.	1,125	Bois brun.
Fou.	*Oldfieldia africana.*	Côte d'Ivoire,	1,075	Bois rouge violacé.
Kroma.	*Klainedoxa* sp.	id.	1,050	Bois brun jaunâtre, un peu violacé.
Nogo.	Indéterminé.	Gabon.	0,875	Bois rose foncé ou lie de vin.
Okip.	*Klainedoxa* sp.	id.	1,050	Bois brun clair.
Onvong.	*Dialium guineense.*	id.	0,975	id.
Ovala.	*Pentaclethra macrophylla.*	Cameroun et Gabon.	1,000	Bois brun.
Ozouga.	*Saccoglottis gabonensis.*	Gabon et Cameroun.	1,000	Bois brunâtre.
Palétuvier	*Rhizophora racemosa* ou Mangle.	Côte d'Ivoire. Gabon et Cameroun.	1,125	Bois rouge violacé.
Yohimbe.	*Corynanthe Johimbe.*	Cameroun.	0,850	Bois violacé.

INTRODUCTION

—

PROGRAMME GÉNÉRAL. — TRAVAUX DÉJA EFFECTUÉS

—

La mission BERTIN, chargée par les Ministères de la Guerre, de l'Armement et des Colonies, d'étudier les possibilités d'exploitation de nos richesses forestières coloniales, a fait porter ses premiers travaux sur nos trois colonies, qui, par leurs forêts étendues et par leur situation géographique, (savoir : la Côte d'Ivoire, le Gabon et le Cameroun conquis), paraissent davantage susceptibles d'apporter leur contribution à la fourniture des bois qui manquent à la Métropole.

Cette Mission, dont les travaux se poursuivent actuellement, aussi bien en France qu'aux colonies (Côte d'Ivoire, Gabon, Cameroun et Guyane française) est en mesure de donner dès maintenant les résultats de la partie de ses travaux actuellement terminée et qui est exposée succinctement dans :

Le *tome premier* : LES BOIS DE LA CÔTE D'IVOIRE.

Et le présent *tome deuxième* : LES BOIS DU GABON.

Ces deux publications donnent le résultat des recherches effectuées dans la forêt tropicale sur les lieux mêmes de production, afin que les exploitants forestiers coloniaux soient munis désormais de documents précis pour la reconnaissance pratique des arbres qu'ils auront à exploiter.

Notre *tome troisième* étudie la question forestière coloniale le plus complètement possible.

Cet ouvrage d'ensemble, illustré de nombreux dessins et photographies, est composé à peu près comme il suit :

*
* *

A. *Préface.* — *Exposé général.*

B. *Livre I.* — *Situation du commerce des bois en général.* — Consommation à prévoir après la guerre. — Production Française. — Déficit à combler par les Bois Coloniaux. — Étude des importations en France, avant la Guerre, indiquant la nature des déficits à combler et l'orientation à donner à la production des Bois Coloniaux. — Prix de revient comparés.

C. *Livre II.* — *La forêt tropicale.* — *Etude botanique et forestière des massifs coloniaux.* — Historique. — Description générale. — Description forestière (répartition des essences, comptages, cubages, cubes de bois utilisables par hectare, bois durs, bois tendres, etc.), — Aperçus botaniques.

Livre III. — *Les exploitations coloniales.* — Généralités. — Aménagement pour l'exploitation. — Abatage. — Tronçonnage. — Conservation des grumes. — Les transports forestiers. — Orientation à donner aux sciages. — Conservation des bois sciés aux Colonies. — Embarquement des bois. — Aperçus sur les transports maritimes.

Livre IV. — *Sylviculture tropicale.* — Causes et effets de la déforestation. — Rôle de la forêt tropicale au point de vue climatologie, hygiène, formation des déserts. — Surface minimum que les forêts doivent occuper. — Défrichements à encourager pour mise en culture. — Limites à leur assigner. — Réserves forestières. — Reboisements. — Sylviculture proprement dite. — Aperçus sur la réglementation des concessions, les droits d'usages, etc.

D. *Livre V.* — *Étude industrielle et classement industriel des bois.* — Essais mécaniques effectués ou en cours. — Essais industriels effectués ou en cours. — Conservation des bois coloniaux, etc.

E. *Conclusions sur l'avenir des forêts coloniales.* — Études à poursuivre par un service forestier colonial opérant dans un sens de réalisations pratiques et suivant les besoins en bois des industries métropolitaines. — Programme à remplir dans les colonies. — Recherches à effectuer dans la métropole. — Études à continuer : Sous produits forestiers, Pâtes à papier, distillation des bois, pyroligneux, industries utilisant toutes les essences, etc.

C'est ce *troisième volume* qui aurait dû paraître d'abord afin de montrer au début l'importance de la question, mais les matériaux le composant n'étaient pas encore entièrement réunis, et en ce temps de guerre, les autres nécessités du service doivent passer avant la rédaction de rapports. Pour ne pas

retarder trop la publication de documents utiles, nous donnons
d'abord les deux premiers tomes. L'ensemble du travail est con-
tinué par :

Un opuscule sur les bois et forêts du Cameroun conquis,
Une publication sur les bois et forêts de la Guyane française
(en préparation).

Le public commence à s'intéresser aux bois coloniaux, la presse
s'empare de cette question, on nous demande de tous côtés
des aperçus donnant une première approximation. Nous avons
donc l'honneur de présenter ce que, dans les circonstances
présentes, nos autres occupations nous ont permis de mettre
suffisamment au point dans nos notes. Nous complèterons plus
tard.

**

PROGRAMME A REMPLIR

La mise en œuvre de nos forêts européennes, aujourd'hui
rationnellement exploitées, n'est pas le fait d'un seul effort ni
d'une seule génération, ni même d'une seule industrie.

1° Le coupeur de bois a profité des recherches du forestier
officiel, dont le rôle n'est pas uniquement de poser les règles
sauvegardant l'avenir, mais aussi de reconnaître et grouper les
peuplements, de façon à faciliter l'économie des exploitations,
d'aménager les voies de transport, de résumer, coordoner et
spécialiser dans un seul but de mise en valeur pratique, les
connaissances du botaniste, du topographe, de l'ingénieur et
du législateur qui doivent lui être familières. C'est là un
premier cadre d'opérations duquel dépend le travail de débitage
des bois ;

2° Un deuxième stade réagissant directement sur les exploitations forestières est constitué par toutes les opérations de
sciage : débits sur la coupe par scieurs de long et par scieries
mobiles, ou débits en usine, après concentration des bois ;

3° Enfin, le classement et la conservation des bois sciés relie intimement l'industrie du scieur au commerce du négociant en bois entrepositaire et à ses multiples clients : industriels, constructeurs, menuisiers, ébénistes, etc... qui utilisent ces bois ; et ce troisième groupe comprenant les consommateurs doit forcément tenir compte des conditions spéciales de l'exploitation forestière pour imposer ses désirs de client final, que l'on doit satisfaire, sous peine de voir les commandes aller ailleurs.

*
* *

La mise au point de la question des bois coloniaux, comportera donc la réalisation de trois groupes d'études correspondant aux trois stades signalés plus haut :

1° Recherches sur la question forestière aux Colonies ;

2° Recherches sur le sciage et le triage des bois aux Colonies et en France ;

3° Recherches sur leur mise en service dans les industries françaises.

Chaque étude sera entreprise avec un plan général unique, de façon que tout concoure au but final de mise en valeur et d'utilisation logique des produits ; car dans cette question il serait utopique de vouloir solutionner les difficultés, en imposant le seul point de vue des coloniaux, ou les seules exigences des industriels métropolitains.

*
* *

Un organisme nouveau est donc nécessaire pour établir la liaison, et pour mettre en œuvre un programme de cette importance. C'est dans ce but que l'Inspection générale du Service des bois a institué la Mission Bertin qui a réalisé la *première partie du travail* en prospectant les forêts tropicales de nos Colonies d'Afrique.

***

A) Premier groupe d'études concernant la question forestière aux Colonies.

Prospections forestières effectuées en Afrique.

La mise en œuvre de nos bois Africains nécessite d'abord un inventaire rapide des massifs forestiers, puisqu'il est difficile d'obtenir par ailleurs des renseignements tant soit peu précis sur leur composition.

Jamais une Compagnie de Chemin de Fer, par exemple, ne consentira à organiser une réception de traverses à la Colonie ni à affréter une flotte pour le transport de ces traverses, tant qu'on ne lui donnera pas de précisions certaines sur la quantité de telle ou telle espèce de bois disponible, sur l'emplacement des massifs exploitables etc... Au Brésil, quelques négociants, se confiant à de vagues renseignements, sont arrivés péniblement à faire adopter par un groupe d'acheteurs telle ou telle espèce. A peine le nouveau bois était-il lancé, que la production en était tarie. L'espèce était trop rare!! Il est inutile d'ajouter que le groupe d'acheteurs ainsi dupés se montre désormais fort méfiant à l'égard des bois exotiques.

D'autre part, la grande diversité des essences Africaines oblige à faire un choix commercial qui repose sur l'élimination momentanée des espèces rares, sauf exception justifiée. Il est impossible de faire admettre à la fois par l'industrie 100 ou 200 bois divers. Il est également impossible d'étudier pratiquement les usages industriels, ou même d'identifier scientifiquement en peu de temps toutes les espèces ligneuses de la forêt.

D'autre part, la question du prix de revient est prépondérante dans une production industrielle de bois communs. Pour produire bon marché, il faut exploiter le plus grand nombre possible des arbres de la forêt, afin de pouvoir organiser économiquement les transports. Les espèces à étudier en vue d'une exploitation sont donc bien *les espèces les plus abondantes.*

Le choix judicieux de ces essences ne peut être fait qu'après une prospection donnant des renseignements plus précis que les vagues données fournies jusqu'à présent par les indigènes ou les explorateurs.

Nous aurons dans notre tome troisième l'occasion de revenir en détail, sur la méthode qui a été suivie pour arriver à déterminer les essences les plus abondantes dans ces forêts immenses, presque infinies, et souvent très denses, d'où l'on peut extraire des millions et même des *milliards de mètres cubes* de bois ouvrables. Cette détermination a naturellement donné lieu à de très nombreux comptages et cubages : c'est ainsi que, sur des points aussi variés que possible, des forêts de la Côte d'Ivoire, du Cameroun et du Gabon, *700.000 à 800.000 mètres cubes de bois environ* ont été reconnus, déterminés sous un nom certain, et rapidement mesurés pendant les années 1916 et 1917. C'est là un travail énorme que les quatre blessés de guerre ou convalescents du front composant exclusivement la Mission Bertin n'auraient pu mener aussi loin, s'ils n'avaient été très efficacement aidés dans cette tâche par MM. les Administrateurs des Colonies et MM. les Colons qui ont bien voulu s'intéresser bénévolement à cette question, et pointer environ le tiers du cube total cité plus haut, ce dont nous leur demeurons profondément reconnaissants. Les deux tiers du cube total ainsi recensé, soit 500.000 mètres cubes environ ont été pointés directement par les quatre membres de la Mission qui ont donc pris avec la forêt un contact aussi étroit que possible.

Première expertise des bois les plus abondants

Mais ce n'était là qu'une besogne préliminaire puisque, parmi les essences abondantes, il fallait encore choisir celles qui seront susceptibles de remplacer, pour les usages courants, les bois d'Europe. Il a donc fallu, dans des chantiers volants (où les charpentiers noirs ont fait merveille sous notre direction), rassembler de nombreux échantillons soigneusement déterminés : trois cents espèces de bois environ, choisies parmi celles pouvant fournir un cubage intéressant, ont été soumises à une série d'expériences pratiques sur lesquelles nous aurons aussi l'occasion de revenir plus tard (dans notre tome III) mais qui ont porté surtout sur la résistance des bois à la flexion, la résistance à l'arrachement des tirefonds, la fente à l'outil, (en vue de la fabrication des merrains et bois de fente), la tenue du bois façonné en assemblage de deux pièces perpendiculaires avec tenons et mortaises comme les angles d'encadrement des portes et fenêtres etc... Tous ces essais, qui représentent un labeur considérable, nous ont conduits par un choix rapide à réserver notre attention dans chaque colonie, à une quarantaine d'espèces de toute première qualité, qui méritent vraiment un essai pratique de mise en œuvre et qui représentent les 2/3 ou les 3/4 des peuplements forestiers.

*
**

B) Deuxième groupe d'études concernant le triage et le sciage des bois

En présence des résultats obtenus, la même Mission a été chargée d'aborder *la deuxième phase du programme* en amorçant l'étude pratique du débitage, du séchage, de la conservation, du classement des sciages, et de leur réception dans nos Colonies. Nous avons donc passé sur place avec les exploitants Coloniaux les premiers contrats pour fourniture de bois sciés dont l'ensemble pour l'année 1917 représente *34.000 mètres cubes* de bois débités des essences reconnues les meilleures comme bois d'œuvre. Les marchés à l'étude pour l'exercice 1918 sont beaucoup plus importants, ils atteindront 100.000 à 200.000 mètres cubes qui seront stockés dans nos Colonies pour répondre en temps utile aux premiers besoins d'après-guerre, afin de satisfaire dans une certaine mesure à la reconstitution des régions dévastées. C'est donc un acheminement sérieux vers l'exploitation intensive de nos richesses forestières coloniales et vers la réalisation de la deuxième partie du programme, qui naturellement passe avant toute autre préoccupation, en sorte que la rédaction de nos rapports et documents est considérablement retardée et amoindrie par les soins que nous devons donner tout d'abord à nos stocks coloniaux, dont la constitution représente la partie pratique et de beaucoup la plus importante de notre service, celle qui passe de suite après le ravitaillement en bois spéciaux intéressant immédiatement les fabrications actuelles de guerre et la Défense Nationale.

Nous demandons en conséquence *l'indulgence du lecteur pour toutes les imperfections d'une rédaction trop hâtive* et fortement négligée puisqu'elle vient seulement au dernier plan de nos préoccupations actuelles, qui se portent principalement sur la réunion des stocks à la colonie où un premier bateau doit aller prendre bientôt 4 à 5.000 mètres cubes de bois sciés — ce premier arrivage servant simplement d'échantillons industriels à utiliser de suite pour les différents travaux de la guerre et pour la reconstitution des régions ravagées, en attendant la fin des hostilités et la libération des navires qui pourront amener tous nos stocks en France.

**
* **

C) Troisième groupe d'études concernant la mise en service des Bois Coloniaux dans les Industries françaises.

Il restera ensuite à accomplir *une troisième et dernière étape* relative au commerce des bois sciés et à leur mise en service dans les nombreuses industries qui sont appelées à utiliser les essences variées de la forêt tropicale. Pour mener à bien cette dernière étude, la Mission fera nécessairement appel à la collaboration et aux lumières des industriels employant le bois qui trouveront dans notre domaine forestier colonial *d'excellents éléments nouveaux* pour la mise en relief et en valeur, sous des aspects variés, de leurs produits manufacturés.

**

La Mission a commencé son travail aux Colonies, où les questions. forestières ont été étudiées dans un but pratique, c'est-à-dire en ayant égard aux besoins de la consommation métropolitaine où le déficit de la production après-guerre atteindra annuellement comme nous le démontrons dans un chapitre suivant (au tome III) *environ 8 millions de mètres cubes* de bois représentant presque *un milliard d'or français* que nous serions dans l'obligation de verser chaque année à l'étranger pour satisfaire à nos propres besoins. En exploitant nos forêts tropicales, nous nous libérons dans la mesure où nous le voudrons des importations de bois d'autres pays, et par l'industrie forestière, nous apportons la vie et la prospérité dans nos Colonies qui en auront le plus grand besoin à l'issue de cette guerre prolongée.

Pour être pratique, notre étude de la question forestière coloniale n'en a pas moins été logique. Sans doute le menuisier ignore parfois la feuille. l'écorce ou l'aspect des arbres dont il travaille le bois, mais d'autres les connaissent pour lui, et ces intermédiaires sont indispensables. Avant de procéder aux groupements industriels des bois débités, nous avons reconnu que le classement initial doit reposer sur des bases scientifiques permettant l'étude des espèces nettement caractérisées. Si l'on veut simplifier avant de rien savoir de façon précise, on ne fera qu'embrouiller la question. La diversité des peuplements coloniaux nous a conduits à adopter une première méthode de classement botanique simplifiée qui donne dans la pratique d'excellents résultats, et nos stocks se font actuellement *sans confusion* aux Colonies. *Cette consécration* PAR LA PRATIQUE a une très grande importance.

Cependant, nous procéderons ensuite à une nomenclature plus simple, basée sur l'aspect définitif des bois à l'état sec qui est le seul convenant à leur emploi.

Que les négociants et industriels consentent donc à réserver *leur opinion jusqu'à ce que soit rédigé le chapitre à eux destiné, et qui leur présentera les nouveaux bois, groupés de façon industrielle* ; qu'ils se rappellent les arrivages des bois du Nord où sous les deux seuls noms de « sapins rouges du Nord » et de « sapins blancs du Nord » sont offerts à la consommation des bois provenant d'un grand nombre de variétés botaniques, dont la connaissance (malgré l'indifférence possible des industriels français pour ces distinctions d'espèces) est d'ailleurs *indispensable* aux forestiers et même aux scieurs de Suède et de Russie.

***

Le présent opuscule est plus spécialement dédié aux coupeurs et forestiers coloniaux qui ont, de même, impérieusement besoin de distinguer les essences sur pied en évitant les confusions, et qui ne peuvent baptiser du même nom des arbres dont les feuilles, les branchages et les écorces sont absolument différents.

Les simplifications à l'usage des consommateurs qui examinent seulement les bois débités seront présentées ultérieurement. Nous les pressentons très faciles, à condition de laisser à nos échantillons le temps de sécher et de se classer spontanément par ordre de densité et de valeur définitive. Il ne faut surtout pas s'effrayer de l'apparente diversité des espèces à mettre en œuvre ; la nomenclature commerciale sera beaucoup plus simple.

MISSION BERTIN

Fig. 1. — M. A. Bertin en tenue de brousse et quelques
indigènes devant un *Kévazingo* de dix mètres de tour.
(Arbre donnant un bois analogue au bois de rose)

EXPLICATION DES TABLEAUX
COMPOSANT LA PRESENTE PUBLICATION
(Ces tableaux sont divisés en six parties)

I

Vocabulaire et « État-civil » des bois usuels.

Jusqu'à présent l'obstacle principal à l'exploitation intensive des peuplements forestiers tropicaux et à la diffusion des bois coloniaux chez les industriels français a toujours été l'incertitude des appelations et la difficulté qui en résulte pour l'identification des matériaux à mettre en œuvre.

C'est ainsi que pour éviter les dénominations indigènes, et pour impressionner favorablement les acheteurs en leur rappelant les qualités du « Noyer » par exemple, on a cherché à vendre sous le nom de « Noyer d'Afrique » plus de 60 espèces de bois différents, ayant entre elles ou avec le Noyer de France assez peu de ressemblance, en sorte que certain de ces bois sont excellents et d'autres sont médiocres.

Les espèces botaniques n'intéressent pas les commerçants, c'est entendu ; mais ce qui importe au premier chef, c'est qu'une commande de qualité « Noyer » ne soit pas exécutée par une livraison de qualité « Hêtre » en mélange avec les qualités « Chêne » et « Peuplier » par exemple.

La question était d'ailleurs fort suffisamment compliquée, avant même que ces tentatives de francisation (appelées évidemment par le désir de faire la lumière) ne viennent encore l'embrouiller.

En effet, les essences qui composent la forêt tropicale sont très nombreuses (jusqu'à 1.000 espèces *ligneuses* dans nos colonies de l'Ouest africain d'après A. Chevalier) et d'autre part la grande diversité des dialectes indigènes, qui varient peu ou prou à chaque myriamètre, produisent un imbroglio complet : chaque espèce possédant une douzaine de noms locaux différents et le même nom désignant parfois dans des dialectes divers des espèces fort dissemblables.

De l'exposé qui précède, il résulte nettement que le premier travail à accomplir était de sortir de ce chaos au prix même d'un labeur très ingrat, auquel nous nous sommes attelés et que nous nous excusons de présenter au lecteur sous cette forme aride de vocabulaire aux consonnances baroques.

*
* *

La Mission forestière coloniale a donc cherché d'abord à apporter de l'ordre et de la clarté dans *l'état civil* des essences forestières tropicales en adoptant pour chacune d'elles un nom forestier unique.

On aurait pu être tenté d'adopter simplement les noms scientifiques des essences, mais ces appellations ne sont pas encore suffisament fixées, malgré les travaux botaniques, si précieux de M. le professeur Lecomte du Muséum, et ceux de M. le docteur A. Chevalier, l'explorateur bien connu dont nous avons adopté la classification et la terminologie, et qui a effectué en quelques années, pour la flore tropicale, un travail considérable. D'autre part, ces noms scientifiques, délices des érudits, mais fort peu goûtés par les commerçants qui les dédaignent, sont surchargés de qualificatifs que dans l'usage courant, on arriverait fatalement à abréger ou à déformer.

Il faut donc procéder à un véritable baptême des bois coloniaux que l'on veut lancer dans l'industrie ; mais pour qu'il ne s'agisse pas là d'une opération purement arbitraire, qui pourrait n'être reconnue par personne, nous avons soumis notre projet d'appellation à MM. les Gouverneurs Généraux et Lieutenants Gouverneurs des Colonies qui ont fait imprimer notre terminologie, lui donnant ainsi la *consécration officielle* du Ministère des Colonies, où M. Boutteville l'éminent Inspecteur général des Travaux Publics a bien voulu l'accueillir et l'approuver sans réserve au nom du département tout entier.

Cependant, avant de formuler à ce sujet des propositions précises, nous nous étions mis d'accord avec M. le L' colonel Salesse, Gouverneur des Colonies en retraite, ancien directeur des Chemins de fer de Guinée, chef de la Mission de techniciens de chemin de fer, chargée de rechercher aux Colonies les bois utilisables pour les réseaux ferrés.

C'est avec sa complète approbation, emportant adhésion des Compagnies de Chemins de fer et des Industries du bois rattachées à ce groupe, que nous nous sommes arrêtés au système suivant :

— Créer, pour les espèces les plus intéressantes actuellement, des appellations empruntées à des langues indigènes, en choisissant la dénomination la plus fréquente et la plus facile à prononcer, tout en s'efforçant de changer le moins possible les habitudes déjà prises par les coupeurs coloniaux et les données que peut déjà posséder le public Européen.

Ce système nous avait d'ailleurs été conseillé (afin d'éviter les confusions résultant forcément de baptêmes Européens) par une note remise au Ministère des Colonies par M. le Directeur Général des Eaux et Forêts.

La première partie du présent opuscule donne la liste des noms qui ont été ainsi choisis pour les bois les plus usuels.

Comme il s'agit de demander un effort d'attention et de mémoire assez grand aux personnes qui auront à prendre connaissance à la fois des appellations et des bois qu'elles représentent, on a limité ce vocabulaire à 90 noms. Notre liste comprend d'ailleurs tous les bois qui ont paru jusqu'ici les plus intéressants, et il est préférable de laisser tous les autres systématiquement de côté, au moins provisoirement.

Ce choix a été fait exclusivement en se basant sur l'abondance relative des essences et en tenant compte de leur valeur comme bois d'industrie.

II

Bois reconnus susceptibles d'être exploités pour une utilisation immédiate.

Parmi les 90 espèces, ainsi sélectionnées, la Mission Bertin a du faire un choix pratique destiné à servir de base aux marchés de fournitures passés avec l'Administration de la guerre. La liste des bois ainsi classés fait l'objet de la deuxième partie de cette notice. (Voir pages 49 et suivantes).

Une première liste de 27 bois comprend tous ceux, parmi les plus abondants, qui ont paru pouvoir remplacer sans conteste les bois usuels d'Europe, dans la plupart des usages courants.

D'après les prospections, faites par la Mission, ces 27 essences représentent ensemble environ 30 à 35 0/0 du peuplement moyen de la forêt.

En outre, pour donner plus de facilités encore aux exploitants, il a été établi une deuxième liste, comprenant 22 bois utilisables, mais en petite quantité seulement pour des usages spéciaux. Ces 22 essences représentent ensemble environ 30 0/0 du peuplement moyen des forêts. En sorte que l'exploitation simultanée des bois de notre 1ʳᵉ et de notre 2ᵉ liste porterait sur 60 à 65 0/0 des peuplements forestiers du Gabon dont la plus grande partie devient ainsi directement utilisable.

On peut en effet envisager deux façons d'exploiter les bois Coloniaux.

1° Ou bien, continuer à couper sporadiquement quelques espèces choisies, qui seront offertes en petites quantités au commerce français, et toujours à des prix très élevés — car il faut couvrir les frais d'extraction à bras d'homme des arbres ainsi disséminés qu'on aura exploités. — Le prix, l'irrégularité, et même la rareté des arrivages maintiendront alors ces bois dans le domaine restreint de quelques industries de luxe. D'autre part, ce système a déjà abouti à la disparition totale, à proximité des rivières de la Côte d'Ivoire, des acajous de belle qualité, que l'on se préoccupe de replanter à grands frais, parce qu'on n'a pas pû protéger, en temps utile, leurs semis naturels.

2° Ou bien exploiter de proche en proche, toute la partie utilisable des peuplements, avec installation de chemins ou voies Decauville, pour réaliser économiquement les transports, et en appliquant les règles de sylviculture propres à assurer l'enrichissement des peuplements en bonnes essences, (réserve de semenciers, dégagement de semis, etc...).

Le but vers lequel il faut tendre, est l'utilisation complète de toutes les espèces ligneuses, au besoin par des industries de déchets (pâtes à papier, goudrons et pyroligneux) dont l'intervention fera encore baisser considérablement les prix de revient. Pour l'instant, il serait utopique de vouloir utiliser simultanément et brusquement toutes les essences. Mais l'exploitation des 49 espèces que nous avons choisies (soit 27 dans la 1ʳᵉ liste, et 22 dans la 2ᵉ liste) peut mettre sur le marché, à des prix avantageux de grosses quantités de produits ligneux, propres à alimenter les ateliers de construction, de meubles, de tonnellerie, etc... et dont l'arrivage abondant pendant une disette de bois, assurera le succès.

Nous aurions bien préféré restreindre notre sélection, et limiter à 12 environ, le nombre des essences retenues, car c'est une complication de faire admettre à la fois, 49 ou même seulement 27 bois en Europe. La grande diversité des espèces botaniques de la forêt, nous a amenés à élargir notre choix pour permettre aux coupeurs d'organiser économiquemen leurs chantiers, ce qui serait impossible avec une exploitation sporadique restreinte à quelques arbres disséminés.

Quoi qu'il en soit, il serait à souhaiter qu'on ne parlât pas pour l'instant d'un nombre d'essences plus considérable, qui ne feraient qu'embrouiller la question, et que le marché français se refuserait d'ailleurs à examiner simultanément.

Les échantillons des 49 espèces que nous avons choisies ont été exposés et fixés par nos soins aux murailles des bureaux de M. l'Administrateur, maire de Libreville (Gabon).

Cette collection type, comprend pour chaque bois : un plateau de cœur débité sur mailles et une plaque d'écorce sur aubier. C'est en effet par l'écorce que les indigènes reconnaissent surtout les arbres.

Des collections analogues seront exposées en France avec les dessins ou photographies d'arbres entiers ou de rameaux.

Une troisième liste (Voir pages 70 et suivantes) énumère enfin quelques essences à retenir pour leurs sous-produits.

**

Pour arriver à une sélection logique, nous avons montré dans notre introduction la nécessité d'un premier classement en « essences abondantes » et « espèces rares » et nous avons dit que notre premier travail a été de recenser les espèces abondantes dans nos trois grandes colonies forestières d'Afrique.

Pour ce qui a trait plus spécialement au Gabon la Mission a effectué dans les massifs forestiers gabonais, des prospections aussi nombreuses, et dans des régions aussi variées que possible, mais limitées cependant aux zones très facilement accessibles pour le transport des bois (voir en fin du volume la carte de nos itinéraires au Gabon). Ces prospections, qui seront relatées dans notre tome III, ont permis de noter les essences et les dimensions de 280.000 (*deux cent quatre-vingt mille*) *mètres cubes de bois environ.*

Ce chiffre est encore *insuffisant*, mais il permet d'éclairer la question d'une manière bien plus précise que ne pouvaient le faire jusqu'à présent les divers voyageurs qui ont traversé ces forêts, sans nommer, mesurer, ni dénombrer ce qu'ils voyaient ou croyaient voir.

En attendant l'exposé méthodique de nos opérations de prospection, (qui paraît dans notre tome troisième) et pour fixer provisoirement les idées sur les essences les plus répandues, nous donnons ci-après le résultat général des mesurages et cubages effectués par la mission au Gabon.

On peut être surpris de voir que l'essence la plus abondante ne représente que 44.000 mètres cubes grume sur un cube total de plus de 280.000 mètres cubes. Ce fait est dû, sans doute, en partie, à l'hétérogénéité des peuplements, mais il faudrait bien se garder cependant de considérer la récapitulation que nous donnons, comme le *type moyen de la forêt*. Les prospections faites ont porté en effet sur des régions très diverses. Dans les unes on rencontre des peuplements purs ou à peu près purs de « Okoumé », dans d'autres c'est « l'Okip » ou l' « Ossongo » qui domine. En faisant une moyenne générale, ces peuplements abondants disparaissent forcément, et celui qui chercherait à se représenter la forêt d'après cette moyenne s'en ferait forcément *une idée très fausse*.

C'est ainsi qu'un travail du même genre qui aurait porté par exemple sur une région allant depuis les Vosges jusqu'aux futaies du centre de la France donnerait pour chacune des essences rencontrées : sapin, épicéa, pin, chêne, hêtre, acacia, charme, orme, érable, etc..., un pourcentage assez faible, tandis que ces essences constituent au contraire des peuplements purs en massifs considérables.

La récapitulation ci-jointe ne peut donc être donnée qu'à titre purement documentaire. Pour se faire une idée nette de la répartition des essences en forêt tropicale, le lecteur doit attendre la publication de notre chapitre spécial détaillant nos comptages, nos cubages et décrivant des *peuplements réels* qui feront ressortir l'existence de massifs moins homogènes évidemment que ceux de nos forêts françaises, mais présentant toutefois une hétérogénéité moins grande que la liste théorique ci-après, pages 20, 21. 22 et 23.

Cette liste correspond en fait (pour revenir à l'exemple déjà cité) à ce que pourrait donner un pointage exécuté au hasard d'un premier itinéraire entrepris en France sans étude préalable possible de l'ère géographique des espèces, et qui débuterait par des cheminements dans les versants nord des Vosges (sapins, hêtres), puis sur les versants sud (pins sylvestres, chênes), dans la trouée de Belfort (charmes. mérisiers, bouleaux, trembles), dans la vallée de la Saône (acacias, frênes, érables, saules, coudriers, etc.), dans le Jura (hêtres, sapins, épicéas, pins divers, etc.), dans le Morvan (hêtres, charmes et divers), dans la Vallée de la Loire (chênes, etc.).

L'ère géographique de chacune des nombreuses espèces coloniales sera d'ailleurs difficilement délimitée. Aussi avons-nous conscience que nos comptages donnent le seul aperçu qu'il était possible d'obtenir en quelques mois, sur la composition et la répartition des essences.

On peut trouver des régions plus ou moins riches en autres espèces, mais la « Mission Bertin » considère comme « rares » les autres essences, même celles qui, ne figurant pas sur cette liste, ont été retenues cependant pour utilisation immédiate en raison de leurs qualités remarquables. Ces espèces plus disséminées et plus rares, viennent augmenter encore *l'effectif immédiatement exploitable* qui représente dans ces conditions 180.000 à 190.000 mètres cubes sur un total de 280.000 mètres cubes, *soit environ 65 0/0 des peuplements.* Et cette proportion sera notablement augmentée lorsque les espèces rebutées pourront être utilisées par des industries de déchet à installer sur place, telle que la fabrication des pâtes de cellulose pour la papeterie, et la distillation des bois (goudrons, pyroligneux, etc.).

Nous espérons que cet aperçu sur la répartition des essences de la forêt tropicale ne froissera pas les petits intérêts locaux que nous serions heureux de servir de notre mieux; mais vouloir spéculer sur le mystère de la forêt pour lancer comme rares et précieuses certaines espèces intéressantes; ressemble un peu trop au calcul des anciens hôteliers et conducteurs de diligence qui ont inutilement combattu l'installation des chemins de fer. Très rares sont ceux qui font de l'obstruction à nos recherches; nous espérons qu'une meilleure compréhension des intérêts véritables transformera en alliés ces rares adversaires, pour qui nous sommes d'ailleurs heureux de travailler, car le progrès actuellement en marche les servira mieux que leurs calculs.

RÉCAPITULATION

**Des mesurages et cubages
dans les Régions les plus accessibles du Gabon**

GÉNÉRALE

effectués par la « Mission Bertin »,
et portant sur un cubage total de 286.210 mètres cubes grumes (bois ronds).

Noms des essences	Noms scientifiques	Familles botaniques	Cube des bois (en mètres cubes grumes)		Observations	Noms des essences
			Retenus par la Mission Bertin pour une utilisation immédiate	Non retenus par la Mission Bertin pour diverses raisons		
1	2	3	4	5	6	7
Okoumé	Aucoumea Klaineana	Burséracées	44.441 mc.			Okoumé
Okip	Kleinedoxa gabonensis	Irvingiacées	38.859			Okip
Ozougo	Saccoglottis gabonensis	Humiriacées	12.818			Ozouga
Alep	Desbordesia sp.	Irvingiacées		10.934 mc.		Alep
Ilomba	Pycnanthus Kombo	Myristicacées		10.269	Bois trop tendre. Conservation difficile.	Ilomba
Fromager	Eriodendron guineense	Malvacées		9.075	Id.	Fromager
Ossimiale	Piptadenia sp.	Légumineuses	7.960			Ossimiale
Oba	Irvingia gabonensis	Irvingiacées		6.513	Bois trop dur et trop lourd pour usages courants.	Oba
Miama	Calpocalyx Klainei	Légumineuses mimosées	6.490			Miama
Evino	Vitex pachyphylla	Verbénacées	6.087			Evino
Ossongo	Anthostema Aubryanum	Euphorbiacées	5.848			Ossongo
Niové	Staudtia gabonensis	Myristicacées	5.131			Niové
Ozigo	Pachylobus Buttneri	Burséracées	4.879			Ozigo
Coula	Coula edulis	Olacinées	4.735			Coula
Tali	Erythrophloeum guineense	Légumineuses césalpinées	3.709			Tali
Copalier	Macrolobium sp.	Légumineuses		3.574		Copalier
Evoua	Klainedoxa latifolia	Irvingiacées		3.425	Bois trop dur et trop lourd pour usages courants.	Evoua
Dina	Dialum sp.	Légumin. césalpinées		3.275		Dina
Canarium	Canarium velutinum	Burséracées	3.209			Canarium
Ouvong	Dialum guineense	Légumin. césalpinées		3.144		Ouvong
Noyer du Gabon	Indéterminé (plusieurs espèces)		2.795			Noyer du Gabon
Eba	Pachylobus balsamifera	Burséracées		2.682		Eba
A reporter			146.849 mc.	52.985 mc.		

Noms des essences	Noms scientifiques	Familles botaniques	Cube des bois (en mètres cubes grumes)		Observations	Noms des essences
			Retenus par la Mission Bertin pour une utilisation immédiate	Non retenus par la Mission Bertin pour raisons diverses		
1	2	3	4	5	6	7
		Report.	146 849 mc.	52.995 mc.		
Parasolier	Mussavga Smithii.	Urticacées		2 519	Bois mou conservation difficile.	Parasolier.
Bahia	Nilragyna macrophylla.	Rubiacées	2.259			Bahia.
Bilinga	Sarcocephalus Trillesii	Rubiacées	2 286			Bilinga.
Iroko	Chlorophora regia ou excelsa.	Urticacées	1 894			Iroko.
Acajou du Gabon	Khaya sp. (plusieurs espèces).	Méliacées.	1.876			Acajou du G.
Ebiara	Berlinia bracteosa.	Légumin. césalpiniées	1 833			Ebiara.
Odiénojé	Odyendyea gabonensis	Simarubacées.	1.823			Odiénojé.
Oboto	Mammea Klaineana	Guttifères	1 738			Oboto.
Ossoko	Scyphocephalium Ochocea.	Myristicacées	1 643			Ossoko.
Esoula	Placodiscus pseudostipularis,	Sapindacées.		1.551	Bois trop tendre. Conservation difficile.	Esoula.
Padouk	Pterocarpus Soyauxii	Légumin. papilionacées	1.550			Padouk.
Kévazingo	Didelotia africana.	Légumin. césalpiniées.	1.513			Kévazingo.
Azobé	Lophira procera	Lophiracées.	1.466			Azobé.
Ekobékova	Indéterminé.			1.429	Insuffisamment déterminé.	Ekobékova.
Ekoune	Indéterminé.		1.399		Id.	Ekoune.
Zingana	Légumineuse indéterminée.		1.343			Zingana.
Nogo	Indéterminé.		1.323		Id.	Nogo.
Pindja	Bylodendron gabonense.	Légumin. césalpiniées.		1.248	Peu abondant. Sans qualités remarquables.	Pindja.
Daniella	Daniella sp.	Légumin. césalpiniées.	1.197			Daniella.
Essessang	Ricinodendron africanus	Euphorbiacées.		1 196	Id.	Essessang.
Moabi	Baillonella toxisperma	Sapotacées.	1.188			Moabi.
Ovala	Pentaclethra macrophylla.	Légumineuses mimosées.		1.108	Id.	Ovala.
Singa	Indéterminé.			865	Id.	Singa.
Movingui	Distemonanthus Benthamianus.	Légumin. césalpiniées.	835			Movingui.
Rikio	Uapana sp	Euphorbiacées.	774			Rikio.
		A reporter.	174.783 mc.	62.781 mc.		

Noms des essences	Nom scientifique	Familles botaniques	Cubes des bois (en mètres cubes grumes)		Observations	Noms des essences
			Retenus par la Mission Bertin pour une utilisation immédiate	Retenus par la Mission Bertin pour une utilisation immédiate		
1	2	3	4	5	6	7
		Report.	174.763 mc.	62.781 mc.		
Ovoga	Poga oleosa	Rhizophoracées	731			Ovoga.
Odzakouna	Scytopetalum sp	Scytopétalacées		761	Peu abondant. Sans qual. remarquables.	Odzakouna.
N'Gan	Carapa sp	Méliacées		671	Id.	N'Gan.
Andaïlin	Légumineuse indéterminée			666	Id.	Andjilhn.
Ossol	Symphonia gabonensis	Guttifères	641			Ossol.
Ahinebé	Anthocleista nobilis	Loganiacées		638	Id.	Ahinebé.
Palétuvier	Rhizophora racemosa	Rhizophoracées	554		Le chiffre arrêté ci-contre pour le cubage des Palétuviers représente seulement les arbres disséminés qui ont été rencontrés par nos prospections. Nos itinéraires ont évité les énormes estuaires marécageux peuplés de massifs purs de Palétuvier. Cette essence a donc un coefficient d'abondance beaucoup plus élevé que ne le comporte le rang indiqué dans ce tableau.	Palétuvier.
Afane	Panda oleosa	Pandacées		537	Peu abondant. Sans qualités remarquables.	Afane.
Ogana	Indéterminé		509		Id.	Ogana.
Pindji	Indéterminé			480	Id.	Pindji.
Teul	Ficus Vogeliana	Urticacées		445	Id.	Teul.
Abome	Indéterminé		409			Abome.
Kolatier	Cola Ballayi	Sterculiacées		407	Id.	Kolatier.
Minzou	Indéterminé			383	Id.	Minzou.
Diléba	Indéterminé			342	Id.	Diléba.
Douka	Dumoria africana	Sapotacées	337			Douka.
M'Bol	Paivœusa gabonensis	Euphorbiacées		312	Id.	M'Bol.
Ouzabili	Antrocaryon Klaineanum	Anacardiacées	310			Ouzabili.
Sassanga	Indéterminé			292	Id.	Sassanga.
Asas	Bridelia speciosa	Euphorbiacées	290			Asas.
Olon	Fagara macrophylla	Rutacées	275			Olon.
Limba	Indéterminé			270	Id.	Limba.
		A reporter.	178.864 mc.	68.935 mc.		

| Noms des essences | Noms scientifiques | Familles botaniques | Cubes des bois (en mètres cubes grumes) | | Observations | Noms des essences |
| | | | Retenus par la Mission Bertin pour une utilisation immédiate | Non retenus par la Mission Bertin pour diverses raisons | | |
1	2	3	4	5	6	7
		Report.	178.864 mc.	68 985 mc.		
Sanvi.	*Indéterminé.*			265	Peu abondant. Sans qual. remarquables.	Sanvi.
Kouma-Kouma	*Indéterminé.*			235	Id.	Kouma-Kouma.
Makouliati.	*Indéterminé.*			234	Id.	Makouliati.
Safoucala	*Indéterminé.*			431	Id.	Safoucala.
Kamba	*Lavalleopsis densivenia.*	Olacinées		224	Id.	Kamha.
Pendso	*Indéterminé.*			222	Id.	Pendso.
N'Tassé.	*Indéterminé.*			217	Id.	N'Tassé.
N'Gueul.	*Croton oligandrum*	Euphorbiacées.		189	Id.	N'Gueul.
M'Béhame.	*Chrysophyllum sp.*	Sapotacées	134			M'Béhame.
Ovenda.	*Hexalobus crispiflorus*	Anonacées		79	Id.	Ovenda.
Divers (comprenant plus de 200 autres grandes esp. ligneuses).				30.331	Le surplus des peuplements est composé d'essences nombreuses relativement plus rares.	Divers.
Totaux.			178.993 mc.	101.212 mc.		
Total général				280.210		
Cubes %.			63.89	36.12		

	Cube total	Cube %
Cube des bois de la 1re liste.	90.537	32,32
Cube des bois de la 2e liste.	88.451	31,58

MISSION BERTIN

Cliche Section photog. de l'Armée.

Fig. 3. — Quelques pygmées de la forêt, dont parla Livingston,
à côté d'un « pahouin » de taille normale.

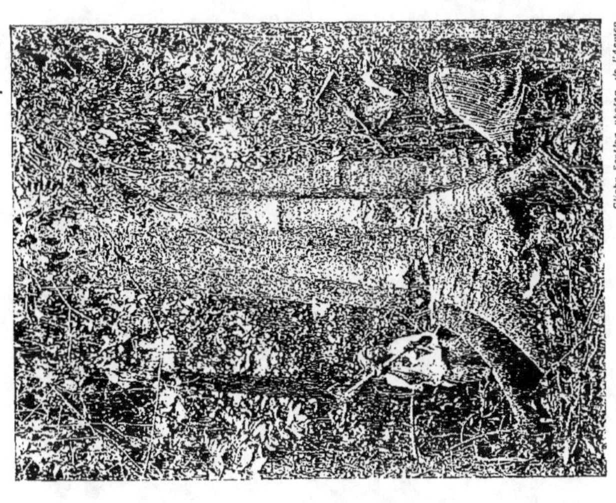

Cliche Section photog. de l'Armée.

Fig. 2. — Abatage d'un Azobé. — Lophira procera (Lophiracée)
Bois de fer excessivement dur.

III

Usages prévus pour ces bois.

La troisième partie de cette étude comprend une classification des bois choisis d'après l'usage auquel ils semblent destinés.

Bien entendu, cette classification n'est pas définitive; elle doit être considérée comme une indication susceptible de guider les recherches des industriels désireux d'employer les bois Coloniaux; elle est, en tous cas, *largement suffisante pour assurer l'utilisation de ces bois en vue de la satisfaction des besoins de l'après-guerre.*

(Voir la notice au début du chapitre III page 79).

IV

Propriétés physiques des bois choisis.

Les constatations les plus importantes concernant les bois utilisables, ont été réunies sous forme de fiches qui sont présentées ci-après.

L'étude des propriétés mécaniques sera complétée par des expériences sur la résistance des bois dans les diverses conditions où ils pourront être employés, mais ces expériences ne peuvent être tentées avec fruit que sur des échantillons très secs.

Sauf pour l'utilisation spéciale en traverses de chemin de fer, qui suppose la mise en œuvre de bois frais ou demi-frais, il est impossible de faire, avant dessication complète, des essais mécaniques sérieux ayant une réelle valeur industrielle.

(Voir la notice au début du chapitre IV page 95).

V

Répertoire des noms vernaculaires.

La connaissance pratique des essences d'arbres qui composent une forêt aussi hétérogène n'est pas chose facile ni simple. C'est encore par les indigènes que les Blancs arriveront le plus vite à connaître pratiquement les essences équatoriales intéressantes.

La botanique est une science trop ardue, et qui n'est pas à la portée de tous, exigeant un long apprentissage et des connaissances générales assez étendues; permettrait-elle d'ailleurs de diagnostiquer rapidement les variétés qu'il faudrait encore apprendre aux bûcherons nègres, *intermédiaires forcés* pour les travaux de forêts, une foule de noms nouveaux qu'ils s'assimileraient bien difficilement.

Il est plus court et plus simple de mettre à profit l'expérience des noirs, rudes forestiers, s'astreignant à vivre frugalement dans la forêt, qui suffit en somme à tous les besoins du chercheur expérimenté puisqu'elle lui fournit : l'écorce pour tisser ses vêtements, le bois et les feuilles pour la construction des cases, la résine pour l'éclairage, les fruits comestibles ou servant d'appât au gibier, et même les poisons pour servir ses passions et ses haines, assouvir ses mauvais instincts, ou soigner ses maladies.

On conçoit que de tels moyens d'existence n'ont pu s'acquérir que par une observation patiente de tous les arbres et par une véritable science de sorcier ou de praticien, dont les traditions se conservent de générations en générations. C'est pourquoi on trouve de vieux chasseurs, connaissant admirablement la forêt, à condition de ne pas les chercher parmi les noirs trop civilisés, ou élevés dans les villes. Il reste à comprendre ces sauvages. peu maniables, à mentalité souvent obscure, mais experts à feuilleter le grand livre de la nature, et à comparer leurs vocabulaires qui varient presque de village à village.

Pour faciliter ce travail aux forestiers Coloniaux, nous leur proposons l'essai de répertoire qui forme la cinquième partie de la présente notice.

Ce répertoire, qui est actuellement loin d'être complet, comprend tous les noms vernaculaires notés et identifiés par la mission. Il sera loisible à chacun de le compléter par ses observations personnelles, dans la colonne « observations » et dans les interlignes laissés en blanc à cet effet.

*
* *

Nous donnons enfin dans un dernier chapitre VI une table alphabétique de tous les noms scientifiques connus des arbres du Gabon. Cette table facilitera les recherches des amateurs de botanique.

***

Nous répétons ici que la mise au point des sciences et des industries forestières en France n'a été obtenue que par le labeur accumulé de plusieurs générations. Nous n'avons donc pas la prétention d'arriver du premier coup dans cette œuvre de longues observations, de pratique et de patience, à la perfection absolue. Pour être complété et bien mis au point, le présent opuscule devra faire partie des bagages du voyageur et être fréquemment consulté au pied des arbres eux mêmes, avec une certaine méfiance des bavards et des hâbleurs qui sont aussi nombreux hélas chez les nègres que chez les blancs.

Avant d'ajouter des dénominations ou de relever des erreurs toujours possibles, il sera bon de vérifier et faire recouper les assertions des indicateurs nègres en confrontant au pied des arbres les connaisseurs de différentes tribus.

Avec cette réserve formelle, le présent ouvrage pourra être amélioré petit à petit. Il n'a pas d'autres prétentions que de permettre une mise en œuvre immédiate pour l'après-guerre et de servir de base sérieuse aux études plus approfondies à entreprendre maintenant sur un plan d'ensemble bien arrêté que nous exposerons ultérieurement. Avec les moyens dont nous disposions, nous pensons qu'il était difficile d'arriver en quelques mois à plus de précision et de clarté dans « l'Etat Civil » des bois, comme dans le choix des espèces à étudier et dans l'élimination momentanée des autres variétés secondaires.

MISSION BERTIN

Fig. 4. — Le lac de Diyékoua
près de la Mission Sainte-Croix des Eschiras.

Fig. 5. — La chute de l'Impératrice,
la plus importante des 30 cascades de la Ngounié
(entre Fougamou et Samba) descendues en pirogue par M. A. BERTIN.

CHAPITRE PREMIER

VOCABULAIRE DES BOIS USUELS

donnant « l'État civil » de ces bois

ÉTAT CIVIL DES BOIS USUELS

Voir la collection des Bois déposée par la « Mission Bertin » au bureau de M. l'Administrateur, Maire de Libreville, et de M. l'Administrateur de Port-Gentil, Gabon. — Les noms scientifiques sont indiqués d'après le livre de M. A. Chevalier : « *Les Bois du Gabon* ».

NOM SCIENTIFIQUE	NOM UNIQUE PROPOSÉ	NOMS DIVERS A LAISSER TOMBER	OBSERVATIONS
1	2	3	4
Anthostema Aubryanum (Euphorbiacées).	Ossongo (n° 60)	Assongha, Assongna, Assonha, Asohin (pahouin) — Ossongo, Ochongo, Oshongo (m'pongoué, n'komi).	Les numéros figurant dans la colonne 2 rappellent les numéros des échantillons de la collection de la mission BERTIN.
Anthocleista nobilis (Loganiacées).	Ahinebé	Ahinebé (pahouin), Ororo (n'komi), Mouvougou (bapounou), Ossindio (m'pongoué).	
Antrocaryon Klaineanum Anacardiacées).	Onzabili (n° 7)	Onzabili, Onzakon, Ozakoum (pahouin) — Osongongo, Onsongongo, Ogangannedo, Ogegondo (mpongoué) — Ndjondkon (sikiani).	
Aucoumea Klaineana, (Burseracées).	Okoumé (n° 15)	Okoumé (mpongoué et nkomi) — Angouma (pahouin) — Mokoumi, Moukoumi (bayaka, bapounou) — Nkoumi (loango).	
Baillonella toxisperma, (Sapotacées).	Moabi (n° 5)	Adza, Aza, Adzapp, Adzo (pahouin) — Oréré, Oéréré (mpongoué, nkomi) — Moabi (bayaka, Setté-cama) — Moukoumbi (bapounou).	La graine s'appelle Djavé.
Berlinia bracteosa, (Légumineuses cesalpiniées).	Ebiara n° 58)	Ebiara (pahouin) — Eniamianga (galoa) — Obolo, Ilombo-bolo (nkomi) — Dilobidiba-kouandzi (bayaka).	
Berlinia sp., (Légumineuses césalpiniées).	Andoung n° 23)	Evoumanga (mpongoué) — Andoung (pahouin).	
Brachystegia sp. (Légumineuses cesalpiniées).	Bubinga n° 134)	Bubinga, Bubingo (loango) — Bouvinga (setté-cama) — Faux bois de rose (colons).	Le bubinga ne doit pas être confondu avec le Kévazingo que quelques colons appellent aussi bois de rose, mais qui est beaucoup plus lourd et moins beau.
Bridelia speciosa, (Euphorbiacées).	Assas n° 55)	Assas, Eouoleveu (pahouin) — Assas, pour l'arbre jaune, Eouoleveu pour l'arbre adulte) — Ossesindé, Otindia (mpongoué, nkomi) — Tchomboko (sikiani) — Nkala, Pfombo (loango).	

NOM SCIENTIFIQUE	NOM UNIQUE PROPOSÉ	NOMS DIVERS À LAISSER TOMBER	OBSERVATIONS
1	2	3	4
Calpocalyx Klainei, (Légumineuses mimosées).	Miama (n° 65)	Miama (pahouin) — Lendé (loango).	
Canarium velutinum, (Burséracées).	Canarium (n° 32)	Olengué, Owalé (mpongoué) — Abel (pahouin) — Obélé (sikiani).	Ces noms vernaculaires étant employés aussi pour désigner d'autres bois, prêteraient à confusion, le nom usuel proposé est le nom du genre botanique.
Chlorophora regia ou excelsa, (Urticacées).	Iroko (n° 27)	Eloun, Abang (pahouin) — Mandji (mpongoué) — Kambala (nkomi, setté-cama) — Nombo (sikiani) — Bang (Cameroun) — Bonzo, Odoum, Elui, Roko (Côte d'Ivoire) — Iroko (Gold-Coast et Lagos).	
Chrysophyllum sp. (Sapotacées).	Mbébame (n° 56)	Mbébame (pahouin) — Ottindia-inchenepolo (nkomi). C'est probablement le même que Mpébi, mpévi (mpongoué) — Inang (setté-cama).	
Cletriopholis patens (Anonacées).	Avome (n° 46)	Avome (pahouin).	
Cola Ballayi, (Sterculiacées).	Kolatier (n° 199)	Ombéné, Ombéni, Idoumbéni (mpongoué, nkomi, loango) — Monalekoumbi (bayaka).	Les pahouins désignent la kola blanche sous le nom de Abel et la kola rouge sous le nom de : Ngouanha, Mbwangba.
Coula edulis, (Olacinées).	Coula (n° 34)	Elioumé, Egoumé, Ewoumé, Igoumon (pahouin) — Coula, Ogoula, Ogoula (mpongoué) — Diponta (bapounou) — Icónnou, Ikouyigou, nkounthou, mopgouminou (setté-cama, loango).	
Genre Daniella (Légumineuses césalpiniées).	Daniella (n° 21)	Le Bissé (pahouin) — Lonlaviol (pahouin) — Olingué (mpongoué et nkomi) — Otangani (nkomi) — Ozoro (galoa) — Moufangani (eschiras) — Nzongui (bapounou) sont des bois très voisins déjà un peu connus sous le nom d'olingué, mais cette désignation qui s'applique encore à d'autres espèces différentes prêterait à confusion : le nom usuel proposé est le nom du genre botanique	

NOM SCIENTIFIQUE	NOM UNIQUE PROPOSÉ	NOMS DIVERS À LAISSER TOMBER	OBSERVATIONS
1	2	3	4
Dialium guineense (Légumineuses césalpiniées).	Onveng (n° 20)	Ovong, Onvong (pahouin) — Popa (mpongoué), probablement le même que : Ikoumbi, Nkombi, Mouhboubi, Moumflou (setté-cama).	
Dialium sp. (Légumineuses césalpiniées).	Dina (n° 132)	Agan, Eyôm, Eyoum (pahouin) — Amamba-Rombolo, Kindzou, Kendjon (mpongoué, nkomi) — Dina, ndina (setté-cama, eschiras) — Ntibloume (loango).	
Didelotia africana (Légumineuses césalpiniées).	Kévazingo (n° 11)	Ovang, Oveng, Oweng (pahouin) — Eke vazingo, n'kevazingo, keouazengo (mpongoué, nkomi) — Ibanda (bayaka).	Le bois de « Ovangkol » (pahouin, ressemble à celui du kévazingo.
Diospyros Evila, (Ebenacées).	Ebène	Ebène (colons) — Evila (pahouin, mpongoué, nkomi) — Tivila (loango).	
Diospyros aggregata, (Ebenacées).	Demi-deuil (n° 52)	Mvakina, Varfina (pahouin) — Ovinazy nkomi) — Itchon-y-N'Jogou (galoa) — Bois demi-deuil (colons).	
Diethemonanthus Benthamianus (Légumineuses césalpiniées).	Movingui (n° 23)	Eyène, Elibeungan (pahouin) — Oguéminia, ogamignié, Oguémine (mpongoué) — Owingué (nkomi) — Mowingué, Movingui (bayaka).	
Dumoria africana (Sapotacées).	Douka (n° 24)	Okola, onkola, n'kola (pahouin) — Nouugou, Onbungou, Douka, N'douka, Moudouka (setté-cama, loango et bapounou).	Ne pas confondre avec Itchou-y-nJogou (en galoa), qui est le bois demi-deuil. Certains gabonais appellent aussi le Douka : Itchou-y-njogon et Ogonendjogeu, noms qui sont également donnés à d'autres arbres très différents.
Entandrophragma sp. (Méliacées).	Acajou du Gabon.		Voir Khaya.
Eriodendron guineense (Malvacées).	Fromager (n° 38)	Doum, Odoum (pahouin) — Mfouma (loango) — Ogouma (mpongoué) — Fragonier, Kapokier (colons) — Mouong, Agué, etc... (Côte d'Ivoire).	

NOM SCIENTIFIQUE	NOM PROPOSÉ RÉFÉRENCE A N° COLLECTION BERTIN	NOMS DIVERS À LAISSER TOMBER	OBSERVATIONS
1	2	3	4
Erythrophloeum guineense, (Légumineuses césalpiniées).	Tali (n° 12)	Eloem, Eyo (pahouin) — Elondo (mpongoué, nkomi) — Tali (malinké A. O. F.) — Arliané, Nguié, Lo (Côte d'Ivoire) — Le Tchonisi (nkomi du Fernan Vaz) est un arbre très voisin.	
Fagara macrophylla (Rutacées).	Olon (n° 71)	Olon, Olong (pahouin) — Nongo (ce nom sert aux mpongoué et aux nkomis pour désigner l'« Olon » et l'« Olonvogo »).	
Fagara sp. (Rutacées).	Olonvogo (n° 56)	Lomvogo, Lomvoro, Lomvougha, Lomvoutra, N'lomvogo (pahouin) — Ndongo (loango) — Nongo (mpongoué et nkomi qui désignent de ce même nom « Nongo », l'« Olon » et l'« Olonvogo », d'ailleurs assez voisins).	
Ficus Vogeliana (Urticacées).	Teul (n° 49)	Niéné (loango) — Itoundoulou (mpongoué) — Toli, Teul (pahouin).	Ne serait pas le même arbre que Igogoro, Igogoro (gabonais), lequel est très voisin et se nomme Akoul (en pahouin). — Ne pas confondre avec Akour.
Hexalobus crispiflorus, (Anonacées).	Ovenda (n° 122)	Evoma, Owul (pahouin) — Ovenda, Ovounda, Owoanda (nkomi) — Movounin, Mouvounda (bapounou, setté-cama).	
Hytodendron gabunense, (Légumineuses césalpiniées).	Pindja (n° 30)	Pindja, Mpandja (m'pongoué) — Mpango (loango).	
Irvingia gabonensis ou Barteri (Irvingiacées).	Oba (n° 37)	Ndok, Andok, Andogh (pahouin) — Monéha (loango) — Oba (m'pongoué) — Chocolat indigène (colons).	
Irvingia oblonga (Irvingiacées).	Alep (n° 60)	Alo, Alou, Alép (pahouin) — probablement le même que Tchondoha (mpongoué).	

NOM SCIENTIFIQUE	NOM PROPOSÉ RÉFÉRENCE A N° COLLECTION BERTIN	NOMS DIVERS À LAISSER TOMBER	OBSERVATIONS
1	2	3	4
Khaya sp. ou Entandrophragma sp., (Méliacées).	Acajou du Gabon (n° 135)	Les acajous du Gabon comprennent : Zamingulla, Mbéga (pahouin) — Ombéga (mpongoué, nkomi) — Bilolos, Dilolos divers (loango, setté-cama).	Les acajous du Gabon sont trop variés et trop mal définis ; toutes les fournitures en acajous devront être faites sur échantillons, afin d'éviter les malentendus.
Klainedoxa latifolia (Irvingiacées).	Eveuss (n° 10)	Eveuss, Evess (pahouin) — Ovingué (mpongué) — Mangona (bayaka).	
Klainedoxa sp., (Irvingiacées).	Okip (n° 37)	Serait appelé Koudjo, Nkondjo en Mpongoué (à vérifier).	
Probablement = Lapalisiopsis densivillé ? (Olacinées).	Kamba (n° 127)	Kamba, Nkameba (nkomi) — Mogameba (bayaka) — probablement le même que : Egypt, Ezonousoua, Nsone Esoue, Nsona Sô (pahouin).	
Lophira procera (Lophiracées).	Azobé (n° 42)	Akoga, Akogha, Akoura (pahouin) — Okoka (kélé) — Enekouga (mpongoué) — Magnaneti (loango) — Bois de fer (colons) — Bongossi (Cameroun) — Oucoué, Nokoné, Esoré, Azobé (Côte d'Ivoire).	
Macrolobium sp. ou Copaifera sp., (Légumineuses).	Copalier (n° 35)	Ebana, Ngome, Nkarg (pahouin) — Nkéva (mpongué, nkomi) — Monkéba, kéba (Setté-Cama — M'bili (loango).	
Mitragyne macrophylla. (Rubiacées).	Bahia (n° 2)	Eleior, Eleiom n'zam (pahouin) — ntovo, Ogmmedie, Ntovo (mpongué) — Ossonpou (bakual) — Tobou, tobo (setté cama eschirna, bapennou) — Gofa, Bodo, Bahia (Côte d'Ivoire).	
Musanga Smithii, (Urticacées).	Parasolier (n° 45)	Assan, Aseng (pahouin) — Combo-Combo (mpongoué) — Moussinga (Fernan-Vax, eschirna) — Parasolier (colons).	
Ochrocarpus africanus ou Mammea Klaineana, (Guttifères).	Oboto (n° 7)	Ibéka, Oboto, Ilolo (mpongoué, nkomi) — Ebor (pahouin) — Mboboiso (bayaka) — Djimbo, Antbé, Oboto (Côte d'Ivoire).	

NOM SCIENTIFIQUE	NOM PROPOSÉ RÉFÉRENCÉ A N° COLLECTION BERTIN	NOMS DIVERS A LAISSER TOMBER	OBSERVATIONS
1	2	3	4
Odyendyea gabonensis (Simarubacées).	Odienaje (n° 53)	Onzang, Onzon, Nzan (pahouin) — Odyendié, Odyendié, Ozendié (mpongoué et nkomi) — Dibundi (sechiras) — Moussigutri (bapounou).	
Ongokea Klaineana (Olacinées).	Angueuk (n° 57)	Angueuk, Ongek (pahouin) — Ogoré, Goré (bas-ogoué) — Onguéko, Anguekou, Ongoké (mpongoué nkomi) — Isano, N'Sanou (loango).	La graine (gorè) donne une huile assez visqueuse de l'huile de lin.
Pachylobus edulis (Burséracées).	Atanga	Essais, Adzom, Assa (pahouin) — Atanga (gabonais) — N'Safou (Bakongo).	
Pachylobus Buttneri (Burséracées).	Ozigo (n° 17)	Ozigo, Azigo, Ezigo (mpongoué) — Assia (pahouin) — Massikou, Moussikou (bayaka) — Ossamvegna; Samveten (pahouin).	
Pachylobus sp., (Burséracées).	Eba (n° 69)	Eba, Ebo (pahouin) — Epopa (mpongué).	
Panda oleosa (Pandacées).	Afane	Atan, Afam, Afane (pahouin) — Etongolongo (nkomi) — Ewawa (bayaka).	La graine donne une huile comestible.
Pentaclethra macrophylla, (Légumineuses mimosées).	Ovala (n° 9)	Ebé (pahouin) — Ovala, Ouala (colons) — Bala, Mbala, Mvala, Mouala (mpongoué) — Moullapanza (mayumbe).	
Pentadesma butyracea (Guttifères).	Oyamba	Arbre à beurre — Agnubé, Nsangome (pahouin) — Oyamba (nkomi) — Mogadigila (bayaka).	
Piptadenia ? ou Newtonia ? sp. (Légumineuses).	Tsoumbou (n° 128)	Tome, Toum (pahouin) — Tchoumbou, Tsoumbou, Nchioumbou (mpongué).	Le Tome (pahouin) est un grand arbre à très petites feuilles : à distinguer de N Toum (pahouin), petit arbre à feuilles moyennes, ainsi que de N Toma (pahouin), qui est le « Bilinga ». Toutes les fournitures de Tsoumbou devront être faites sur échantillons, afin d'éviter les confusions.

NOM SCIENTIFIQUE	NOM PROPOSÉ RÉFÉRENCÉ A N° COLLECTION BERTIN	NOMS DIVERS A LAISSER TOMBER	OBSERVATIONS
1	2	3	4
Piptadenia sp., (Légumineuses).	Ossimiaie (n° 138)	Ossimiaia, Ossimiaie (pahouin) — Okorobe (Fernan-Vaz) — Oaibouaha (sette-cama).	
Placodiscus pseudostipularis, (Sapindacées).	Esaoula (n° 118)	Esouia, Esaoula (pahouin) — Kyamba (mpongoué) — Sougue-Sousou (loango).	
Poga oleosa (Rhizophoracées).	Ovoga (n° 19)	Afo, Mfo (pahouin) — Ovoga, Owago, M'poga (Mpongoué et Nkomi).	
Pterocarpus Soyauxii, (Légumineuses papilionacées).	Padouk (n° 44)	Padouk, Bois Corail (colons) — Chinogo, Ezigo (mpongoué, nkomi) — Igoungou (sette-cama) — Mouéngué (Cameroun) — Tisize (loango) — Mbei, Ebeul (pahouin = Mbei : pour l'arbre debout, Ebeul pour le bois mis en œuvre).	
Pycnanthus Kombo (Myristicacées).	Ilomba (n° 14)	Eton, Etang, Eteng, Eting, Ikoum, Ikoun Ncome (pahouin) — Kombo, Ilomba (mpongoué et nkomi), Louaïa, Moulomba (loango S. O.) — Arbre à suif, faux muscadier du Gabon (colons).	
Rhizophora racemosa (Rhizophoracées).	Palétuvier (n° 1)	Ntan, Ntane, Ntand (pahouin) — Itanda, Ntanda (mpongoué), Mikosa (loango) — Moutanda (sette-cama) — Mouvanda (bapounou).	
Ricinodendron africanus, (Euphorbiacées).	Essessang (n° 45)	Engessam, Essessang, Issanguila (pahouin), Ozaneguila (mpongoué), Essesanga, Nassanga (loango).	
Saccoglotis gabonensis, (Humiriacées).	Ozouga (n° 16)	Esoua, Issoua (pahouin) — Ozonga, Ozougo (mpongoué, nkomi) — Mosouhouga (bayaka).	
Sarcocephalus Trillesii (Rubiacées).	Bilinga (n° 47)	Bilinga, Bilinga (mpongoué, nkomi) Ntoma, Aloma, Issoula (pahouin) Tombo (sikiani) — Ngulo-Maza (loango).	
Schumanniophyton (Rubiacées).	Ovibe (n° ?)	Ngandja (nkomi) — Nogozé (mpongoué) — Limoné (loango) — Ovibe, Ovébe (pahouin).	

NOM SCIENTIFIQUE	NOM PROPOSÉ RÉFÉRENCE A N° COLLECTION BERTIN	NOMS DIVERS A LAISSER TOMBER	OBSERVATIONS
1	2	3	4
Scyphocephalium Ochocoa, (Myristicacées).	Ossoko (n° 54)	Sogo, Sorro, Songo, Soko, Usorro, Tsogo, gué (pahouin) — Oonoco, Ossoko, Otsoko (mpongoué) — Sokoué (sikiani) — Issombo (bapounou) — Nsoro (Ivindo).	
Scytopetalum sp., (Scytopétalacées).	Odzakouna (n° 120)	Odzakouna, Odzi-Kouna, Odjakouna (pahouin).	
Spathodea campanulata, (Bignoniacées).	Tulipier du Gabon	Tulipier du Gabon (colons) — N'Liogo, Tchogo (mpongoué) — Evonevouvieu, Evonevonié, Evonghele-vonghele, Evongévong (pahouin).	
Staudtia gabonensis, (Myristicacées).	Niové (n° 3)	Mbone, Mboum, Mboune, Mooum (pahouin) — Niové, Niowé, Niohé, Niobé, Gnoué (mpongoué, nkomi) — Mogoubi (bayaka) — Ngakambo (sikiani) — Todo (setté-cama) — Nkombi (loango).	
Symphonia gabonensis, (Guttifères).	Ossol (n° 96)	Osol, Ossol (pahouin) — Osoli, Ossangho (mpongoué, nkomi) — Osodou (sikiani) — Mounianianga (loango).	
Uapaca sp., (Euphorbiacées).	Rikio (n° 106)	Asam, Assame, Okess (pahouin) — Ozombi, Ntiombi, Tsombi (mpongoué, nkomi) — Nan, Guiombi, Alokoba, Rikio (Côte d'Ivoire).	
Vitex pachyphylla, (Verbénacées).	Evino (n° 22)	Angona (pahouin) — Evino (mpongoué et nkomi) — Mvinndo (loango) — M'bota (bapounou).	
Indéterminé.	Ahems (n° 111)	Tsougué (pahouin) — Ochoco, Ossoke bora (eschiras), Ibocra (bapounos).	
Indéterminé, (Légumineuses).	Andzilim	Andzelem, Andzilim (pahouin).	
Indéterminé.	Dileba (n° 137)	Idéwa (nkomi) — Diléba, Dilébo (setté-cama) — Nguéka (bapounou) — Abine (pahouin).	

NOM SCIENTIFIQUE	NOM PROPOSÉ RÉFÉRENCE A N° COLLECTION BERTIN	NOMS DIVERS A LAISSER TOMBER	OBSERVATIONS
1	2	3	4
Indéterminé. (Légumineuses).	Ebornzok (n° 39)	Ebornzok (pahouin) — Obotchou (mpongoué et sikiani) — Ovoubra (mpon Voisin du Canarium.	
Indéterminé.	Ebolobolo (n° 115)		
Indéterminé.	Ekoune (n° 33)		
Indéterminé.	M'Ban (n° 36)		
Indéterminé.	Moussamfi (n° 131)	Moussamfi-pinda (nkomi du Fernan-Vaz, eschiras) — Kouaki (bapounou).	
Indéterminé.	Mvoma (pahouin) (n° 4)		
Indéterminé.	Nogo (n° 168)	Nogo (Nkomi).	
Indéterminé.	Noyer du Gabon (n° 136)	Les noyers du Gabon comprennent : *Ombolombolo, Ombega fiote* (n'komi) — *Bilolo* ou *Dilolo fiote* (setté-cama, loango) — *Dominguila, Bongominguila, Nbey* (pahouin) — ombegas femelles ou ombegas foncés (colons).	Les noyers du Gabon sont trop variés et trop mal définis : toutes les fournitures en noyers devront être faites sur échantillons afin d'éviter les malentendus.
Indéterminé.	Obéro (n° 103)	Ibéro, Obéro, Ovéro (mpongoué, nkomi) — Loukoundou (loango).	
Indéterminé.	Ogana	Okala (pahouin) — Ogana (mpongoué, nkomi).	
Indéterminé.	Okolangouma	Okolangouma (pahouin) — Akoulangouma, onguembé (mpongoué).	
Indéterminé.	Olengué (n° 104)	Olengué (nkomi).	Ne pas confondre avec Daniella et Canarium, qui sont aussi appelés

NOM SCIENTIFIQUE	NOM PROPOSÉ RÉFÉRENCE A Nº COLLECTION BERTIN	NOM DIVERS A LAISSER TOMBER	OBSERVATION
1	2	3	4
			Olingué en mpongoué, galoa et nkomi. Le bois généralement désigné dans le bas-ogoué sous le nom d'olingué est plutôt le Daniella (voir nº 21, 105 et 109).
Indéterminé.	Olengouani (nº 126)	Voisin du Canarium.	
Indéterminé, (Anonacées).	Otounga (nº 35)	Otouhin (pahouin) — Otounga (mpongoué, nkomi) — Mouamba (loango).	
Indéterminé.	Oyanga (nº 125)	Oyanga (nkomi) — Mounianga (bapounou) voisin de « Ossol ».	
Indéterminé.	Oyemvome (nº 41)	Oyemvome, Mbanzogo (pahouin).	
Indéterminé.	Pindjokolo (nº 124)		
Indéterminé.	Tchissafoukala (nº 123)	Très voisin du « Canarium ».	
Indéterminé, probablement *Macrolobium*, (Légumineuse).	Zingana (nº 102)	Zingana (setté-cama) — Izingana (Fernan Vaz) — Bois zébré (colons).	

CHAPITRE DEUXIÈME

Bois reconnus susceptibles d'être exploités ou traités
pour une utilisation immédiate.

Le présent chapitre deuxième comprend principalement trois listes
d'essences sélectionnées et choisies parmi la multitude des espèces
ligneuses :

La 1re liste signale les bois utilisables en quantités illimitées pour la
construction.

La 2e liste comprend les bois également utilisables pour la construction,
mais en plus petites quantités.

La 3e liste désigne les arbres à protéger pour leurs sous-produits
(graines, écorces, etc.) ou pour leur bois intéressant des industries spéciales.

OBSERVATIONS POUR LA LECTURE DES TABLEAUX CI-APRÈS

Colonne 1 : Les noms usuels proposés sont généralement tirés de dialectes locaux dont la désignation est indiquée entre parenthèses.

Une carte placée dans le tome troisième de la présente publication
définit les régions dans lesquelles les indigènes parlent les différents
dialectes : mpongoué, nkomi, pahouin, etc.

Colonne 2 : Les noms scientifiques sont donnés d'après le livre de A. Chevalier : « Les Bois du Gabon ». Les indications telles que : « Chevalier, p. 109 » renvoient à la page 109 de cet ouvrage édité chez Challamel.

Colonne 3 : Même observation que pour la colonne 1. Les mots entre
parenthèses indiquent le nom du dialecte indigène auquel appartient chaque
nom vernaculaire.

Colonne 5 : Les assimilations données dans la colonne n° 5 tiennent
compte, *dans la mesure possible*, des rapprochements dans la texture et le
grain des bois ; les autres caractères, couleur, etc., sont parfois différents.

Colonne 6 : Le diamètre indiqué dans la colonne 6 comme minimum de
dimensions des arbres exploitables doit être mesuré sur écorce à une hauteur de 4 mètres environ, c'est-à-dire à la base de l'arbre, mais au-dessus
de l'empattement, qui généralement empêche de mesurer utilement l'arbre
plus près de terre. Cette dimension d'exploitabilité, au-dessous de laquelle
il serait dangereux de descendre, est *la première mesure grossière de protec-
tion* dont nous demandons l'application pour *la sauvegarde des forêts équatoriales*

4

PREMIÈRE LISTE

27 Bois utilisables en grandes quantités pour la construction des immeubles moyen du Gabon et comprenant ensemble environ 30 à 35 % du peuplement

NOM USUEL	NOM SCIENTIFIQUE FAMILLE	NOMS VERNACULAIRES	USAGES POSSIBLES	ASSIMILATION	DIAMÈTRE minimum exploitable	OBSERVATIONS
1	2	3	4	5	6	7
Okoumé	Aucoumea Klaineana. (Burséracées). Chevalier, page 109.	Okoumé (m'pongoué et n'komi) — Angouma (pahouin) — Mokoumé, Moukoumi (bayaka, bapounou) — N'Koumi (loango).	Menuiserie intérieure. Menuiserie légère. Construction.	Okoumé	0,60	L'Okoumé secrète une résine abondante dont les indigènes se servent pour faire des torches et qui peut devenir très intéressante pour l'exploitation.
Acajou du Gabon	Khaya sp., ou Entandrophragna, sp. (Méliacées). Chevalier, pages 125-130.	Les acajous du Gabon comprennent : Zaminguila, M'Bâga (pahouin) — Omboga (m'pongoué, n'komi) — Bilolos, Dilolos divers (loango, setté-cama).	Ébénisterie. Menuiserie intérieure.	Acajou	0,80	
Noyer du Gabon	Indéterminé.	Les noyers du Gabon comprennent : Ombolombolo, Ombega-flote ou Dilolo-flote (setté-cama) — Domtiguila, Dongo-minguila, Ebey (pahouin) — Ombegas femelles ou Ombegas foncés (colons).	Ébénisterie. Menuiserie intérieure.	Noyer	0,80	
Assas	Bridelia speciosa. (Euphorbiacées).	Assas, Kouoleveu (pahouin) — (Assas pour l'arbre jeune, Kouoleveu pour l'arbre adulte) — Osserindé, Olindis (m'pongoué, n'komi) — Tchomboko (sikiani) — N'Kala, Pfombo (loango).	Menuiserie intérieure.	(?)	0,40	
Babia	Mitragyne macrophylla. (Rubiacées). Chevalier, page 223.	Etelom, Etelom-N'Zam (pahouin) — Ntovo, Oganedjo, Ntowo (m'pongoué) — Ossoupou (sikiani) — Tobo (setté-cama, oschivas, bapounou) — Gofa, Bodo, Babia (Côte d'Ivoire)	Menuiserie légère. Construction.	Noyer satiné (satin walnut)	0,40	
Bilinga	Sarcocephalus Trillesii. (Rubiacées). Chevalier, page 229.	Bilingo; Bilinnga (m'pongoué, n'komi) — Nioma, Aloma, Issoula (pahouin) — Tombo (sikiani) — Ngula-Mara (loango).	Menuiserie intérieure. Construction.	Badi de la Côte d'Ivoire	0,60	
Bubinga	Brachystegia, sp. (Légumineuses césalpiniées). Chevalier, page 189.	Bubinga, Bubingé (loango) — Bouvinga (setté-cama) — Faux bois de rose (colons).	Ébénisterie. Menuiserie intérieure.	Faux-bois de rose	0,60	Le Bubinga ne doit pas être confondu avec le Kevazingo que quelques colons appellent aussi bois de rose, mais qui est beaucoup plus lourd et moins beau.

NOM USUEL	NOM SCIENTIFIQUE FAMILLE	NOMS VERNACULAIRES	USAGES POSSIBLES	ASSIMILATION	DIAMÈTRE minimun exploitable	OBSERVATIONS
1	2	3	4	5	6	7
Canarium	*Canarium velutinum.* (Burséracées). Chevalier, page 114.	*Olengué, Oweté* (m'pongoué) — *Abel* (pahouin) — *Obélé* (sikiani).	Menuiserie légère.	Okoumé blanc	0,60	
Daniella	*Genre Daniella, sp.* (Légumineuses césalpiniées). Chevalier, page 172.	*Le Bissé* (pahouin) — *Lontariel* (pahouin) — *Olingué* (m'pongoué et n'komi) — *Olangani* (n'komi) — *Ozozo* (galoa) — *Moulangani* (eschiras) — *Nzongui* (bapounou) sont des bois très voisins déjà un peu connus sous le nom d'*Olingué*, mais cette désignation qui s'applique encore à d'autres espèces différentes prêterait à confusion ; le nom usuel proposé est le nom du genre botanique.	Menuiserie légère.	Faro de la Côte d'Ivoire	0,60	
Douka	*Dumoria africana.* (Sapotacées). Chevalier, page 258.	*Okola, Oukola, N'Kola* (pahouin) — *Douka, N'Douka, Nowngou, Onoungou, Movdouha* (setté-cama, loango et bapounou).	Menuiserie intérieure. Construction.	Makoré de la Côte d'Ivoire	0,90	Les amandes récoltées sur les vieux arbres produisent une graisse végétale estimée qui se rapproche de la matière oléagineuse fournie par les graines du Noabi.
Ehiara	*Berlinia bracteosa.* (Légumineuses césalpiniées). Chevalier, page 167.	*Ehiara* (pahouin) — *Enlamlanga* (galoa) *Obolo, Homombolo* (n'komi) — *Dilobidiba-Kouanzi* (bayaka).	Construction. Menuiserie intérieure.	(?)	0,50	
Evino	*Vitex pachyphylla.* (Verbenacées). Chevalier, page 281.	*Angona* (pahouin) — *Evino* (m'pongoué et n'komi) — *Mipinda* (loango) — *M'Dola* (bapounou).	Menuiserie intérieure. Construction.	Noyer gris (très pâle)	0,60	
Iroko	*Chlorophora regia ou excelsa.* (Urticacées). Chevalier, page 312.	*Elovu, Abang* (pahouin) — *Mandji* (m'pongoué) — *Kambala* (n'komi, setté-cama) — *Nombo* (sikiani) — *Bang* (Cameroun) — *Bonzo, Odoum, Elui, Roko* (Côte d'Ivoire) — *Iroko* (Gold Coast et Lagos).	Ébénisterie. Menuiserie intérieure. Construction.	Teck	0,80	

NOM USUEL	NOM SCIENTIFIQUE FAMILLE	NOMS VERNACULAIRES	USAGES POSSIBLES	ASSIMILATION	DIAMÈTRE minimum exploitable	OBSERVATIONS
1	2	3	4	5	6	7
M'Bébame	*Chrysophyllum, sp.* (Sapotacées). Chevalier, page 247.	*M'Bébame* (pahouin) — *Orindia Inchénepdio* (n'komi). C'est probablement le même que *Mpébi, Mpébi* (m'pongoué, n'komi) — *Moabi* (bayaka, setté-cama) — *Mouhoumbi* (bapoune	Construction. Menuiserie légère.	(?)	0,60	Produit un fruit analogue à la papaye, consommé par les indigènes.
Moabi	*Baillonella taxisperma.* (Sapotacées). Chevalier, page 242.	*Adzo, Aza, Adzapp, Adzo* (pahouin) — *Oréré, Oéréré* (m'pongoué, n'komi) — *Moabi* (bayaka, setté-cama) — *Mouhoumbi* (bapounou).	Menuiserie intérieure. Construction.	(?)	1,30	Produit une graine oléagineuse comestible appelée *Djavé* ou *Ndjavé* dont on extrait une huile estimée.
Moviugui	*Distemonanthus Benthamianus.* (Légumineuses césalpiniées). Chevalier, page 177.	*Eyéne, Elibeungan* (pahouin) — *Oguéminia, Oganignio, Oguémine* (m'pongoué) — *Owingué* (n'komi) — *Mowingué, Mowingui* (bayaka).	Menuiserie intérieure. Construction.	Acacia	0,60	
Odiénéjé	*Odyendyca gabonensis.* (Simarubacées). Chevalier, page 91.	*Onzang, Onzon, Nzan* (pahouin) — *Odyendié, Odyénéjé, Ozenézé, Ozénéjé* (m'pongoué, n'komi) — *Dibindi* (eschiras) — *Moussiguiri* (bapounou).	Menuiserie légère.	Peuplier	0,40	M. Ed. Heckel a signalé sous le nom de Odiénéjé *Beurre d'Odiendyé* la matière grasse comestible fournie par l'amande. Ce beurre jaune et très solide à une température de dix degrés, trouverait un emploi fructueux dans l'industrie stéarique.
Olon	*Fagara macrophylla.* (Rutacées). Chevalier, page 88.	*Olon, Olong* (pahouin) — *Nongo.* Ce nom sert aux M'Pongoués et aux N'Roumis pour désigner l' « Olon » et l' « Olonvogo ».	Menuiserie intérieure. Construction.	Faux citronnier foncé	0,40	
Olonvogo	*Fagara, sp.* (Rutacées). Chevalier, page 88.	*Lomvogo, Lomvorro, Lomvougha, Lomvourra, N'lomvogo* (pahouin) — *Ndongo* (loango) — *Nongo* (m'pongué et n'komi) qui désignent de ce même nom « Nongo » l' « Olon » et l' « Olonvogo » d'ailleurs assez voisins.	Menuiserie intérieure. Construction.	Faux citronnier clair	0,40	

NOM USUEL	NOM SCIENTIFIQUE FAMILLE	NOMS VERNACULAIRES	USAGES POSSIBLES	ASSIMILATION	DIAMÈTRE minimum exploitable	OBSERVATIONS
1	2	3	4	5	6	7
Oazabili	*Antrocaryon Klaineanum.* (Anacardiacées). Chevalier, page 150.	*Onzabili, Onzakon, Dzakoum* (pahouin) — *Osengongo, Onsongogo, Oganganniedo, Ogogundo* (m'pongoué) — *Ndsondjokon* (sikiani).	Menuiserie légère.	Okoumé ferme.	0,80	Produit un fruit comestible pour les indigènes (goût acide).
Ossongo	*Anthostema Aubryanum.* (Euphorbiacées). Chevalier, page 293.	*Assongha, Assongna, Assonha, Asohin* (pahouin) — *Ossongo, Ochongo, Oshongo* (m'pongoué, n'komi).	Menuiserie légère.	(?)	0,40	
Ovoga	*Poga oleosa.* (Rhizophoracées). Chevalier, page 208.	*Afo, Mfo* (pahouin) — *Ovoga, Owoga, M'Poga* (m'pongoué et n'komi).	Menuiserie légère.	Platane rose à gros grains.	0,80	La graine écrasée donne une pâte comestible après cuisson et pourrait fournir une huile estimée. L'écorce sert de médicaments contre les maladies de peau.
Ozigo	*Pachylobus Buttneri.* (Burséracées). Chevalier, page 117.	*Ozigo, Azigo, Asigo* (m'pongoué) — *Asia* (pahouin) — *Mûssikou, Moussikou* (bayaka) — *Casamvegna, Samueien* (pahouin).	Menuiserie légère.	Okoumé ferme.	0,80	Produit un fruit appelé « Sia » par les Pahouins, qui le mangent après ébouillantage.
Padouk	*Pterocarpus Soyauxii.* (Légumineuses césalpiniées) Chevalier, page 138.	*Padouk,* bois corail (colons) — *Ohuego, Esigo* (m'pongoué et n'komi) — *Igoungou* (setit-cama) — *Mouongué* (Cameroun) — *Tisése* (loango) — *Mbel, Fœul* (pahouin : *Mbel* pour l'arbre debout, *Fœuk* pour le bois mis en œuvre).	Ébénisterie. Menuiserie intérieure. Construction.	Padouk, Andaman de l'Inde.	0,80	Anciennement utilisé comme bois de teinture.
Rikio	*Uapaca, sp.* (Euphorbiacées). Chevalier, page 303.	*Asam, Assama, Ohass* (pahouin) — *Osombi, Niiombi, Tsombi* (m'pongoué et n'komi) — *Nan, Gutombi, Alokoba, Rikio* (Côte d'Ivoire).	Menuiserie intérieure. Construction.	Chêne rouge.	0,40	Racines adventives aériennes développées.

NOM USUEL	NOM SCIENTIFIQUE FAMILLE	NOMS VERNACULAIRES	USAGES POSSIBLES	ASSIMILATION	DIAMÈTRE minimum exploitable	OBSERVATIONS
1	2	3	4	5	6	7
Toli	*Erythrophlœum guineense* (Légumineuses césalpiniées). Chevalier, page 179.	*Eloun, Eyo* (pahouin) — *Elondo* (m'pongoué et n'komi) — *Toli* (malinké A. O. F.) — *Arhoua, N'Goulé, Lô* (Côte d'Ivoire) — Le *Tchanet* (n'komi du Fernan-Vaz) est un arbre très voisin.	Menuiserie intérieure. Construction.	Lim.	0,60	
Tsoumbou	*Piptadenia* ou *Newtonia*, sp. (Légumineuses). Chevalier, pages 186-196.	*Tome, Toum* (pahouin) — *Tchoumbou, Tsoumbou, Nchloumbou* (m'pongoué).	Menuiserie légère. Construction.	Acacia brun	0,60	

27 Espèces dans la première liste.

DEUXIÈME LISTE

22 Bois utilisables en petite quantité pour la construction des immeubles composant ensemble environ 80 % du peuplement moyen du Gabon.

NOM USUEL	NOM SCIENTIFIQUE FAMILLE	NOMS VERNACULAIRES	USAGES POSSIBLES	ASSIMILATION	DIAMÈTRE minimum exploitable	OBSERVATIONS
Abema	Indéterminé.	*Abema, Abème, Abemne* (pahouin) — *Oulbora* (eschiras) — *Iborra* (bapounou).	Menuiserie intérieure. Construction.	Chêne.	0,40	
Andoung	*Berlinia, sp ?* (Légumineuses césalpinidées) Chevalier, page 162.	*Evoumanga* (m'pongoué) — *Andoung* (pahouin).	Menuiserie légère. Construction.	Niangon de la Côte d'Ivoire.	0,60	
Avemo	*Cleistopholis patens.* (Anonacées) Chevalier, page 49.	*Avomo* (pahouin).	Menuiserie légère.	Peuplier.	0,40	Le liber donne un textile très solide employé par les indigènes pour faire des cordages.
Ebornzok	Indéterminé. (Légumineuses). Chevalier, page 198.	*Ebornzok* (pahouin) — *Obotchou* (m'pongoué et sikiani) — *Ovoultra* (m'pongoué).	Construction.	Faux acajou.	0,60	Les Pahouins mangent la pulpe du fruit, et emploient les graines comme appât pour piéger certains gibiers.
Ekoune	Indéterminé.		Menuiserie légère. Construction.	?	0,60	

NOM USUEL	NOM SCIENTIFIQUE FAMILLE	NOMS VERNACULAIRES	USAGES POSSIBLES	ASSIMILATION	DIAMÈTRE minimum exploitable	OBSERVATIONS
1	2	3.	4	5	6	7
Miama	*Calpocalyx Klainei* (Légumineuses mimosées). Chevalier, page 193.	*Miama* (pahouin) — *Lendé* (loango).	Construction	Orme.	0,60	
Nioré	*Staudtia gabonensis.* (Myristicacées). Chevalier, page 285.	*M'Banc, M'Baum, M'Boun* (pahouin) — *Niové, Niowé, Niohé, Niobi, Onoué* (m'pongoué, n'komi) — *Mogoubi* (bayaka) — *Ngukombo* (siktani) — *Todo* (settécama) — *N'Koubi* (loango).	Menuiserie intérieure. Construction.	Faux acajou rouge.	0,40	La graine sert d'appât pour piégeage.
Nogo	Indéterminé.	*Nogo* (N'komi).	Construction.	?	0,40	
Oboto	*Ochrocarpus africanus* ou *Mammea Klaineana* (Guttifères). Chevalier, page 65.	*Ibeka, Oboto, Ilelo* (m'pongoué et n'komi) — *Ebor* (pahouin) — *Mbobofso* (bayaka) — *Djimbo, Anthé, Oboto* (Côte d'Ivoire).	Construction.	Abricotier.	0,60	Gros fruit comestible appelé : « *Abricot d'Afrique* » — et graine oléagineuse.
Ogana	Indéterminé. Chevalier, page 321.	*Okola* (pahouin) — *Ogana* (m'pongoué et n'koumi).	Menuiserie légère. Construction.	?	0,20	Bois se fendant facilement, employé pour le chauffage des machines d'embarcations à vapeur.
Okip	*Klainedoxa, sp.* (Irvingiacées). Chevalier, page 108.	Serait appelé *Kondjo, N'Kondjo* en m'pongoué (à vérifier).	Construction.	Noyer très dense.	0,40	

NOM USUEL	NOM SCIENTIFIQUE FAMILLE	NOMS VERNACULAIRES	USAGES POSSIBLES	ASSIMILATION	DIAMÈTRE minimum exploitable	OBSERVATIONS
1	2	3	4	5	6	7
Ossimiale	*Piptadenlia, sp.* (Légumineuses mimosées). Chevalier, page 189.	*Ossinicià, Ossimiale* (pahouin) — *Okoroué* (Fernan-Vaz) — *Guiboumba* (settécama).	Menuiserie légère. Construction.	Niangon faux acajou à gros grain.	0,60	
Ossoko	*Scyphocephalium Ochocoa* (Myristicacées). Chevalier, page 284.	*Sogo, Sorro, Sougo, Soko, l'sorro, Tsogo, Tsougué* (pahouin) — *Issombo* (bapounou) — *N'soro* (Ivindo) — *Ochooo, Ossoko, Otsoko* (m'pongoué) — *Sokoué* (sikiani).	Menuiserie légère. Construction.	Cèdre.	0,60	D'après Heckel, la graine renferme 39 pour cent de matière grasse, de couleur foncée, fusible à une température élevée, et qui pourrait être utilisée en stéarinerie.
Ossol	*Symphonia gabonensis,* (Guttifères). Chevalier, page 69.	*Osol, Ossol* (pahouin) — *Osoli, Osangho* (m'pongoué et n'komi) — *Osoudou* (sikiani) — *Mourtantanga* (loango).	Menuiserie légère. Construction.	?	0,40	L'arbre paraît entièrement rouge au moment de la floraison.
Otounga	Indéterminé. (Anonacées). Chevalier, page 54.	*Otouhin* (pahouin) — *Otounga* (m'pongoué et n'komi) — *Mouambo* (loango).	Construction.	Frène.	0,40	
Ozouga	*Sacoglottis gabonensis.* (Humiriacées). Chevalier, page 67.	*Essoua, Issoua* (pahouin) — *Ozouga, Osougo* (m'pongoué et n'komi) — *Mosouhouga* (bayaka).	Construction.	Mérisier.	0,90	
Tulipier du Gabon	*Spathodea campanulata,* (Bignoniacées). Chevalier, page 278.	Tulipier du Gabon (colons — *N'Tsogo, Tchogo* (m'pongoué) — *Evomevourieu, Evonevonia, Esonghélé-vonghélé, Evongevong* (pahouin).	Menuiserie légère.	Tulipier blanc.		Les fleurs ressemblent à de très belles tulipes rouges.

NOM USUEL	NOM SCIENTIFIQUE / FAMILLE	NOMS VERNACULAIRES	USAGES POSSIBLES	ASSIMILATION	DIAMÈTRE minimum exploitable	OBSERVATIONS
1	2	3	4	5	6	7
Zingana	Indéterminé, probablement *Macrolobium* (Légumineuse). Chevalier, page 291.	Zingana (Sette-Cama) — Zingana (Verna-Cama) — Bois zèbre (Europe).	Menuiserie intérieure. Menuiserie légère. Construction.	Pitch-pin.	0,20	
Axobé	*Lophira procera*. (Lophiracées). Chevalier, page 12..	Akoga, Akogho (pahouin) — Okoka (akélé) — Bkok, ogt (m'pongoué) — Me-yarreli (bonzas) — Bois de fer (colons). Bongos (Cameroun) — Azobé, Odoum, Nokué, Kaoré (Côte d'Ivoire).	Construction.	Palissandre rouge.	0,40	
Coula	*Coula edulis* (Olacinées). Chevalier, page 133.	Ekoune, Egoum, Koome, Lyoumou (pahouin) — Coula, Cipoula (m'pongoué) — Bipoula (bapounou) — Icoumou, Koumbou, N'Koumbou, Longoum'nou (adouma). (Congo).	Construction.	Cormier, noti veiné.	0,10	Le fruit renferme dans la coque une amande de la taille d'une petite noix et qui a un goût excellent de noisette fraîche.
Kévazingo	*Didelotia africana*. (Légumineuses Césalpiniées). Chevalier, page 177.	Oroup, Ovopa, Ovovo (pahouin), Kévazingo, N'Kévazogo, Kévazingo (m'pongoué, n'komi) — Bonda (bayaka).	Menuiserie intérieure. Construction.	Faux bois de rose très dense.	0,60	
Palétuvier	*Rhizophora racemosa* (Rhizophoracées). Chevalier, page 208.	N'tane, N'Tan, N'Pand (pahouin) — Bonda, N'Vanda (m'pongoué) — Mékolo (bonzas) — Montanda (bengué'ni) — Natarinda (népoutou).	Construction.			Aucun diamètre minimum; exploitation libre qu'on pourra réglementer ultérieurement s'il y a lieu.

22 espèces dans la deuxième liste.

NOTE IMPORTANTE

Concernant la présentation industrielle des bois reconnus susceptibles

d'être exploités pour une utilisation immédiate.

Nous avons déjà dit, dans notre introduction, et nous insistons sur cette affirmation, que les industriels de France ne doivent pas s'effrayer de l'apparente diversité des 49 espèces signalées dans les listes précédentes comme susceptibles d'être mises en œuvre immédiatement.

Les arrivages de bois du Nord, sous les deux seuls noms de *Sapins rouges du Nord* et *Sapins blancs du Nord*, offrent à la consommation des bois provenant d'un assez grand nombre de variétés botaniques, que les industriels français peuvent ignorer, mais dont la connaissance exacte est indispensable aux forestiers et même aux scieurs de Suède et de Russie.

En matière de bois coloniaux, le public français doit s'intéresser non seulement à la consommation, mais aussi à la production ; en sorte que le point de vue des coupeurs et forestiers coloniaux ne doit pas être indifférent au lecteur.

Les forestiers coloniaux ont besoin, avant tout, de reconnaître les arbres sur pied. Ils ne peuvent donc pas baptiser d'un nom unique des arbres où la matière ligneuse diffère peut-être assez peu d'aspect, mais dont les feuilles, les branchages et les écorces sont absolument dissemblables.

Au reste, l'aspect général de la matière ligneuse est peu de chose. Des bois de même aspect ont souvent des qualités physiques et mécaniques très diverses. Ces qualités ne seront vraiment connues que par l'examen et la mise en usage pratique d'échantillons bien secs. Ce serait commettre une bévue que de classer ensemble, sous prétexte d'une vague ressemblance de couleur ou de texture du bois, une espèce convenant admirablement, par exemple, à la fabrication des merrains, avec un autre bois apte seulement à la charpente commune.

Cependant pour obtenir rapidement un classement industriel, nous espérons faire réunir en aéropage quelques fins connaisseurs, négociants et praticiens ; et cette Commission décidera d'après les essais que nous pourrons lui soumettre.

En attendant le résultat de cette étude, nous présentons ci-après un *projet concret de groupement* des 49 espèces coloniales, que nous croyons indispensable de choisir dès maintenant, afin de permettre leur exploitation simultanée ; l'abatage, le façonnage et le transport de *65 0/0* du peuplement permettant une organisation économique bien meilleure que la mise en œuvre d'un petit nombre d'espèces, représentées seulement par quelques arbres disséminés. Nous avons déjà fait ressortir l'importance de cette considération. A moins de s'en tenir aux bois précieux, pour produire industriellement, il faut absolument utiliser une forte partie des peuplements forestiers, et devant cette nécessité, nous avons dû faire plier notre désir de simplification pour la Métropole.

Cependant, le groupement concret proposé ci-après, montre bien qu'une classification industrielle, et au besoin un baptême plus simple sera possible pour l'usage des consommateurs français.

Projet de groupement industriel des bois coloniaux.

Assimilation	Liste des espèces	Baptême possible	Observations
1	2	3	4
Bois blancs inférieurs susceptibles de remplacer : Peuplier inférieur, saule, marronier, etc.	1re qualité espèce A 2e — essence B 3e — essence C	A — 1re qualité A — 2e — A — 3e —	Les lettres A, B, C, etc. sont de simples signes figurant les noms des espèces, mais sans aucune corrélation actuellement fixée.
Bois blancs supérieurs susceptibles de remplacer : Peuplier supérieur, sapin et même chêne de Hongrie, etc.	1re qualité espèce D 2e — — E 3e — — F 4e — — G	D — 1re qualité D — 2e — D — 3e — D — 4e —	Le baptême possible, dans la colonne n° 3, comportera une dénomination quelconque qui sera choisie par la commission de classement et à son gré, en francisant plus ou moins la terminologie employée.
Bois durs susceptibles de remplacer : Chêne, etc.	1re qualité espèce H 2e — — I 3e — — J	H — 1re qualité H — 2e — H — 3e —	

MISSION BERTIN

Fig. 6. — Tronçonnage d'une grosse bille à la scie passe-partout.

Fig. 7. — Un pont de liane à grande portée.

SOUS PRODUITS FORESTIERS

Suivant les instructions reçues, nous avons examiné les bois coloniaux au point de vue plus spécial de la reconstitution des immeubles détruits par la guerre et nous signalons les espèces retenues pour cet usage dans nos deux listes fondamentales, pages n°ˢ 50 à 64 inclus. Mais il est impossible de passer complètement sous silence les espèces déjà connues, ou qui peuvent devenir intéressantes pour leurs bois spéciaux, ou pour divers sous produits : résines, latex, graines oléagineuses ou alimentaires etc...

Jusqu'à présent, l'exploitation séparée de chacun de ces sous produits est à peine rémunératrice. La production du caoutchouc sylvestre, par exemple, arrive bien péniblement à soutenir la concurrence économique du caoutchouc de plantation. Mais quand sera réalisé l'aménagement des forêts coloniales, la récolte judicieuse de tous les sous produits des arbres secondaires, arbustes et lianes viendra en adjuvant de la production ligneuse, et l'ensemble donnera un rendement qui peut devenir fort avantageux. C'est ainsi que dans nos forêts de pins maritimes des Landes, le résinage seul donnerait un revenu modeste, mais les coupes de bois s'ajoutant aux récoltes de résine fournissent de belles recettes.

Tout en signalant de préférence les espèces aptes à fournir des bois utilisables à tous emplois, il convient donc de citer, comme nous l'avons fait dans nos précédentes listes fondamentales (colonne « observations »), celles de ces essences qui fournissent en outre des sous-produits intéressants. Il convient également de signaler aussi (voir la *troisième liste ci-après*) les espèces dont la matière ligneuse sera demandée en moindre quantité, mais qui sont remarquables néanmoins par leurs sous-produits ou par leurs bois très intéressants pour des spécialités.

TROISIEME LISTE

22 Essences non classées dans les bois utilisables pour le latex, ou divers autres sous-produits, ainsi que pour leur construction des immeubles, mais signalées pour leurs graines, bois spéciaux, pouvant intéresser quelques industries.

NOM USUEL	NOM SCIENTIFIQUE FAMILLE	NOMS VERNACULAIRES	USAGES POSSIBLES	DIAMÈTRE minimum exploitable	OBSERVATIONS
1	2	3	4	5	6
Alep	*Desbordesia, sp.* (Irvingiacées). Chevalier, page 92.	*Aïn, Alou, Alep* (pahouin) — Probablement le même que *Tchoudeba* (m'pongoué).	Bois très dur et lourd, utilisable pour les pilotis, charpentes lourdes, traverses de chemins de fer.	0,60	
Augueuk	*Ongokea Klaineana.* (Olacinées). Chevalier, page 142.	*Augueuk, Ongêk* (pahouin) — *Goré, Ogoré* (bas ogoué) — *Ongvéko, Angvékou, Ongoké* (m'pongoué, n'komi) — *Isano, N'Sanou* (loango).	Beau bois dur utilisable pour l'outillage et même pour la construction	0,90	La graine (gore), donne une huile voisine de l'huile de lin.
Atanga	*Pachylobus edulis.* (Burseracées) Chevalier, page 117.	*Efosta, Adzom, Assa* (pahouin) — *Atanga* (gabonais) — *N'Safou* (bakongo).	Le fruit appelé Atanga (gabonais) ou Assa (pahouin) est comestible et fort apprécié même des Européens après ébouillantage et bien salé.	Abatage à interdire	Les Pachylobus Santiriopsis secrètent une oléo-résine à odeur balsamique, utilisée par les indigènes comme médicament.
Caoutchoucs divers	*Funtumia elastica.* (Apocynées). Chevalier, pages 275-367 et divers.		Latex donnant le caoutchouc.	Abatage à interdire	Les Landolphia, et autres lianes à latex, les Hévéa et les Castilloa introduits, etc., sont classés dans la même catégorie.
Cocotier	*Cocos nucifera.* (Palmiers).		Fruits comestibles, matières grasses estimées, coprah, etc.	Abatage à interdire	
Colatier	Voir « *Kolatier* ».				

NOM USUEL	NOM SCIENTIFIQUE FAMILLE	NOMS VERNACULAIRES	USAGES POSSIBLES	DIAMÈTRE minimum exploitable	OBSERVATIONS
1	2	3	4	5	6
Demi-deuil	*Diospyros aggregata.* (Ébénacées). Chevalier, page 233.	*M'Valifina, Varfina* (pahouin) — *Ouinery* (n'komi) — *Itchou-y-N'fogou* (galoa).	Bois original utilisable en petites quantités pour l'ébénisterie.	0,40	Fruit comestible pour les indigènes.
Diléba	Indéterminé.	*Idéna* (n'komi) — *Diléba, Diléba* (setté cama) — *N'Guéka* (bapounou).	Bois très dur et lourd utilisable pour l'outillage.	0,40	
Dina	*Dialium, sp.* (Légumineuses césalpiniées). Chevalier, page 176.	*Angan, Eyoin, Eyoum* (pahouin) — *Amamba, Pombalo, Kindjou, Kendzou* (m'pongoué, n'komi) — *Dina, N'Dina* (setté-cama, eschiras) — *N'Tibioume* (loango).		0,90	
Ebène	*Diospyros Evila.* (Ébénacées). Chevalier, page 234.	*Evila* (m'pongoué, pahouin, n'komi) — *Tivila* (loango).	Ebénisterie.	0,40	
Essessang	*Ricinodendron africanus.* (Euphorbiacées). Chevalier, pages 292-299.	*Engessan, Essessang, Issangutla* (pahouin) — *Ozoneguila* (m'pongoué) — *Essessango, N'Sassanga* (loango).	La graine fournit une huile siccative, de saveur agréable, rappelant l'huile d'arachides. Elle a les propriétés de l'huile de lin et lui est même supérieure à certains égards.	0,20	Bois très léger, abondant, à étudier pour la pâte à papier, mais difficile à conserver sans échauffure pour la mise en œuvre directe.
Evouss	*Klainedoxa latifolia.* (Irvinginées). Chevalier, page 101.	*Evens, Evess* (pahouin) — *Ovingué* (m'pongoué) — *Mangona* (bayaka).	Bois très dur et lourd, pourrait convenir aux pilotis, aux traverses de chemins de fer, pièces de résistance assez bien valué pour réussir peut-être en ébénisterie.	0,60	
Ilomba / Fromager	*Pycnanthus Kombo.* (Myristicacées). Chevalier, page 283. / *Eriodendron*	*Elan, Etang, Eteng, Eting, Ikoun, N'Komo* (pahouin) — *Kombo, Ilomba* (m'pongoué, n'komi) — *Moulomba* (loango) — Arbre à suif, faux muscadier du Gabon (colons).	Bois très léger que les indigènes fendent en planchettes ou lattes pour la construction de leurs cases. Ce bois serait intéressant si on pouvait le conserver sans échauffure ni pourriture pour la mise en œuvre.	0,60	Amandes oléagineuses donnant un suif végétal odorant, de couleur brune et parfois exporté. Bois à étudier pour la pâte à papier.

NOM USUEL	NOM SCIENTIFIQUE FAMILLE	NOMS VERNACULAIRES	USAGES POSSIBLES	DIAMÈTRE minimum exploitable	OBSERVATIONS
1	2	3	4	5	6
Kamba	*Lavalleopsis densivenia.* (Olaninées). Chevalier, page 137.	*Kamba, N'Kamaba* (n'komi, bayaka) — probablement le même que *Egypt, Esonesoua, N'Sone-Esoue* (pahouin).	Bois lourd et dur, pourrait convenir à l'outillage, aux traverses de chemins de fer, ainsi qu'à certains usages en ébénisterie.	0,40	
Kolatier	*Cola Ballayi.* (Sterculiacées). Chevalier, page 78.	*Ombéné-Ombéné, Idoumbéné* (m'pongoué, n'komi, loango) — *Mouatésoumei* (bayaka) — *Abel, N'gouanha* (pahouin).	Fruit comestible, utilisé comme stimulant très apprécié par les indigènes.	Abatage à interdire	Les Pahouins désignent la Kola blanche sous le nom de Abel, et la Kola rouge sous le nom de Ngouanha ou Mbouangha.
Oba	*Irvingia gabonensis ou Barteri.* (Irvingiacées). Chevalier, page 96.	*N'dok, Andok, Andogh* (pahouin) — *Mouiba* (loango) — *Oba* (m'pongoué) Chocolat indigène.	La graine qui donne le « chocolat indigène » s'appelle en pahouin : n'dork, et entre dans la composition du « pain d'Odika », très apprécié des pahouins et des gabonais.	Abatage à interdire	Le fruit est séché au soleil, la graine retirée du fruit est torréfiée au feu, broyée et mélangée avec des graines d'Essoussoum (fruit d'une liane) qui contiennent un beurre fin. La pâte ainsi obtenu est le « Chocolat d'Odika » qui se vend dans le pays plus de 5 fr. le kilo.
Obéro	Indéterminé.	*Ibéro, Obéro, Ovéro* (m'pongoué, n'komi) — *Loukoundou* (loango).	Paraît pouvoir remplacer le buis pour certains usages.	0,20	
Onvong	*Dialium guineense.* (Légumineuses césalpiniées). Chevalier, page 173.	*Ovong, Onvong* (pahouin) — *Pope* (m'pongoué) — probablement le même que : *Ikoumbi, N'kombi, Mougboubi, Mounfilou* (setté-cama).	Bois lourd et dur pouvant convenir à certains usages en ébénisterie et dans la construction.	0,60	
Ovala	*Pentaclethra macrophylla.* (Légumineuses mimosées). Chevalier, page 194.	*Ebé* (pahouin) — *Ovala, Ovala, Bala, M'Bala, M'Vala, Mouala* (m'pongoué) — *Mouila-pansa* (mayumbé).	Bois très dense, jaune-rougeâtre à l'état frais, devenant rouge en séchant — grandes gousses de 50 à 60 centimètres de long renfermant de grosses graines aplaties de 6 à 9 centimètres de long.	Abatage à tolérer provisoirement pour toutes dimensions.	D'après Heckel l'amande de la graine contient un corps gras jaune fusible à température élevée, produit de grande valeur pour la stéarinerie.

NOM USUEL	NOM SCIENTIFIQUE .FAMILLE	NOMS VERNACULAIRES	USAGES POSSIBLES	DIAMÈTRE minimum exploitable	OBSERVATIONS
1	2	3	4	5	6
Palmier à huile	*Elaeis guineensis.* (Palmiers).		Le fruit fournit une huile utilisée industriellement, et très estimée.	Abatage à interdire	Produit peu à l'état sauvage. Pour obtenir un rendement intéressant, les peuplements d'Elaeis doivent être soignés et entretenus.
Parasolier	*Mussanga Smithii.* (Urticacées). Chevalier, page 317.	*Assan, Asseng* (pahouin) — *Combo-Combo* (m'pongoué) — *Moussinga* (Fernan-Vaz, eschiras).	Bois tendre, abondant, à étudier pour la fabrication de la pâte à papier.	Abatage à tolérer pour toutes dimensions jusqu'à nouvel ordre.	
Pindja	*Hylodendron gabonense.* (Légumineuses césalpiniées). Chevalier, page 182.	*Pindja, M'pandja* (m'pongoué) — *M'pango* (loango).	Bois lourd et dur qui pourra être utilisé pour remplacer le frêne dans plusieurs de ses usages — à essayer pour les traverses de chemins de fer.	0,40	
Rônier	*Borassus flabellifer.* (Palmiers).		Bois dur, pouvant servir à la construction de pilotis. Fruits comestibles. Fibres textiles. Vin de palme, etc.	Abatage à réglementer sévèrement.	

22 Espèces dans la troisième liste.

CONCLUSIONS DU CHAPITRE II

Les trois listes précédentes comprennent :

La 1re liste.	. . . .	27 espèces.
La 2e liste.	. . . .	22 espèces.
La 3e liste.	. . . .	22 espèces.
Soit au total.	. . . .	71 espèces intéressantes.

Nous espérons avoir fait œuvre utile en proposant de substituer l'étude exclusive de ces 71 espèces, représentant la majeure partie des peuplements forestiers, à l'étude impossible des 1.000 variétés ligneuses s'offrant simultanément à l'examen du prospecteur désorienté qui, sorti de l'Okoumé, ne savait trop sur quels bois porter son effort.

Le choix que nous avons fait est loin d'être intangible, mais les exploitants doivent comprendre qu'il va de leur intérêt de ne pas compliquer le problème, de ne pas troubler complètement les acheteurs d'Europe et de laisser dans l'ombre, POUR L'INSTANT, les innombrables espèces rares qui doivent jusqu'à nouvel ordre reculer devant les espèces connues et leur céder peu à peu la place. — Nous verrons dans notre tome troisième quels moyens culturaux il convient d'employer pour assurer cette suprématie forestière. — Nous proposons en tous cas d'étudier exclusivement, POUR L'INSTANT, les 71 espèces signalées dans le présent chapitre et nous déterminons de la sorte un champ d'action et un programme facilement réalisable.   —

MISSION BERTIN

Fig. 8. — Route de Fougamou à Sindara.
Un Éveuss qui vient de tomber barre la route aux automobiles
dont l'apparition dans le pays est encore récente.

Fig. 9. — Cours supérieur du Rembo Nkomi ou Rembo Eschiraz.

CHAPITRE TROISIÈME

CLASSEMENT EN BOIS A GRAINS DURS
ET A GRAINS TENDRES

Indication provisoire de quelques usages possibles
pour les bois choisis

OBSERVATIONS

Le classement par densités donné ci-après n'est pas définitif, la dessication de nos échantillons n'étant pas complète. On enregistre déjà de très grandes différences de densités sur certains bois d'Europe suivant la nature du sol qui a porté l'arbre, et suivant la dessication du bois. (Le Peuplier frais et longtemps immergé enfonce dans l'eau, le peuplier sec pèse 450 kg. au mètre cube). Ces différences paraissent encore plus accentuées sur les bois coloniaux qui perdent beaucoup de poids en séchant.

Ce classement par densités ne constitue nullement un barême de qualité. La loi de l'offre et de la demande fixera seule la valeur de chaque bois indépendamment de son poids. Du reste, l'Administration des Douanes, qui pour ses classifications aime assez s'appuyer sur la dureté et la densité des bois, a bien été obligée de considérer comme bois communs : le Karri, le Jarrah, le faux bois de fer, etc... qui sont des espèces très denses, réservées sensiblement aux mêmes usages que les bois très lourds signalés ci-après.

***

C'est seulement par l'expérience que pourront être *définitivement* fixés les usages auxquels chaque bois convient particulièrement.

Les tableaux ci-après du chapitre III donnent cependant des

indications suffisantes pour *assurer l'utilisation* de ces bois en vue de la satisfaction des besoins de l'après-guerre. En tous cas, ces indications sont susceptibles de guider les recherches des industriels désireux d'employer les bois Coloniaux, recherches que nous poursuivons de notre côté de façon méthodique :

1° Par des essais mécaniques en cours d'exécution au laboratoire des Arts et Métiers et dans notre atelier. (Sur notre demande, des essais mécaniques comparatifs, très complets, ont déjà été effectués au laboratoire des Arts et Métiers, du 22 mai 1916 au 22 mai 1917 sur 15 bois Africains et 7 bois Européens, servant de témoins ; les résultats intéressants seront publiés, dans notre tome III, avec le résumé d'autres essais en cours).

2° Par des essais industriels pratiques : menuiserie, confection de tonneaux etc...

3° Par des essais de durée : pieux enfoncés dans la terre humide, charpentes exposées à l'air ou au contact du ciment et du plâtre, menuiserie, parquets etc...

*
* *

Nous consacrerons un chapitre spécial à la description de ces essais et de leurs résultats, ainsi qu'à l'exposé des constatations déjà faites ; mais d'ores et déjà, nous possédons des preuves irréfutables de la durée sous notre climat, des bois coloniaux :

En effet, chacun peut aller constater l'excellent état de conservation du bureau-baraquement construit pendant l'été 1916 à Bordeaux (Gironde) près du bassin des docks rive gauche, dans le chantier du centre militaire d'approvisionnement de bois du quai Latude. Ce pavillon a été construit avec des bois africains d'essences variées, dont quelques unes même ont été jugées trop inférieures pour figurer sur nos listes de bois choisis (fromager, parasolier, etc...) Tous ces bois, même les plus inférieurs, ont parfaitement résisté à trois hivers humides et rigoureux. Les bois utilisés pour construire ce pavillon ont été débités à Bordeaux en avril-mai 1916 ; l'excédent des débits

(1) Actuellement démoli a fourni des matériaux très bien conservés.

se trouve actuellement en stock bien conservé à Aubervilliers (magasins généraux).

Nous reparlerons également, dans notre chapitre spécial des très intéressants essais comparatifs de mise en pourrissoire effectués par le Réseau des Chemins de fer de l'État sous la direction de M. Devaux, le distingué professeur de la Faculté des sciences de Bordeaux, chef de la Mission d'étude des bois aux chemins de fer de l'État.

Dans tous ces essais la conservation des essences coloniales (même pour les bois de faible densité et pauvres en tannins) s'est affirmée nettement supérieure à la conservation des essences Européennes enfouies au même pourrissoir comme témoins.

Nous citerons également les emplois de longue durée constatés par nous aux Colonies, où nous avons prélevé des échantillons très bien conservés malgré une longue exposition aux alternatives d'humidité et de sécheresse tropicales.

*
* *

Nous avons, en effet, le plus grand souci de ne pas inventer *personnnellement* une foule d'usages mirifiques, fort possibles assurément, mais n'ayant reçu aucune consécration de la pratique. C'est pourquoi nous tenons à distinguer simplement quatre groupes d'usages généraux :

1º Ebénisterie.
2º Menuiserie d'intérieur (meubles courants, parquets, portes, plinthes, lambris, tablettes, agencements de magasins, agencements intérieurs, etc.).
3º Menuiserie légère,
4º Construction (menuiserie de bâtiment, charpente, pilotis, estacades, construction de châssis de voitures, constructions navales, etc.).

Toutefois nous citons avec déférence l'opinion de savants et de chercheurs comme : le Dr A. Chevalier, M. Courtet, M. Rouget, M. du Vivier de Streel, M. Gillet etc...

*
* *

Nous estimons que *18 essences* du Gabon, formant *plus du tiers* des peuplements forestiers, peuvent fournir d'excellentes *traverses de chemin de fer* ; toutefois l'utilisation en traverses ayant fait l'objet d'études toutes particulières d'une mission de techniciens de chemins de fer spécialement formée par les Grands Réseaux Français et dirigée avec la plus grande compétence par M. le lieutenant-colonel du Génie Salesses, ancien directeur des Chemins de Fer de la Guinée Française, Gouverneur des Colonies en retraite, nous ne nous permettrons pas pour l'instant de publier à ce sujet un avis quelconque, surtout avant que cette mission ait publié ses résultats.

Nous espérons que cette publication sera faite quand paraîtra notre tome III, où nous pourrons donner tous renseignements utiles sur les espèces à traverses.

MISSION BERTIN

Fig. 10. — Plantation de teck (Tectonia Grandis) âgée de 5 à 6 ans
à Djombé (Cameroun).

Fig. 11. — Le débardage des bois tel qu'il se pratique actuellement
au Gabon et au Cameroun.

LISTE DES BOIS D'APRÈS L'USAGE PRÉVU

A. — Bois d'ébénisterie

BOIS LOURDS ET TRÈS LOURDS A GRAINS TRÈS DURS ET SERRÉS	BOIS MOYENNEMENT LOURDS A GRAINS MOYEN-NÈMENT DURS	BOIS LÉGERS A GRAINS TENDRES	OBSERVATIONS
	Acajou		Ebénisterie. Construction de canots et légères embarcations de luxe (d'après M. Gillet).
	Noyer		Ebénisterie. Convient aux travaux de menuiserie d'intérieur de résistance moyenne (d'après M. Gillet).
	Bubinga		Beau bois d'ébénisterie. Beau bois d'ébénisterie, agencements de maga-sins (d'après M. Gillet). Grande analogie avec le bois de rose (d'après M. du Vivier de Streel).
	Iroko		Peut remplacer le teck de Bangkok et de Bir-manie dans la plupart des cas. Menuiserie, constructions navales, matériel de chemins de fer (d'après M. Gillet). Peut remplacer le vieux chêne ou le teck (d'après M. du Vivier de Streel).
	Padouk		Menuiserie, ébénisterie, agencements de maga-sins (d'après M. Gillet). Ebénisterie, agencements de magasins, décora-tion d'appartements (d'après M. du Vivier de Streel). Noircit malheureusement à la lumière.

B. — Bois pour menuiserie intérieure.

(Meubles courants, parquets, portes, plinthes, lambris, tablettes, agencement de magasins, agencements intérieurs, etc...).

BOIS LOURDS ET TRÈS LOURDS A GRAINS TRÈS DURS ET SERRÉS	BOIS MOYENNEMENT LOURDS A GRAINS MOYENNEMENT DURS	BOIS LÉGERS A GRAINS TENDRES	OBSERVATIONS
		Okoumé	Bois de déroulage. Propre à tous travaux de menuiserie et de charpente ; convient également pour la fabrication des meubles bon marché. Ébénisterie bon marché, menuiserie légère, menuiserie d'intérieur. Peut remplacer le peuplier de choix et le sapin du Nord (d'après M. Gillet). Employé en ébénisterie pour confection de meubles ordinaires, contreplacages, carrosserie industrielle automobile, déroulage, fabrication des boîtes à cigares (d'après M. du Vivier de Streel).
	Aoaieu		Ébénisterie. Construction de canots et légères embarcations de luxe (d'après M. Gillet).
	Noyer		Ébénisterie. Convient aux travaux de menuiserie intérieure de résistance moyenne (d'après M. Gillet).
	Abome		Très beau bois de menuiserie, agencements de magasins, construction de voitures à voyageurs, constructions navales (d'après M. Gillet).
	Assas		Ébénisterie, menuiserie intérieure (d'après M. Gillet).
	Bilinga		Ébénisterie. Ébénisterie, menuiserie apparente, agencements de magasins, boiseries de navires et intérieur de wagons (d'après M. Gillet).

B. — Bois pour menuiserie intérieure (Suite).

BOIS LOURDS ET TRÈS LOURDS A GRAINS TRÈS DURS ET SERRÉS	BOIS MOYENNEMENT LOURDS A GRAINS MOYENNEMENT DURS	BOIS LÉGERS A GRAINS TENDRES	OBSERVATIONS
	Bubinga		Beau bois d'ébénisterie. Beau bois d'ébénisterie, agencements de magasins (d'après M. Gillet). Grande analogie avec le bois de rosa (d'après M. du Vivier de Streel).
	Ocuka		Meubles. Ébénisterie, menuiserie intérieure et extérieure, constructions navales et matériel roulant (d'après M. Gillet).
	Ebiara		Menuiserie intérieure, ébénisterie, matériel roulant, constructions navales (bois de résistance) agencements de magasins (d'après M. Gillet).
		Evino	Excellent bois de menuiserie. Menuiserie légère (d'après M. Gillet).
Kévazingo	Iroko		Peut remplacer le teck de Bangkok et de Birmanie dans la plupart des cas. Menuiserie, constructions navales, matériel de chemins de fer (d'après M. Gillet). Il peut remplacer le vieux chêne ou le teck (d'après M. du Vivier de Streel).
Kévazingo			Très beau bois d'ébénisterie (d'après M. Gillet). Faux bois de rose.
	Moabi		Ébénisterie, agencements de magasins, constructions navales et matériel de chemins de fer (d'après M. Gillet).

B. — Bois pour menuiserie intérieure (Suite).

BOIS LOURDS ET TRÈS LOURDS A GRAINS TRÈS DURS ET SERRÉS	BOIS MOYENNEMENT LOURDS A GRAINS MOYENNEMENT DURS	BOIS LÉGERS A GRAINS TENDRES	OBSERVATIONS
	Movingui		Carrosserie, charronnage même. Carrosserie, ébénisterie, menuiserie, agencements de magasins, construction de wagons, constructions navales et d'aéroplanes (d'après M. Gillet). Ce bois pourrait être utilisé particulièrement pour la carrosserie, le charronnage et la fabrication des rais de voitures (d'après M. du Vivier de Streel).
	Niové		Ébénisterie, matériel de chemins de fer, matériel roulant, fabrication de chaises et fauteuils (d'après M. Gillet).
	Olon		Menuiserie finie, ébénisterie. Menuiserie, carrosserie, matériel de chemins de fer (d'après M. Gillet).
	Olonvogo		Ébénisterie. Beau bois d'ébénisterie et menuiserie d'intérieur (d'après M. Gillet).
	Padouk		Ébénisterie, menuiserie, agencements de magasins (d'après M. Gillet). Ébénisterie, agencements de magasins, décorations d'appartements (d'après M. du Vivier de Streel). Noircit malheureusement à la lumière.
	Rikio		Parquet ; probablement propre à la fabrication du merrain. Menuiserie de bâtiment, matériel roulant (d'après M. Gillet).

B. — Bois pour menuiserie intérieure (Suite).

BOIS LOURDS ET TRÈS LOURDS A GRAINS TRÈS DURS ET SERRÉS	BOIS MOYENNEMENT LOURDS A GRAINS MOYENNEMENT DURS	BOIS LÉGERS A GRAINS TENDRES	OBSERVATIONS
	Tali		Menuiserie, parquets. Tous travaux de grande résistance. Convient très bien pour parquets ; s'emploie également pour constructions navales si Cies de chemins de fer (d'après M. Gillet).
	Zingana		Pourrait remplacer le pitch-pin dont il se rapproche beaucoup comme aspect et texture. Ébénisterie (d'après M. Gillet).

C. — Bois pour menuiserie légère.

BOIS LOURDS ET TRÈS LOURDS A GRAINS TRÈS DURS ET SERRÉS	BOIS MOYENNEMENT LOURDS A GRAINS MOYENNEMENT DURS	BOIS LÉGERS A GRAINS TENDRES	OBSERVATIONS
		Okoumé	Propre à tous travaux de menuiserie et de charpente. Convient également pour la fabrication des meubles bon marché. Ébénisterie bon marché, menuiserie légère, menuiserie d'intérieur ; peut remplacer le peuplier de choix et le sapin du Nord (d'après M. Gillet). Employé en ébénisterie pour confectionner des meubles ordinaires, contreplacages, carrosserie industrielle automobile, déroulage, fabrication des boîtes à cigares (d'après M. du Vivier de Streel).
	Andoung		Parquet ; bois menuiserie. Conviendrait même pour menuiserie intérieure (d'après M. Gillet).
		Avéma	Peut remplacer le peuplier dans une partie de ses usages (d'après M. Gillet).
		Buhia	Se rapproche du satin Walnut qu'il pourra probablement remplacer (noduleux). Bon bois de menuiserie pour l'intérieur des immeubles (d'après M. Gillet).

C. — Bois pour menuiserie légère (*Suite*).

BOIS LOURDS ET TRÈS LOURDS A GRAINS TRÈS DURS ET SERRÉS	BOIS MOYENNEMENT LOURDS A GRAINS MOYENNEMENTS DURS	BOIS LÉGERS A GRAINS TENDRES	OBSERVATIONS
		Canarium	Mêmes usages que le peuplier. Peut être utilisé pour remplacer le peuplier (d'après M. Gillet).
		Daniella	Bon bois de charpente. Menuiserie légère et d'intérieur (d'après M. Gillet).
		Ekoune	Charpente et grosse Menuiserie. Ebénisterie, menuiserie légère (d'après M. Gillet).
		Mtébame	Bon bois de menuiserie d'intérieur et carrosserie (d'après M. Gillet).
		Odlénejé	Caisses d'emballage. Caisses d'emballage (d'après M. Gillet).
		Ogana	Menuiserie ordinaire (d'après M. Gillet).
		Onzabili	Mêmes usages que l'okoumé (d'après M. Gillet).
	Ossimiala		Ebénisterie, menuiserie intérieure, agencements de magasins, matériel de chemins de fer, constructions navales (d'après M. Gillet).
	Ossoko		Meubles : se travaille très facilement. Menuiserie, ébénisterie (d'après M. Gillet).

C. — Bois pour menuiserie légère (*Suite*).

BOIS LOURDS ET TRÈS LOURDS A GRAINS TRÈS DURS ET SERRÉS	BOIS MOYENNEMENT LOURDS A GRAINS MOYENNEMENT DURS	BOIS LÉGERS A GRAINS TENDRES	OBSERVATIONS
	Ossol		Bois de résistance, menuiserie, construction de wagons (d'après M. Gillet).
		Ossongo	Peut remplacer le peuplier d'emballage (d'après M. Gillet).
		Ovoga	Menuiserie légère (d'après M. Gillet).
	Ozigo		Meubles ; moulures. Ebénisterie, menuiserie d'intérieur, carrosserie (d'après M. Gillet).
	Tsoumbou		Ebénisterie, menuiserie d'intérieur (d'après M. Gillet).
		Tulipier	Peut remplacer le peuplier dans tous ses emplois (d'après M. Gillet).
	Zingana		Pourrait remplacer le pitch-pin dont il se rapproche beaucoup comme aspect et texture. Ebénisterie (d'après M. Gillet).

D. — Bois pour la Construction.

(Menuiserie de bâtiment, charpente pilotis, estacades, construction de chassis de voitures, constructions navales, etc.)

BOIS LOURDS ET TRÈS LOURDS A GRAINS TRÈS DURS ET SERRÉS	BOIS MOYENNEMENT LOURDS A GRAINS MOYENNEMENT DURS	BOIS LÉGERS A GRAINS TENDRES	OBSERVATIONS
		Okoubié	Propre à tous travaux de menuiserie et de charpente ; convient également pour la fabrication des meubles bon marché. Ébénisterie bon marché, menuiserie légère, menuiserie intérieure, peut remplacer le peuplier de choix et le sapin du Nord (d'après M. Gillet). Employé en ébénisterie pour la confection des meubles ordinaires, contreplacages, carrosserie industrielle automobile, déroulage, fabrication de boîtes à cigares (d'après M. du Vivier de Streel).
	Abama		Très beau bois de menuiserie, agencements de magasins, construction de voitures à voyageurs, constructions navales (d'après M. Gillet).
	Andoung		Parquet, belle menuiserie. Conviendrait même pour menuiserie intérieure (d'après M. Gillet).
Azobé			Matériel roulant, pièces de charpente, constructions navales (d'après M. Gillet).
		Bahia	Se rapproche du sapin Walnut qu'il pourra probablement remplacer (moulures). Bon bois de menuiserie pour l'intérieur des immeubles (d'après M. Gillet).
	Bilinga		Ébénisterie. Ébénisterie, menuiserie apparente, agencements de magasins, boiseries de navires et intérieurs de wagons (d'après M. Gillet).
	Coula		Outillage (d'après M. Gillet).

D. — Bois pour la construction

BOIS LOURDS ET TRÈS LOURDS A GRAINS TRÈS DURS ET SERRÉS	BOIS MOYENNEMENT LOURDS A GRAINS MOYENNEMENT DURS	BOIS LÉGERS A GRAINS TENDRES	OBSERVATIONS
	Douka		Meubles. Ébénisterie, menuiserie intérieure et extérieure, constructions navales, matériel roulant (d'après M. Gillet).
	Eblara		Menuiserie intérieure, ébénisterie, matériel roulant constructions navales (bois de résistance), agencements de magasins (d'après M. Gillet).
	Ebor Nzok		Très beau bois de menuiserie. Convient à la construction de voitures à voyageurs, constructions navales (bois de résistance) (d'après M. Gillet).
		Ekouna	Charpente et grosse menuiserie. Ébénisterie, menuiserie légère (d'après M. Gillet).
		Evine	Excellent bois de menuiserie. Menuiserie légère (d'après M. Gillet).
	Iroko		Peut remplacer le teck de Bangkok et de Birmanie dans la plupart des cas. Menuiserie, constructions navales, matériels de chemins de fer (d'après M. Gillet). Il peut remplacer le vieux chêne ou le teck (d'après M. du Vivier de Streel).
Évazingo			Très beau bois d'ébénisterie (d'après M. Gillet).
		Mbébame	Bon bois de menuiserie d'intérieur et carrosserie (d'après M. Gillet).

D. — Bois pour la construction (*suite*)

BOIS LOURDS ET TRÈS LOURDS A GRAINS TRÈS DURS ET SERRÉS	BOIS MOYENNEMENT LOURDS A GRAINS MOYENNEMENT DURS	BOIS LÉGERS A GRAINS TENDRES	OBSERVATIONS
	Miama		Charronnage. Charronnage, menuiserie, matériel de chemins de fer, constructions navales, carrosserie (d'après M. Gillet).
	Mcabi		Ébénisterie, agencements de magasins, constructions navales et matériel de chemins de fer (d'après M. Gillet).
	Mevingui		Carrosserie, charronnage même. Carrosserie, ébénisterie, menuiserie, agencements de magasins, construction de wagons, constructions navales et d'aéroplanes (d'après M. Gillet). Ce bois pourrait être utilisé particulièrement pour la carrosserie, le charronnage et la fabrication des rais de voitures (d'après M. du Vivier de Streel).
	Niové		Ébénisterie, matériel de chemins de fer, matériel roulant, fabrication de chaises et fauteuils (d'après M. Gillet).
	Hogo		Menuiserie courante, matériel roulant.
	Oboto		Menuiserie. Ébénisterie, matériel de chemins de fer (d'après M. Chevalier).
		Ogana	Menuiserie ordinaire (d'après M. Gillet).

D. — Bois pour la construction (*suite*)

BOIS LOURDS ET TRÈS LOURDS A GRAINS TRÈS DURS ET SERRÉS	BOIS MOYENNEMENT LOURDS A GRAINS MOYENNEMENT DURS	BOIS LÉGERS A GRAINS TENDRES	OBSERVATIONS
Okip			Menuiserie, matériel roulant, bois de résistance (d'après M. Gillet).
	Olon		Menuiserie fine, ébénisterie. Menuiserie, carrosserie, matériel de chemins de fer (d'après M. Gillet).
	Olonvogo		Ébénisterie. Beau bois d'ébénisterie et menuiserie intérieure (d'après M. Gillet).
	Ossimiala		Ébénisterie, menuiserie intérieure, agencements de magasins, matériel de chemins de fer, constructions navales (d'après M. Gillet).
	Ossoko		Meubles ; se travaille très facilement. Menuiserie, ébénisterie (d'après M. Gillet).
	Ossol		Bois de résistance, menuiserie, construction de wagons (d'après M. Gillet).
	Otounga		Carrosserie, charronnage, matériel roulant (d'après M. Gillet).
	Ozouga		Charronnage, carrosserie, matériel roulant (d'après M. Gillet).

D. — Bois pour la construction (*suite*)

BOIS LOURDS ET TRÈS LOURDS A GRAINS TRÈS DURS ET SERRÉS	BOIS MOYENNEMENT LOURDS A GRAINS MOYENNEMENT DURS	BOIS LÉGERS A GRAINS TENDRES	OBSERVATIONS
	Padouk		Ebénisterie, menuiserie, agencements de magasins (d'après M. Gillet). Ebénisterie, agencements de magasins, décoration d'appartements (d'après M. du Vivier de Streel). Fonce et noircit à la lumière.
Palétuvier			Fabrication des traverses, convient aussi pour pilotis (d'après M. Gillet).
	Rikio		Parquet ; probablement propre à la fabrication du merrain. Menuiserie de bâtiment, matériel roulant (d'après M. Gillet).
	Tali		Menuiserie, parquets. Tous travaux de grande résistance . convient très bien pour parquets ; s'emploie également pour constructions navales et Cies de chemins de fer (d'après M. Gillet).
	Tsoumbou		Ebénisterie, menuiserie d'intérieur (d'après Gillet).
	Zingana		Pourrait remplacer le pitch pin dont il se rapproche beaucoup comme aspect et texture. Ebénisterie (d'après M. Gillet).

CHAPITRE QUATRIÈME

PROPRIÉTÉS PHYSIQUES DES BOIS CHOISIS

N. B. — Des caractéristiques plus précises, évaluées par des chiffres donnant la résistance à la flexion, à la compression, à la torsion, au flambage, au cisaillement etc... seront données aussitôt qu'on aura pû disposer d'échantillons *biens secs de toutes* les espèces ; afin de compléter les essais déjà effectués sous la Direction de M. le chef d'escadrons Cellerier. Directeur du Laboratoire des Arts et Métiers, d'après un programme que nous avions arrêté avec ledit laboratoire et qui a été exécuté du 22 mai 1916 au 22 mai 1917 sur 15 bois africains et 7 bois Européens servant de témoins. Quand nos échantillons des autres espèces seront suffisamment secs, nous publierons dans notre tome III, la série complète des premiers essais mécaniques, qu'il serait inutile de faire sur bois frais ou demi-frais, car toutes les caractéristiques changent en séchant dans une proportion impossible à prévoir.

Cependant nous donnons ci-après l'effort d'arrachement évalué en kilos, pour extraire un tirefonds de voie ferrée, modèle du P. O. pour voie Vignole. Les essais mécaniques sur bois frais ou demi-frais sont en effet valables en vue de l'utilisation des bois en traverses de Chemins de fer qui suppose l'emploi de bois demi-secs seulement. Les caractéristiques du tirefonds du P. O. que nous avons employé sont indiqués au croquis ci-contre.

Pour l'emploi en *traverses de Chemins de fer*, voir la note au début du chapitre III qui renvoie aux publications très prochaines probablement de la Mission spéciale de techniciens de Chemin de fer. Nous estimons que 18 essences de la Côte d'Ivoire, formant plus du tiers des peuplements forestiers peuvent fournir d'excellentes traverses.

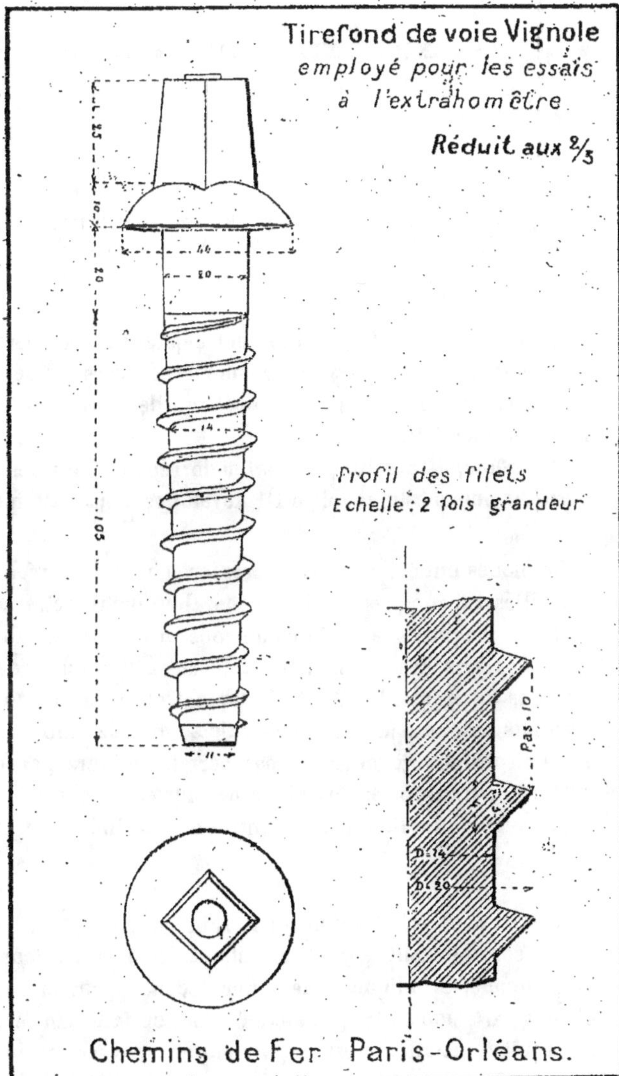
Tirefond de voie Vignole
employé pour les essais
à l'extrahomètre
Réduit aux 2/3
Profil des filets
Echelle : 2 fois grandeur
Pas. 10
Chemins de Fer Paris-Orléans.

EXPLICATION DES FICHES

Les fiches ci-apiès, classées dans l'ordre alphabétique, résument nos premières constatations sur le travail de chacun des bois.

Les chapitres I, II et V donnent déjà avec force détails les différents *noms indigènes* de chacune des espèces étudiées dans ces fiches où nous avons donc jugé inutile de répéter tous les noms vernaculaires.

De même, il a semblé superflu de répéter tous les *usages possibles* puisque le chapitre III développe déjà cette matière.

Ces fiches ont été établies d'après les échantillons réellement travaillés qui comprenaient en général un demi mètre cube de bois de chaque espèce. Nous aurions voulu opérer toujours pour chacune des espèces sur plusieurs billons provenant d'arbres différents, les fiches indiquant alors la moyenne des résultats obtenus sur les divers sujets ; mais les moyens dont nous disposions ne nous ont pas permis toujours d'abattre ni surtout de transporter des billes de plusieurs arbres, la fiche représente alors l'unique échantillon travaillé pour chaque espèce.

La nature et la situation du terrain où pousse l'arbre fait varier sensiblement le poids spécifique des bois. La densité ne peut donc être indiquée que d'une façon approximative car d'autre part, pour cette première évaluation faite sans étuve ni laboratoire installé, il est impossible de préciser au moment de la pesée le degré de dessiccation des échantillons. La densité à « *l'état sec* » a été prise sur des planchettes pratiquement sèches puisqu'elles sont façonnées depuis 6 mois au moins en épaisseurs ne dépassant pas 0^m,01 centimètre.

Par hauteur de fût, il faut entendre: Hauteur du tronc en bois d'œuvre utilisable, depuis la souche jusqu'aux grosses branches où le tronc se partage réellement pour former les branches maîtresses de la cîme.

NOM COMMERCIAL........ **ABOME**

NOM SCIENTIFIQUE....... Indéterminé.

CARACTÉRISTIQUES DE L'ÉCHANTILLON ÉTUDIÉ :

Diamètre de l'arbre abattu. Au dessus de l'empattement : 0,40.
Longueur de l'échantillon.. 0^m,70.
Aspect du billon .... Très sain.

ASPECT ET TEXTURE DU BOIS :

Cœur et aubier différenciés. — Bois de cœur jaune rosé, peu veiné, grain assez fin, pores petits et colorés; assez lourd et compact; finement maillé quand il est pris sur quartier. — Aubier grisâtre.

DENSITÉ APPROXIMATIVE. A l'état sec : de 0,7 à 0,8.

DURETÉ .... Dur.

FACILITÉS DE TRAVAIL..

Sciage .... Facile.
Rabotage .... Facile.

TENUE DU BOIS DÉBITÉ. Bonne.

USAGES PRINCIPAUX PRÉSUMÉS.

Menuiserie lourde, construction.

REMARQUES............... Arbre de dimensions moyennes, pouvant atteindre 20 à 25 mètres de hauteur de fût, et 0^m,70 de diamètre à la base au dessus de l'empattement.
Écorce très mince, lisse, d'un blanc jaunâtre, marquée de tâches brun-roux,
Rare.

NOM COMMERCIAL........   **ACAJOU DU GABON**

NOM SCIENTIFIQUE.......   Noms divers à déterminer. — Les acajous
d'Afrique sont très répandus et connus sur
tous les marchés où ils ont un cours
officiel — mais ils proviennent de nombreuses variétés différentes portant des
noms locaux dissemblables.

A la Côte d'Ivoire on désigne sous le nom de « *Grand Bassam* » les
diverses espèces des genres Kaya et Entandrophragma (méliacées). Au
Gabon le commerce a groupé également sous le nom *d'acajou Côte
d'Afrique* plusieurs variétés des mêmes genres Kaya, Entandrophragma,
et autres... que les indigènes désignent sous les noms de Ombega
(mpongoué), Mbega, Zaminguila, (pahouin), Bilolos ou Dilolos
rouges (Loango, Setté-Cama), Abeubeu (Bimé) et dont on exportait
avant la guerre plusieurs milliers de tonnes chaque année. Ces acajous
Côte d'Afrique sont déjà appréciés sur le marché pour diverses spécialités, meubles, ébénisterie, etc..., et notamment pour la construction des canots et des embarcations de luxe. Il importe donc d'en
conserver la marque et d'achever la reconnaissance botanique complète de toutes les espèces bien déterminées à admettre sous ce nom.
— Dans ce but, nous demandons à nos agents coloniaux de continuer
la récolte et l'expédition d'échantillons de toutes les sortes d'acajou
des différentes régions du Gabon, bien étiquetés sous leurs noms
indigènes, et l'achèvement de cette reconnaissance nécessitera une
nouvelle étude sur place par un botaniste spécialisé.

En attendant il nous est impossible de donner les caractéristiques
essentielles de ce bois, mais les transactions commerciales peuvent
continuer en toute sécurité avec les zaminguila, abeubeu, ombegas
rouges ; et pour éviter les malentendus, jusqu'à nouvel ordre, toutes
les fournitures devront être faites sur échantillons.

NOM COMMERCIAL.......... **ALEP**

NOM SCIENTIFIQUE........ Irvingia oblonga (Irvingiacées).

CARACTÉRISTIQUES DE L'ÉCHANTILLON ÉTUDIÉ :

Diamètre de l'arbre abattu — Au-dessus de l'empattement : $0^m,60$.

Longueur de l'échantillon.. — $0^m,85$.

Aspect du billon............ — Un peu fendillé en bout, traces de rou-
lures.

ASPECT ET TEXTURE DU BOIS :

Cœur et aubier différenciés. Bois brun
foncé, très lourd et très dur, quelques
veines noires et fines, grains fins et
serrés malgré un peu de contrefil, pores
peu apparents. Aubier jaune marron
clair.

DENSITÉ APPROXIMATIVE — { A l'état frais : $1,1$ à $1,4$.
A l'état sec : de 1 à $1,3$.

DURETÉ..................... — Très dur.

FACILITÉS DE TRAVAIL..

Sciage..................... — Facile.

Rabotage.................... — Très difficile ; on peut néanmoins le polir.

Effort d'arrachement d'un
tirefonds de voie ferrée
du P. O.................... — Supérieur à 8.000 kilogs.

TENUE DU BOIS DÉBITÉ. — Tendance à la gerce.

USAGES PRINCIPAUX PRÉSUMÉS :

Trop lourd et trop dur pour usages courants. Charpentes très lourdes, pilotis,
traverses de chemins de fer.

REMARQUES.................. — Assez bel arbre pouvant atteindre $1^m,20$
de diamètre et 25 mètres de hauteur de
fût. Forts épaississements à la base.
Ecorce gris roussâtre, rugueuse, épaisse.
Abondant.

NOM COMMERCIAL......... **ANDOUNG**

NOM SCIENTIFIQUE.. .... Berlinia ? sp. (Légumineuses Césalpiniées).

CARACTÉRISTIQUE DE L'ÉCHANTILLON ÉTUDIÉ :

Diamètre de l'arbre abattu. Au dessus de l'empâttement : 0,70.

Longueur de l'échantillon.. 0,85.

Aspect du billon... .... Légère échauffure à la moelle, une petite gerce à côté du cœur.

ASPECT ET TEXTURE DU BOIS :

Cœur et aubier différenciés. — Bois de cœur rose foncé avec zones parallèles plus foncées, nombreux pores allongés, grain demi-fin. — Aubier de 0,04 à 0,05 d'épaisseur de couleur rose moins foncé.

DENSITÉ APPROXIMATIVE. De 0,600 à 0,750.

DURETÉ .... Demi-dur.

FACILITÉS DE TRAVAIL..

Sciage .... Facile.

Rabotage .... Assez facile.

TENUE DU BOIS DÉBITÉ. Bonne.

USAGES PRINCIPAUX PRÉSUMÉS.

Conviendrait pour menuiserie et construction.

REMARQUES............... Arbre de dimensions moyennes pouvant atteindre 0m,80 de diamètre et 25 mètres de hauteur de fût. Forts accotements à la base.
Écorce grise, mince et rugueuse.
Rare.

NOM COMMERCIAL......... **ANGUEUK**

NOM SCIENTIFIQUE....... Ongokea Klaineana (Olacinées).

CARACTÉRISTIQUES DE L'ÉCHANTILLON ÉTUDIÉ :

Diamètre de l'arbre abattu   Au-dessus de l'empattement : 0^m,65.
Longueur de l'échantillon..   1^m,55.
Aspect du billon...........   Sain, aux deux bouts gerces rayonnantes
                               mais très droites. Légère échauffure de
                               la mœlle.

ASPECT ET TEXTURE DU BOIS :

                               Cœur et aubier non différenciés. Bois jaune
                               citron clair uni, très peu veiné, grains
                               fins, pores petits et foncés.

DENSITÉ APPROXIMATIVE.{ À l'état frais : 0,9 à 1,1.
                         À l'état sec : de 0,700 à 1.

DURETÉ................   Dur.

FACILITÉS DE TRAVAIL..

Sciage..................   Facile.
Rabotage................   Facile, se polit bien.
Fente à l'outil.........   Facile.
Assemblage..............   Tenons et mortaises se taillent bien et
                            résistent.
Clous, Vis..............   S'enfoncent assez facilement, tiennent très
                            bien.
Effort d'arrachement d'un
  tirefonds de voie ferrée
  du P. O...............   7.000 kilogs.

TENUE DU BOIS DÉBITÉ.   Semble bonne.

USAGES PRINCIPAUX PRÉSUMÉS :

                            Menuiserie lourde et construction, outil-
                            lage.

REMARQUES..............   Bel arbre pouvant atteindre 1 mètre de
                            diamètre et 25 mètres de hauteur de fût,
                            très droit et cylindrique.
                            Ecorce d'un gris rougeâtre, finement ru-
                            gueuse, s'enlevant en très petites pla-
                            quettes.
                            Rare.

NOM COMMERCIAL........ **ASAS**

NOM SCIENTIFIQUE........ Bridelia speciosa ? (Euphorbiacées).

CARACTÉRISTIQUES DE L'ÉCHANTILLON ÉTUDIÉ :

Diamètre de l'arbre abattu Au dessus de l'empattement : $0^m,55$.

Longueur de l'échantillon.. $1^m,50$.

Aspect du billon............ Un peu d'échauffure et quelques piqûres dans l'aubier. — Cœur sain.

ASPECT ET TEXTURE DU BOIS :

Cœur et aubier très peu différenciés. Bois de cœur jaune grisâtre vieil or, bien moiré fibres un peu enchevêtrées. Grain assez fin, aubier de $0^m,05$ d'épaisseur de couleur jaune un peu plus clair.

DENSITÉ APPROXIMATIVE. A l'état frais : $0,6$ à $0,9$.
A l'état sec : de $0,5$ à $0,7$.

DURETÉ.................... Demi-dur.

FACILITÉS DE TRAVAIL..

Sciage.................... Facile.

Rabotage................. Facile. Bois susceptible d'un beau poli.

Fente à l'outil............ Difficile.

Assemblage.............. Tenons et mortaises se taillent facilement et tiennent bien.

Clous, Vis................ S'enfoncent assez bien, tiennent très bien.

Effort d'arrachement d'un tirefonde de voie ferrée du P. O................... 5.590 kilos.

TENUE DU BOIS DÉBITÉ. Bonne, bois pas fendif.

USAGES PRINCIPAUX PRÉSUMÉS.

Peut être employé en menuiserie d'intérieur et pour la construction.

REMARQUES............. Arbre relativement petit, dépassant rarement $0^m,60$ de diamètre et 20 mètres de hauteur de fût.
Ecorce gris brun à fentes longitudinales.
Peu abondant.

NOM COMMERCIAL........ **AVOME**

NOM SCIENTIFIQUE....... Cleistopholis patens (Anonacées).

CARACTÉRISTIQUE DE L'ÉCHANTILLON ÉTUDIÉ :
Diamètre de l'arbre abattu. Au dessus de l'empattement : $0^m,30$.
Longueur de l'échantillon.. $1^m,70$.
Aspect du billon............ Cœur excentrique. — Légèrement gercé dans les bouts.

ASPECT ET TEXTURE DU BOIS :
Bois blanc, très léger, fibreux, contrefil. Pores longs et creux.

DENSITÉ APPROXIMATIVE. De 0,250 à 0,400.

DURETÉ .... Très tendre.

FACILITÉS DE TRAVAIL..
Sciage .... Un peu difficile.
Rabotage .... Facile.

TENUE DU BOIS DÉBITÉ.
Bonne.

USAGES PRINCIPAUX PRÉSUMÉS :
Conviendrait dans la menuiserie et la construction. Pourrait servir pour l'emballage.

REMARQUES............... Petit arbre pouvant atteindre $0^m,50$ de diamètre et 15 à 20 mètres de hauteur de fût.
Écorce grise non fendillée, mais canelée superficiellement, très odorante à l'état de frais.
Rare.

NOM COMMERCIAL .... **AZOBÉ**

NOM SCIENTIFIQUE .... Lophira procera (Lophiracées).

CARACTÉRISTIQUES DE L'ÉCANTILLON ÉTUDIÉ :

Diamètre de l'arbre abattu Au-dessus de l'empattement : o^m,53.
Longueur de l'échantillon.. o^m,90.
Aspect du billon............ En bout, quelques gerces rayonnantes, très
    fendillé.

ASPECT ET TEXTURE DU BOIS :

Cœur et aubier différenciés. Bois de cœur
brun violacé, uni, très dur. Pores longs
et larges, se détachant en clair, léger
contrefil. Aubier peu épais, rose plus
clair.

DENSITÉ APPROXIMATIVE { A l'état frais : 1,2 à 1,5o.
A l'état sec : de 1, à 1,4.

DURETÉ .... Très dur.

FACILITÉS DE TRAVAIL..

Sciage....................... Difficile.
Rabotage..................... Assez difficile.
Fente à l'outil.............. Peu facile.
Assemblage................... Tenons et mortaises difficiles à faire,
    mais très solides.
Clous, Vis................... S'enfoncent difficilement.
Effort d'arrachement d'un
  tirefonds de voie ferrée
  du P. O................... Supérieur à 8.000 kilogs.

TENUE DU BOIS DÉBITÉ. Bonne.

USAGES PRINCIPAUX PRÉSUMÉS :

Trop lourd pour usages courants. Peut
convenir pour charpentes lourdes, pilotis et pour traverses de chemins de fer.

REMARQUES .... Bel arbre pouvant atteindre 1^m,20 à 1^m,40
de diamètre et de 25 à 3o mètres de
hauteur de fût. Empattement peu déve-
loppé.
Ecorce rose orange, s'enlevant par écailles
assez épaisses.
Peu abondant.

NOM COMMERCIAL........	**BAHIA DU GABON**

NOM SCIENTIFIQUE........ Mitragyne macrophylla (Rubiacées).

CARACTÉRISTIQUES DE L'ÉCHANTILLON ÉTUDIÉ :

Diamètre de l'arbre abattu Au-dessus de l'empattement : 0ᵐ,60.

Longueur de l'échantillon.. 0ᵐ,80.

Aspect du billon............ Gerces en bout. Le cœur est légèrement crevassé et commence à s'échauffer.

ASPECT ET TEXTURE DU BOIS.

Cœur et aubier peu différenciés. Bois de cœur rose jaunâtre à grain assez fin, nombreux pores très petits et très serrés. Aubier peu épais ne dépassant pas 2 centimètres de profondeur. (Ce bois est moins coloré que le Bahia de la Côte d'Ivoire).

DENSITÉ APPROXIMATIVE { A l'état frais : 0,7 à 0,9. / A l'état sec : 0,6 à 0,7.

DURETÉ.................... Relativement tendre.

FACILITÉS DE TRAVAIL..

Sciage....................... Facile.

Rabotage.................... Facile. Se polit aisément.

Fente à l'outil............. Très facile.

Assemblage.................. Tenons et mortaises se taillent facilement et tiennent bien.

Clous, Vis.................. S'enfoncent facilement, tiennent bien.

Effort d'arrachement d'un tirefonds de voie ferrée du P. O................... 4.000 kilogs.

TENUE DU BOIS DÉBITÉ. Assez fendif. Les plateaux façonnés ont un peu d'achauffure, mais qui n'augmente pas après le débit.

USAGES PRINCIPAUX PRÉSUMÉS :

Menuiserie légère, construction. Peut remplacer le Satin Wood d'Amérique.

REMARQUES................. Arbre pouvant atteindre de 0ᵐ,90 à 1 mètre de diamètre et 20 mètres de hauteur de fût, bien cylindrique. Pas d'empattements à la base. Racines traçantes tantôt souterraines, tantôt saillantes en buttes rondes au-dessus du sol.

Ecorce épaisse, blanchâtre, s'enlevant par écailles.

Commun, spécialement dans les Régions basses et humides, inondées en saison des pluies, forme dans ces régions des peuplements purs.

NOM COMMERCIAL........ **BILINGA**

NOM SCIENTIFIQUE....... Sarcocephalus Trillesii (Rubiacées).

CARACTÉRISTIQUES DE L'ÉCHANTILLON ÉTUDIÉ :

Diamètre de l'arbre abattu Au-dessus de l'empattement : 0^m,70.

Longueur de l'échantillon.. 1^m,40.

Aspect du billon............ Très sain.

ASPECT ET TEXTURE DU BOIS.

Cœur et aubier différenciés. Bois de cœur jaune ocre. Fibres très enchevêtrées, lui donnant un aspect marbré. Grains fins, pores peu creusés et de dimensions variées. Aubier de 0^m,03 d'épaisseur, de couleur rose jaune.

DENSITÉ APPROXIMATIVE. { A l'état frais : 0,9 à 1,050.
{ A l'état sec : de 0,75 à 0,950.

DURETÉ..................... Dur.

FACILITÉS DE TRAVAIL..

Sciage...................... . Facile.

Rabotage............... .... Assez facile quelques difficultés pour le polir.

Fente à l'outil............. Assez difficile.

Assemblage................. Peu facile à faire, tient bien.

Clous, Vis................. Tiennent bien.

Effort d'arrachement d'un tirefonds de voie ferrée du P. O....... .. .. 7.000 kilogs.

TENUE DU BOIS DÉBITÉ. Bonne.

USAGES PRINCIPAUX PRÉSUMÉS.

Beau bois, utilisable en ébénisterie. Peut aussi servir pour menuiserie.

REMARQUES............... Grand arbre, pouvant atteindre 1 mètre de diamètre et de 25 à 30 mètres de hauteur de fût.
Écorce gris roux, épaisse et fibreuse, ne présentant pas de crevasseurs, mais de longues déchirures longitudinales superficielles.
Commun.

NOM COMMERCIAL........	**BUBINGA**
NOM SCIENTIFIQUE.......	Brachystegia sp. (Légum. césalpiniées).

CARACTÉRISTIQUES DE L'ÉCHANTILLON ÉTUDIÉ :

Diamètre de l'arbre abattu — Au-desssus de l'empattement : o^m,35.

Longueur de l'échantillon.. — o^m,70

Aspect du billon............. — Sain.

ASPECT ET TEXTURE DU BOIS :

Cœur et aubier très différenciés. Bois de cœur d'une jolie couleur rosé rouge, très bien veiné, veines foncées, grain fin, pores très peu marqués. Aubier blanchâtre épais.

DENSITÉ APPROXIMATIVE. — À l'état frais : de 0,9 à 1,5. À l'état sec : de 0,850 à 1,050.

DURETÉ..................... — Demi-dur.

FACILITÉS DE TRAVAIL..

Sciage..................... — Un peu lent, mais aucune difficulté.

Rabotage.................... — Facile. On obtient un très beau poli.

Fente à l'outil............. — Facile.

Assemblage................. — Tenons et mortaises faciles à faire, tiennent bien.

Clous, Vis................. — S'enfoncent bien et tiennent bien.

TENUE DU BOIS DÉBITÉ. — Bonne.

USAGES PRINCIPAUX PRÉSUMÉS :

Très beau bois, conviendrait surtout pour l'ébénisterie.

REMARQUES............... — Arbre de dimensions moyennes pouvant atteindre de 0^m,80 à 0^m,90 de diamètre et 20 à 25 mètres de hauteur de fût.
Écorce grisâtre, finement rugueuse, très épaisse, se détachant facilement de l'aubier.
Rare.

NOM COMMERCIAL........ **CANARIUM** (1)

NOM SCIENTIFIQUE....... Canarium velutinum (Burseracées).

CARACTÉRISTIQUES DE L'ÉCHANTILLON ÉTUDIÉ :

Diamètre de l'arbre abattu Au-dessus de l'empattement : $0^m,60$.

Longueur de l'échantillon.. $0^m,85$.

Aspect du billon........... Un peu d'échauffure et quelques piqûres.

ASPECT ET TEXTURE DU BOIS.

Cœur et aubier un peu différenciés. Bois de cœur blanc, légèrement rosé, à gros grain, fibreux, pores longs et accentués. Présente du contre-fil. Aubier blanc très épais de $0^m,10$ d'épaisseur environ.

DENSITÉ APPROXIMATIVE { A l'état frais : 0,5 à 0,8.
A l'état sec : de 0,35 à 0,45.

DURETÉ................ Tendre.

FACILITÉS DE TRAVAIL..

Sciage................ Assez difficile, chanvreux.

Rabotage.............. Assez difficile, se polit mal.

Fente à l'outil........ Assez facile.

Clous, Vis............ S'enfoncent très facilement, tiennent assez bien.

TENUE DU BOIS DÉBITÉ. Bonne, quelques piqûres.

USAGES PRINCIPAUX PRÉSUMÉS :

Emballage, menuiserie légère, construction.

REMARQUES............. Assez bel arbre, pouvant atteindre 1 mètre de diamètre et 20 à 25 mètres de hauteur de fût.

Ecorce mince, d'un gris cendré, fendillée longitudinalement, s'enlevant par plaquettes.

Commun.

(1) Le canarium s'appelle Olengué en langage « Galoa ». — Ce même mot : Olengué ou Olingué en langage nkomi ou mpongoué désigne des arbres très différents.

Pour éviter les confusions et jusqu'à nouvel ordre les fournitures de Canarium devront être faites sur échantillons.

NOM COMMERCIAL.........   **COULA**

NOM SCIENTIFIQUE.......   Coula edulis (Olacinées).

CARACTÉRISTIQUES DE L'ÉCHANTILLON ÉTUDIÉ :

Diamètre de l'arbre abattu   Au-dessus de l'empattement : 0ᵐ,60
Longueur de l'échantillon..   0ᵐ,80.
Aspect du billon............   Dans les bouts, gerces irrégulières.

ASPECT ET TEXTURE DU BOIS :

Cœur et aubier différenciés. Bois de cœur brun lie de vin avec veines brunes peu marquées, grains serrés, texture compacte. Aubier brun rosé plus clair que le cœur jusqu'à 0ᵐ,03 d'épaisseur.

DENSITÉ APPROXIMATIVE   { À l'état frais : 1, à 1,3.
{ À l'état sec : 0,9 à 1,1.

DURETÉ............... ..   Dur.

FACILITÉS DE TRAVAIL...

Sciage......................   Assez facile.
Rabotage...................   Assez facile, malgré la dureté du bois.
Fente à l'outil.............   Peu facile.
Assemblage................   Mortaises un peu cassantes.
Clous, Vis.................   Peu faciles à enfoncer, tiennent bien.
Effort d'arrachement d'un
tirefonds de voie ferrée
du P. O....................   Voisin de 8.000 kilogs.

TENUE DU BOIS DÉBITÉ.   Assez bonne, bois fendif.

USAGES PRINCIPAUX PRÉSUMÉS :

Grosse menuiserie et charpente lourde, à essayer comme traverses de chemins de fer.

REMARQUES............   Arbre d'assez petites dimensions, ne dépassant généralement pas 0ᵐ,60 de diamètre et 12 à 15 mètres de hauteur de fût.

Ecorce épaisse, grisâtre, rouge à l'intérieur, fendillée longitudinalement s'enlevant par petites plaquettes minces.
Commun.

NOM COMMERCIAL........ **DANIELLA**

NOM SCIENTIFIQUE........ Daniella Klainei? (Légum. Césalpiniées).

CARACTÉRISTIQUES DE L'ÉCHANTILLON ÉTUDIÉ :

Diamètre de l'arbre abattu   Au-dessus de l'empattement : 0^m,70.

Longueur de l'échantillon..   1^m,20.

Aspect du billon............ Quelques gerces et quelques piqûres dans l'aubier.

ASPECT ET TEXTURE DU BOIS :

Cœur et aubier différenciés. Bois de cœur gris rosé fibreux, veines brun clair. Pores longs, un peu maillé quand il est débité sur quartier semble exsuder une graisse marbrant le bois. Aubier blanc jaunâtre.

DENSITÉ APPROXIMATIVE. { A l'état frais : 0.5 à 0,7.
                        { A l'état sec : de 0,4 à 0,5.

DURETÉ............ ...... Relativement tendre.

FACILITÉS DE TRAVAIL..

Sciage.................... Très facile.

Rabotage.................. Très facile.

Fente à l'outil........... Se fend mal.

Assemblage................ Résistant.

Clous, Vis................ Tiennent bien.

Effort d'arrachement d'un tirefonds de voie ferrée du P. O.................. 3.200 kilogs.

TENUE DU BOIS DÉBITÉ. Bonne.

USAGES PRINCIPAUX PRÉSUMÉS :

Menuiserie, construction.

REMARQUES................ Arbre de moyennes dimensions, pouvant atteindre 1 mètre de diamètre et 20 mètres de hauteur de fût.
Écorce grise, rugueuse, non crevassée.
Assez commun.

NOM COMMERCIAL........... **DEMI-DEUIL.**

NOM SCIENTIFIQUE........ Diospyros aggregata (Ebénacées).

CARACTÉRISTIQUES DE L'ÉCHANTILLON ÉTUDIÉ :

Diamètre de l'arbre abattu Au-dessus de l'empattement : 0^m,45.
Longueur de l'échantillon.. 0^m,95.
Aspect du billon............ En bout quelques gerces rayonnantes.

ASPECT ET TEXTURE DU BOIS :

Cœur et aubier différenciés. Cœur noir avec des veines alternées grises et noires, formant sur dosse des larges taches noires très foncées, irrégulières, grain fin ; très lourd. Aubier épais d'un blanc jaunâtre presque aussi dur que le cœur qui semble noircir seulement dans les couches centrales les plus âgées.

DENSITÉ APPROXIMATIVE { A l'état frais : 1,0 à 1,30.
{ A l'état sec : de 0,85 à 1,200.

DURETÉ................... Très dur.

FACILITÉS DE TRAVAIL..
Sciage........................ Assez facile.
Rabotage.................... Assez facile.

TENUE DU BOIS DÉBITÉ. Semble bonne.

USAGES PRINCIPAUX PRÉSUMÉS :

Ne semble guère utilisable qu'en ébénisterie, en faibles quantités, à titre de curiosité.

REMARQUES.............., Arbre de petites dimensions, ne dépassant guère 0^m,80 de diamètre et 15 mètres de hauteur de fût.
Ecorce mince, brune, canelée longitudinalement.
Rare.

NOM COMMERCIAL.............   **DILEBA**

NOM SCIENTIFIQUE........   Indéterminé.

CARACTÉRISTIQUES DE L'ÉCHANTILLON ÉTUDIÉ :

Diamètre de l'arbre abattu   Au-dessus de l'empattement : $0^m,3o$.

Longueur de l'échantillon.. $0^m,7o$.

Aspect du billon............   Petite gerce au cœur, sain.

ASPECT ET TEXTURE DU BOIS :

     Bois brun, bien veiné, grain fin et serré, très lourd et très dur.

DENSITÉ APPROXIMATIVE   De 1 à 1,400.

DURETÉ..................   Très dur.

FACILITÉS DE TRAVAIL..

Sciage....................   Assez facile.

Rabotage..................   Assez facile, susceptible d'un beau poli.

TENUE DU BOIS DÉBITÉ.   Bonne.

USAGES PRINCIPAUX PRÉSUMÉS :

     Semble trop lourd et trop dur pour usage courant. Utilisable pour l'outillage.

REMARQUES...............   Arbre de dimensions moyennes pouvant atteindre $0^m,8o$ de diamètre et 20 mètres de hauteur de fût.

     Se trouve à SETTÉ-CAMA, rare partout ailleurs.

NOM COMMERCIAL............ **DINA**

NOM SCIENTIFIQUE..... Dialium sp. (aff. D. connaroïdes) (Legum. césalpiniées).

CARACTÉRISTIQUES DE L'ÉCHANTILLON ÉTUDIÉ :

Diamètre de l'arbre abattu   Au-dessus de l'empattement : o^m.33.
Longueur de l'échantillon..   o^m,75.
Aspect du billon............   Sain, petite gerce au cœur.

ASPECT ET TEXTURE DU BOIS :

Cœur et aubier différenciés. Bois de cœur brun rosé, avec veines plus foncées et plus claires, léger contrefil, grain fin, pores petits colorés en clair. Aubier assez épais d'un blanc jaunâtre.

DENSITÉ APPROXIMATIVE. { A l'état frais : de 1,0 à 1,3.
{ A l'état sec : de 0,8 à 1,1.

DURETÉ.................. Très dur.

FACILITÉS DE TRAVAIL..
Sciage.................. Facile.
Rabotage................ Assez facile, beau poli.

TENUE DU BOIS DÉBITÉ. Bonne.

USAGES PRINCIPAUX PRÉSUMÉS :

Ebénisterie.

REMARQUES.............. Bel arbre pouvant atteindre 1^m,50 de diamètre et 30 mètres de hauteur de fût?
Ecorce très épaisse, grise, très finement rugueuse, non crevassée.
Assez commun.

NOM COMMERCIAL........ **DOUKA**

NOM SCIENTIFIQUE....... Dumoria africana (Sapotacées).

CARACTÉRISTIQUES DE L'ÉCHANTILLON ÉTUDIÉ :

Diamètre de l'arbre abattu   Au-dessus de l'empattement : 0^m,60.
Longueur de l'échantillon..   1 mètre.
Aspect du billon............   Nombreuses gerces en bout.

ASPECT ET TEXTURE DU BOIS :

> Cœur et aubier différenciés. Cœur vieux rose grain fin ; légèrement veiné ; pores assez peu marqués, maillés.
> Aubier blanc rosé, allant jusqu'à 6 centimètres d'épaisseur.

DENSITÉ APPROXIMATIVE.   (À l'état frais : 0.8 à 1,0.
(À l'état sec : de 0,700 à 0,850.

DURETÉ.................   Demi-dur.

FACILITÉS DE TRAVAIL..

Sciage.....................   Facile.
Rabotage...................   Facile, se polit très bien.
Fente à l'outil............   Peu facile.
Assemblage.................   Tenons et mortaises faciles à faire et résistants.
Clous, Vis.................   S'enfoncent bien, tiennent bien.
Effort d'arrachement d'un
tirefonds de voie ferrée
du P. O....................   4.800 kilogs.

TENUE DU BOIS DÉBITÉ.   Bonne, les gerces n'augmentent pas.

USAGES PRINCIPAUX PRÉSUMÉS :

> Ebénisterie, menuiserie d'intérieur, construction.

REMARQUES.............   Très bel arbre pouvant atteindre 1^m,50 de diamètre et 30 mètres de hauteur de fût.
> Ecorce épaisse, brun grisâtre, crevassée longitudinalement écailleuse.
> Peu abondant.

NOM COMMERCIAL........ **ÉBÈNE**

NOM SCIENTIFIQUE....... Diospyros Evila (Ebénacées).

CARACTÉRISTIQUES DE L'ÉCHANTILLON ÉTUDIÉ :

Diamètre de l'arbre abattu   Au-dessus de l'empattement : 0^m,25.

Longueur de l'échantillon.   0^m,65.

Aspect du billon............ Sain.

ASPECT ET TEXTURE DU BOIS :

Cœur et aubier différenciés. Bois de cœur noir, à grain fin et serré, très dur et très lourd, pores invisibles.
Aubier très épais d'un jaune roux.

DENSITÉ APPROXIMATIVE   1,2.

DURETÉ.................... Très dur.

FACILITÉS DE TRAVAIL..

Sciage..................... Assez facile, mais lent.

Rabotage................... Assez difficile, susceptible d'un très beau poli.

TENUE DU BOIS DÉBITÉ. Très bonne.

USAGES PRINCIPAUX PRÉSUMÉS :

Ebénisterie.

REMARQUES............... Arbre de petite dimension ne dépassant pas 0^m,60 de diamètre et 15 mètres de hauteur de fût.
Ecorce mince, gris foncé, finement rugueuse, striée longitudinalement.
Rare.

NOM COMMERCIAL........ **ÉBIARA**

NOM SCIENTIFIQUE....... Berlinia bracteosa (Légum. césalpiniées).

CARACTÉRISTIQUES DE L'ÉCHANTILLON ÉTUDIÉ :

Diamètre de l'arbre abattu — Au-dessus de l'empattement : 0^m,8o.

Longueur de l'échantillon.. — 1 mètre.

Aspect du billon............ — Petites gerces à un bout.

ASPECT ET TEXTURE DU BOIS.

Aubier et cœur un peu différenciés. Bois rosé avec veines brunes, grains fins. Fibres un peu enchevêtrées, léger contre-fil. Pores généralement courts et larges de couleur claire. Aubier plus pâle pouvant atteindre 0^m,10 d'épaisseur.

DENSITÉ APPROXIMATIVE — A l'état frais : de 0,7 à 0,9. A l'état sec : de 0,600 à 0,750.

DURETÉ..................... Demi-dur.

FACILITÉS DE TRAVAIL..

Sciage...................... — Assez facile.

Rabotage.................... — Assez facile.

Fente à l'outil............. — Assez facile.

Clous, Vis................. — S'enfoncent assez bien, tiennent bien.

Effort d'arrachement d'un tirefonds de voie ferrée du P. O................... — 6.000 kilogs.

TENUE DU BOIS DÉBITÉ. Bonne.

USAGES PRINCIPAUX PRÉSUMÉS :

Beau bois, conviendrait pour l'ébénisterie et la menuiserie.

REMARQUES............... Arbre de dimensions moyennes pouvant atteindre 0^m,9o à 1 mètre de diamètre et 25 mètres de hauteur de fût, très droit. Ecorce brun foncé, assez épaisse, très craquelée superficiellement, et s'enlevant par petites plaquettes. Assez commun.

NOM COMMERCIAL........ **EBOR-N'ZOK**

NOM SCIENTIFIQUE...... Légumineuse indéterminée.

CARACTÉRISTIQUE DE L'ÉCHANTILLON ÉTUDIÉ :

Diamètre de l'arbre abattu. Au dessus de l'empattement : 0^m,60.

Longueur de l'échantillon.. 0^m,90.

Aspect du billon............ Légère échauffure de la moelle.

ASPECT ET TEXTURE DU BOIS :

Cœur et aubier légèrement différenciés. — Bois de cœur vieux-rose, bien veiné, un peu maillé quand il est pris sur quartier. Grain assez fin, poresngs. — Aubier plus pâle, jusqu'à 0^m,03 d'épaisseur.

DENSITÉ APPROXIMATIVE. A l'état sec : de 0,600 à 0,750.

DURETÉ .... Demi-dur.

FACILITÉS DE TRAVAIL..

Sciage .... Facile.

Rabotage .... Facile.

TENUE DU BOIS DÉBITÉ. Bonne.

USAGES PRINCIPAUX PRÉSUMÉS.

Menuiserie d'intérieur, menuiserie et construction.

REMARQUES.............. Bel arbre pouvant atteindre 1^m,20 de diamètre et 25 mètres de hauteur de fût. Écorce gris brun, rugueuse, s'enlevant par écailles. Rare.

9

NOM COMMERCIAL........   **EKOUNE**

NOM SCIENTIFIQUE.......   Indéterminé.

CARACTÉRISTIQUE DE L'ÉCHANTILLON ÉTUDIÉ :

Diamètre de l'arbre abattu.   Au dessus de l'empattement : 0^m,70.

Longueur de l'échantillon..   0^m,90.

Aspect du billon... ....   Quelques gerces en bout, légère échauffure de la moelle.

ASPECT ET TEXTURE DU BOIS :

Cœur et aubier différenciés. — Bois de cœur jaune rouge avec belles marbrures foncées, un peu moiré, grain demi-fin. — Pores colorés en brun, légèrement maillé. — Aubier jaune rose très clair, pouvant atteindre 0^m,20 d'épaisseur.

DENSITÉ APPROXIMATIVE.   À l'état sec : de 0,500 à 0,600.

DURETÉ ....   Relativement tendre.

FACILITÉS DE TRAVAIL..

Sciage ....   Facile.

Rabotage ....   Facile.

TENUE DU BOIS DÉBITÉ.   Bonne.

USAGES PRINCIPAUX PRÉSUMÉS.

Beau bois, utilisable pour menuiserie et construction.

REMARQUES.............   Assez bel arbre, pouvant atteindre 0^m80 de diamètre et 20 à 25 mètres de hauteur de fût.
Peu abondant.

NOM COMMERCIAL............ **EVEUSS**

NOM SCIENTIFIQUE........ Klainedoxa latifolia (Irvingiacées).

CARACTÉRISTIQUES DE L'ÉCHANTILLON ÉTUDIÉ :

Diamètre de l'arbre abattu Au-dessus de l'empattement : 0^m,60.
Longueur de l'échantillon. 0^m,85.
Aspect du billon............ En bout, petites gerces au cœur.

ASPECT ET TEXTURE DU BOIS :

Cœur et aubier non différenciés. Bois brun de différents tons mélangés avec grandes veines noires espacées, irrégulièrement parallèles, grains fins, contrefil, pores allongés de couleur blanc jaune.

DENSITÉ APPROXIMATIVE $\left\{\begin{array}{l} \text{A l'état frais : 1,2 à 1,4.} \\ \text{A l'état sec : de 1,0 à 1,3.} \end{array}\right.$

DURETÉ................... Très dur.

FACILITÉS DE TRAVAIL..

Sciage..................... Peu facile.
Rabotage................... Difficile, bois presque impossible à polir.
Fente à l'outil............ Difficile.
Clous, Vis................. Peu faciles à enfoncer, très solides.
Effort d'arrachement d'un
tirefonds de voie ferrée
du P. O................... Supérieur à 8.000 kilogs.

TENUE DU BOIS DÉBITÉ. Bonne.

USAGES PRINCIPAUX PRÉSUMÉS :

Trop lourd pour emploi courant en menuiserie. Pourrait convenir aux traverses de chemins de fer et à la charpente très lourde, pilotis, pièces de résistance.

REMARQUES.............. Très bel arbre pouvant atteindre 0^m,90 de diamètre et 25 mètres de hauteur de fût.
Ecorce d'un gris roussâtre, s'enlevant par plaques longitudinales, assez profondément crevassée longitudinalement.
Assez commun.

NOM COMMERCIAL......... **ÉVINO**

NOM SCIENTIFIQUE....... Vitex pachyphylla (Verbénacées).

CARACTÉRISTIQUES DE L'ÉCHANTILLON ÉTUDIÉ :
Diamètre de l'arbre abattu   Au-dessus de l'empattement : o^m,65.
Longueur de l'échantillon..   o^m,85.
Aspect du billon...........   Très sain.

ASPECT ET TEXTURE DU BOIS.

Cœur et aubier peu différenciés, jaune paille gris très maillé ; grain demi-fin, pores longs, très nombreux et peu profonds, moiré sur quartier et satiné.

DENSITÉ APPROXIMATIVE. { À l'état frais : 0,6 à 0,9 ; À l'état sec : de 0,450 à 0,650.

DURETÉ.................... Relativement tendre.

FACILITÉS DE TRAVAIL..
Sciage....................   Très facile.
Rabotage..................   Très facile.
Fente à l'outil...........   Facile.
Assemblage................   Très facile à faire, tient bien.
Clous, Vis................   Faciles à enfoncer, tiennent bien.

TENUE DU BOIS DÉBITÉ.   Excellente.

USAGES PRINCIPAUX PRÉSUMÉS :

Joli bois qui conviendrait pour ébénisterie, menuiserie et constructions.

REMARQUES.............   Assez bel arbre pouvant atteindre 1 mètre de diamètre et de 20 à 25 mètres de hauteur de fût.
Ecorce s'enlevant par écailles, assez mince à fond rouge recouvert d'une taie blanchâtre.
Abondant.

NOM COMMERCIAL........ **IROKO**

NOM SCIENTIFIQUE....... Chlorophora regia et excelsa (Urticacées).

CARACTÉRISTIQUES DE L'ÉCHANTILLON ÉTUDIÉ :
Diamètre de l'arbre abattu Au-dessus de l'empattement : 0ᵐ,60.
Longueur de l'échantillon. 0ᵐ,80.
Aspect du billon............ Très sain, aucune gerce.

ASPECT ET TEXTURE DU BOIS.

Cœur et aubier nettement différenciés. Bois de cœur de couleur jaune gris clair qui se fonce rapidement à l'air pour passer au ton vieux chêne ; cette teinte s'étalant alors sur le bois raboté dont la surface en section longitudinale paraît huileuse et rayée par des séries de pores allongées de teinte grise, petites mailles, grains assez fins. Aubier jaune pâle très épais dans les arbres jeunes.

DENSITÉ APPROXIMATIVE { À l'état frais : 0,9 à 1,1.
{ À l'état sec : 0,600 à 0,750.

DURETÉ..................... Demi-dur.

FACILITÉS DE TRAVAIL..
Sciage..................... Facile.
Rabotage.................. Facile.
Fente à l'outil.............. Peu facile.
Assemblage................. Tenons et mortaises faciles à faire et résistants.
Clous, Vis................. S'enfoncent bien, tiennent bien.
Effort d'arrachement d'un
  tirefonds de voie ferrée
  du P. O..................... 5.000 kilogs (dans le bois de cœur).

TENUE DU BOIS DÉBITÉ. Bonne.

USAGES PRINCIPAUX PRÉSUMÉS

Ébénisterie, menuiserie d'intérieur, grosse menuiserie, construction.

REMARQUES............... Très bel arbre, droit et cylindrique, atteignant 1ᵐ,60 de diamètre et 30 mètres de hauteur de fût.
Écorce gris blanchâtre, rugueuse, laissant exsuder un latex épais, blanc jaunâtre.
Assez commun.

NOM COMMERCIAL......... **KAMBA**

NOM SCIENTIFIQUE........ Lavalleopsis densivenia (Olacinées).

CARACTÉRISTIQUES DE L'ÉCHANTILLON ÉTUDIÉ :

Diamètre de l'arbre abattu   Au-dessus de l'empattement : 0ᵐ,5o.
Longueur de l'échantillon.   1 mètre.
Aspect du billon............   Sain.

ASPECT ET TEXTURE DU BOIS :

Cœur et aubier différenciés. Bois de cœur violacé, peu veiné ; très maillé quand il est sur quartier, grain serré, pores peu visibles très petits et blancs.
Aubier plus pâle, peu épais.

DENSITÉ APPROXIMATIVE   A l'état sec : de 0,9 à 1,1.

DURETÉ.......................   Très dur.

FACILITÉS DE TRAVAIL..

Sciage.......................   Facile.
Rabotage....................   Assez difficile, cependant on peut obtenir un beau poli.
Fente à l'outil.............   Facile.
Effort d'arrachement d'un tirefonds de voie ferrée du P. O.....................   7.5oo kilogs.

TENUE DU BOIS DÉBITÉ.   Bonne.

USAGES PRINCIPAUX PRÉSUMÉS :

Trop lourd et trop dur pour menuiserie et charpente ; pourrait convenir à certains usages en ébénisterie et à l'outillage ainsi qu'aux traverses de chemins de fer.

REMARQUES..................   Arbre de dimensions moyennes, pouvant atteindre 0ᵐ,8o de diamètre et 2o mètres de hauteur de fût.
Ecorce grise, finement rugueuse.
Peu abondant.

NOM COMMERCIAL............   **KÉVAZINGO**

NOM SCIENTIFIQUE.......   Didelotia africana (Légum, Césalpiniées).

CARACTÉRISTIQUES DE L'ÉCHANTILLON ÉTUDIÉ :

Diamètre de l'arbre abattu   Au-dessus de l'empattement : 0^m,60.
Longueur de l'échantillon..   1^m,10.
Aspect du billon............   Moëlle un peu échauffée, cœur légèrement
tendu.

ASPECT ET TEXTURE DU BOIS :

Cœur et aubier différenciés. Bois de cœur
rouge violacé, bien véiné et moiré,
grains très fins, nombreuses petites
mailles étroites gris clair un peu de
contre-fil. Pores presque invisibles. Aubier blanc gris rose assez épais jusqu'à
0^m,05 d'épaisseur.

DENSITÉ APPROXIMATIVE { A l'état frais : 1,2 à 1,500.
{ A l'état sec : de 0,9 à 1,350.

DURETÉ....................   Très dur.

FACILITÉS DE TRAVAIL..

Sciage.....................   Un peu difficile.
Rabotage...................   Quelques difficultés à cause du contre-fil.
Fente à l'outil............   Difficile.
Effort d'arrachement d'un
tirefonds de voie ferrée
du P. O....................   Supérieur à 8.000 kilogs.

TENUE DU BOIS DÉBITÉ.   Bonne.

USAGES PRINCIPAUX PRÉSUMÉS :

Bien qu'on lui donne parfois le nom de
bois de rose, ne rappelle que très vague-
ment le véritable bois de rose, mais
ferait cependant un bois intéressant pour
l'ébénisterie.

REMARQUES.................   Arbre de dimensions moyennes, pouvant
atteindre 1^m,20 de diamètre et 25 mètres
de hauteur de fût.
Écorce d'un gris cendré, rugueuse.
Commun.

NOM COMMERCIAL........   **M'BÉBAME**

NOM SCIENTIFIQUE.......   Chrysophyllum sp. (?) (Sapotacées).

CARACTÉRISTIQUES DE L'ÉCHANTILLON ÉTUDIÉ :

Diamètre de l'arbre abattu   Au-dessus de l'empattement : 0ᵐ,65.
Longueur de l'échantillon..   1ᵐ,70.
Aspect du billon............   Sain. Gerces rayonnantes aux deux bouts.

ASPECT ET TEXTURE DU BOIS.

Cœur et aubier non différenciés. Bois blanc, jaune rosé avec veines irrégulières et plus foncées, grains fins. Pores petits et courts. Petites mailles nombreuses, un peu de contrefil.

DENSITÉ APPROXIMATIVE { A l'état frais : 0,8 à 1,0.
A l'état sec : de 0,600 à 0.700.

DURETÉ....................   Relativement tendre.

FACILITÉS DE TRAVAIL..

Sciage....................   Facile.
Rabotage..................   Très facile. Se polit parfaitement.
Fente à l'outil............   Facile.
Assemblage................   Facile à faire, se tient bien..
Clous, Vis................   S'enfoncent facilement, tiennent bien.
Effort d'arrachement d'un
   tirefonds de voie ferrée
   du P. O................   7.000 kilogs.

TENUE DU BOIS DÉBITÉ.   Semble bonne.

USAGES PRINCIPAUX PRÉSUMÉS.

Beau bois, conviendrait pour menuiserie, moulures et construction.

REMARQUES...............   Assez bel arbre, pouvant atteindre 1 mètre de diamètre et 20 à 25 mètres de hauteur de fût.
Ecorce très mince, grise et lisse.
Peu abondant.

NOM COMMERCIAL........   **NIAMA**

NOM SCIENTIFIQUE.......   Calpocalyx Klainei (Légum. mimosées).

CARACTÉRISTIQUE DE L'ÉCHANTILLON ÉTUDIÉ :

Diamètre de l'arbre abattu.   Au-dessus de l'empattement : o^m,65.

Longueur de l'échantillon..   1^m,40.

Aspect du billon............   En bout, gerces rayonnantes, légère échauffure de la moelle.

ASPECT ET TEXTURE DU BOIS :

Cœur et aubier différenciés. — Bois de cœur brun rosé bien veiné. — Fibres assez tourmentées. — Pores petits irréguliers, grain demi-fin, un peu moiré. — Aubier gris rosâtre clair, très épais.

DENSITÉ APPROXIMATIVE.   A l'état sec : de 0,750 à 0,950.

DURETÉ ....   Dur.

FACILITÉS DE TRAVAIL..

Sciage ....   Facile.

Rabotage ....   Facile, on obtient un assez beau poli.

Fente à l'outil............   Facile.

Clous, Vis.................   S'enfoncent assez facilement, tiennent bien.

Effort d'arrachement d'un tirefonds de voie ferrée du P. O..................   7.500 kilogs.

TENUE DU BOIS DÉBITÉ.   Bonne.

USAGES PRINCIPAUX PRÉSUMÉS.

Beau bois, mais lourd, pourrait servir pour la construction, pièces de résistance.

REMARQUES..............   Arbre de dimensions moyennes, pouvant atteindre o^m,80 à o^m,90 de diamètre et 20 mètres de hauteur de fût.
Écorce gris verdâtre, s'enlevant par écailles minces, peu rugueuse.
Abondant.

NOM COMMERCIAL........   **MOABI**

NOM SCIENTIFIQUE........   Baillonella toxisperma (Sapotacées).

CARACTÉRISTIQUES DE L'ÉCHANTILLON ÉTUDIÉ :

Diamètre de l'arbre abattu   Au-dessus de l'empattement : 0ᵐ,70.

Longueur de l'échantillon..   0ᵐ,80,

Aspect du billon............   Deux ou trois gerces rayonnantes en bout.

ASPECT ET TEXTURE DU BOIS

Cœur et aubier assez différenciés. Bois de cœur vieux rose avec nombreuses veines minces parallèles, tirant sur le marron, mailles peu apparentes. Grain fin, bien que les pores soient cependant visibles.

DENSITÉ APPROXIMATIVE. $\begin{cases} \text{A l'état frais : 0,9 à 1,1.} \\ \text{A l'état sec : de 0,850 à 1,05.} \end{cases}$

DURETÉ...................   Demi-dur.

FACILITÉS DE TRAVAIL..

Sciage.....................   Très facile.

Rabotage...................   Très facile.

Fente à l'outil............   Facile.

Assemblage.................   Se façonne très bien, et tient parfaitement.

Clous, Vis.................   S'enfoncent bien et tiennent très bien.

TENUE DU BOIS DÉBITÉ.   Bonne.

USAGES PRINCIPAUX PRÉSUMÉS.

Très beau bois, conviendrait quoiqu'un peu lourd pour la menuiserie, la construction et pour l'ébénisterie déjà très employée pour faire des meubles au Gabon.

REMARQUES...............   Très bel arbre pouvant dépasser 1ᵐ,60 de diamètre et 30 mètres de hauteur de fût. Tronc très droit et cylindrique. Ecorce épaisse d'un gris roussâtre, très profondément crevassée, s'enlevant par grosses plaquettes et laissant exsuder un abondant latex blanc et épais. Assez commun.

NOM COMMERCIAL........ **MOVINGUI**

NOM SCIENTIFIQUE....... Distemonanthus Benthamianus (Legum. césalpiniées).

CARACTÉRISTIQUES DE L'ÉCHANTILLON ÉTUDIÉ :
Diamètre de l'arbre abattu Au-dessus de l'empattement ; $0^m,60$.
Longueur de l'échantillon... $1^m,05$.
Aspect du billon............ Traces dé gerces.

ASPECT ET TEXTURE DU BOIS.
Cœur et aubier différenciés. Bois de cœur jaune citron, à pores minces et longs, bien veiné et moiré, grains fins. un peu de contre fil. Les veines et les pores sont parfois tourmentés. Aubier plus clair grisâtre, assez épais jusqu'à 4 centimètres d'épaisseur.

DENSITÉ APPROXIMATIVE. { A l'état frais : $0,8$ à $0,95$.
{ A l'état sec : de $0,650$ à $0,800$.

DURETÉ.................... Demi-dur.

FACILITÉS DE TRAVAIL..
Sciage..................... Facile.
Rabotage.................. Assez facile.
Fente à l'outil............. Facile.
Assemblage............... Se taille facilement, tient bien.
Clous, Vis................ S'enfoncent bien, tiennent bien.
Effort d'arrachement d'un tirefonds de voie ferrée du P. O................ 6.000 kilogs.

TENUE DU BOIS DÉBITÉ. Tendance aux gerces.

USAGES PRINCIPAUX PRÉSUMÉS :
Joli bois pouvant servir en ébénisterie, conviendrait aussi à la menuiserie et à la construction.

REMARQUES............ Assez bel arbre pouvant atteindre $0^m,80$ de diamètre et 20 à 25 mètres de hauteur de fût.
Ecorce rousse, lisse et mince.
Peu abondant.

NOM COMMERCIAL......... **NIOVÉ**

NOM SCIENTIFIQUE....... Staudtia gabonensis (Myristicacées).

CARACTÉRISTIQUE DE L'ÉCHANTILLON ÉTUDIÉ :
Diamètre de l'arbre abattu. 0^m,5o.
Longueur de l'échantillon.. 0^m,85.
Aspect du billon............ Sain.

ASPECT ET TEXTURE DU BOIS :
Cœur et aubier différenciés. — Bois de cœur ocre rouge, avec veines plus foncées, grain fin, pores très petits peu visibles. — Aubier plus clair blanc jaune, pouvant atteindre une épaisseur de 0^{m}o6.

DENSITÉ APPROXIMATIVE. { A l'état frais : 1,0 à 1,15o.
{ A l'état sec : de o,85o à 1,0.

DURETÉ .... Dur.

FACILITÉS DE TRAVAIL..
Sciage .... Facile.
Rabotage .... Très facile.
Fente à l'outil............ Très facile.
Clous, —Vis............... S'enfoncent peu facilement, tiennent très bien.
Effort d'arrachement d'un tirefonds de voie ferrée du P. O................... Voisin de 8.ooo kilogs.

TENUE DU BOIS DÉBITÉ. Bonne.

USAGES PRINCIPAUX PRÉSUMÉS.
Utilisable en menuiserie et pour la construction. Les indigènes l'apprécient pour sa résistance à la flexion et en font des pagaies. A essayer pour traverses de chemins de fer.

REMARQUES............... Arbre de dimensions moyennes pouvant atteindre 0^m,8o à 0^m,9o de diamètre, et 2o à 25 mètres de hauteur de fût.
Écorce rousse, régulièrement cannelée, laissant exsuder en abondance un suc rouge.
Commun.

NOM COMMERCIAL........ **NOGO**

NOM SCIENTIFIQUE........ Indéterminé.

CARACTÉRISTIQUE DE L'ÉCHANTILLON ÉTUDIÉ :
Diamètre de l'arbre abattu. 0^m,5o.
Longueur de l'échantillon.. 1^m,5o.
Aspect du billon............ En bout, trois grandes gerces.

ASPECT ET TEXTURE DU BOIS :
Cœur et aubier différenciés, bois rose
foncé, lie de vin, avec veines violacées,
grain fin et serré, pores petits et peu
marqués.

DENSITÉ APPROXIMATIVE.. À l'état sec : de 0,800 à 0,950.

DURETÉ .... Dur.

FACILITÉS DE TRAVAIL..
Sciage .... Assez facile.
Rabotage .... Assez facile. On peut obtenir un beau poli.

TENUE DU BOIS DÉBITÉ. Bonne.

USAGES PRINCIPAUX PRÉSUMÉS.
Construction. Menuiserie et charpente
lourdes. A essayer pour traverses de
chemins de fer.

REMARQUES...............
Arbre de dimensions moyennes, pouvant
atteindre 20 à 25 mètres de hauteur de
fût; et 1 mètre à 1^m,20 de diamètre.
Ecorce rougeâtre, écailleuse.
Abondant dans les régions humides et
basses. notamment dans la région de
Fernan-Vaz.

NOM COMMERCIAL........   **NOYER DU GABON**

NOM SCIENTIFIQUE.......   « Noms divers à déterminer ». — Il est vendu sous le nom de « Noyer d'Afrique » sur les marchés Européens plusieurs espèces de bois provenant du Gabon, ayant une couleur grise, veinés ou non, avec ou sans reflets, ayant plus ou moins de ressemblance avec les noyers de France, mais dont l'emploi est suffisamment répandu pour que cette dénomination soit actuellement admise par le Commerce, par l'Administration des Douanes dans ses classifications, par les Administrations publiques de France dans leurs cahiers des charges (Constructions navales, Compagnies de Chemins de Fer), enfin par l'Administration coloniale qui consacre ce baptême dans diverses brochures officielles.

Parmi les bois compris jusqu'à présent sous le vocable de Noyer d'Afrique on peut citer : une Méliacée, le Lovea Klaineana, et d'autres espèces comme les Dominguila Dongaminguila Ebey (Pahouin), les Ombolo-Mbolo (Nkomi), les Ombegas et Bilolos foncés (Sette Cama Loango) et même suivant quelques-uns : le « Coula Edulis » dont les fruits rappellent nos noix de France, mais dont le bois est par trop différent de celui du noyer, si bien que nous l'avons classé à part sous le nom de « Coula ».

Comme pour l'acajou du Gabon, il importe de délimiter et de maintenir le nom et la qualité « Noyer du Gabon », en achevant la reconnaissance des espèces botaniques bien définies qui ont vraiment le droit de porter ce titre. Dans ce but nous demandons à nos Agents Coloniaux des échantillons bien étiquetés de toutes les variétés et l'achèvement de cette reconnaissance nécessitera probablement une nouvelle étude sur place par un botaniste spécialisé.

En attendant, il nous est impossible de donner les caractéristiques essentielles de ce bois, mais les transactions commerciales peuvent continuer en toute sécurité avec les Ombolo-Mbolo, Dominguila ; et pour éviter les malentendus, jusqu'à nouvel ordre, toutes les fournitures devront être faites sur échantillons.

NOM COMMERCIAL.........   **OBÉRO**

NOM SCIENTIFIQUE........   Indéterminé.

CARACTÉRISTIQUES DE L'ÉCHANTILLON ÉTUDIÉ :

Diamètre de l'arbre abattu   Au-dessus de l'empattement : 0ᵐ,30.

Longueur de l'échantillon..   0ᵐ,70.

Aspect du billon............   Gerces irrégulières en bout.

ASPECT ET TEXTURE DU BOIS :

Bois jaune foncé, avec veines brunes formant marbrures ; grain très fin, pores petits et peu marqués. Bois très lourd et très compact.

DENSITÉ APPROXIMATIVE   À l'état sec : de 1 à 1,2.

DURETÉ.....................   Très dur.

FACILITÉS DE TRAVAIL..

Sciage......................   Facile.

Rabotage....................   Facile.

TENUE DU BOIS DÉBITÉ.   Bonne.

USAGES PRINCIPAUX PRÉSUMÉS :

Bois lourd ; mais assez beau, peut convenir à l'ébénisterie ainsi que pour certains emplois spéciaux, au même titre que le buis.

REMARQUES.................,   Petit arbre ne dépassant guère 0ᵐ,60 de diamètre et 15 mètres de hauteur de fût.
Écorce épaisse de 10 à 12 millimètres, d'un gris brun, légèrement rugueuse, d'un jaune roux à l'intérieur.
Rare.

NOM COMMERCIAL........   **OBOTO**

NOM SCIENTIFIQUE.......   Ochrocarpus Africanus ou Mamméa africana (Guttifères).

CARACTÉRISTIQUE DE L'ÉCHANTILLON ÉTUDIÉ :

Diamètre de l'arbre abattu.   Au desssus de l'empattement : 0^m,55.
Longueur de l'échantillon..   0^m,85.
Aspect du billon...........   Petites gerces en bout.

ASPECT ET TEXTURE DU BOIS :

Cœur et aubier différenciés. — Bois de cœur rose, peu veiné, pores longs, creux et colorés. — Aubier d'un rose plus pâle. Le bois secrète une oléorésine qui apparaît sous forme de mouchetures brunes très accentuées surtout dans quelques variétés.

DENSITÉ APPROXIMATIVE   { À l'état frais : 0,8 à 1,0.
{ À l'état sec : 0,7 à 0,85.

DURETÉ ....   Dur.

FACILITÉS DE TRAVAIL..
Sciage ....   Facile.
Rabotage ....   Facile.
Fente à l'outil............   Relativement facile.
Assemblage.................   Tenons et mortaises faciles à faire et résistants.
Clous, Vis.................   S'enfoncent et tiennent bien.
Effort d'arrachement d'un tirefonds de voie ferrée du P. O................   5.600 kilogs.

TENUE DU BOIS DÉBITÉ.   Travaille en séchant — assez fendif.

USAGES PRINCIPAUX PRÉSUMÉS.

Menuiserie d'intérieur, menuiserie et construction.

REMARQUES...............   Arbre pouvant atteindre de 1 mètre à 1^m20 de diamètre et de 20 à 25 mètres de hauteur de fût. Fort empattement à la base, rameaux étalés.
Écorce gris brun, mince et lisse, secrétant une résine jaunâtre.
Assez commun.

NOM COMMERCIAL........   **ODIÉNEJÉ**

NOM SCIENTIFIQUE.......   Odyendyea gabonensis (Simarubacées).

CARACTÉRISTIQUES DE L'ÉCHANTILLON ÉTUDIÉ :
Diamètre de l'arbre abattu   Au-dessus de l'empattement : o^m,75.
Longueur de l'échantillon:.   1^m,75.
Aspect du billon............   Gerces irrégulières. sillonnant le bois, mais sans passer par le cœur.

ASPECT ET TEXTURE DU BOIS :
Cœur et aubier très peu différenciés. Bois de cœur blanc jaunâtre un peu veiné, maillé quand il est débité sur quartier. grain assez fin. Pores grands et colorés en brun clair. Aubier de o^m,02 d'épaisseur plus blanc.

DENSITÉ APPROXIMATIVE. { A l'état frais : 0,6 à 0,8.
A l'état sec : de 0,400 à 0,500.

DURETÉ.................   Très tendre.

FACILITÉS DE TRAVAIL..
Sciage.................   Très facile.
Rabotage..............   Très facile.
Fente à l'outil.........   Facile.
Assemblage.............   Très facile à faire, relativement solide.
Clous, Vis.............   Très faciles à enfoncer, tiennent relativement bien.

TENUE DU BOIS DÉBITÉ.   Semble avoir des tendance à l'échauffure.

USAGES PRINCIPAUX PRÉSUMÉS.
Menuiserie légère.

REMARQUES............   Arbre pouvant atteindre 1 mètre de diamètre et de 25 à 30 mètres de hauteur de fût. Epaississements ailés à la base. Forme du tronc très irrégulière donnant beaucoup de perte au débitage, à proscrire des livraisons en grumes. Epaississements ailés et entrecorcés.
Ecorce assez mince, d'un gris cendré, avec de profondes crevasses longitudinales, écailleuse.
Assez commun.

NOM COMMERCIAL........ **OGANA**

NOM SCIENTIFIQUE....... Indéterminé.

CARACTÉRISTIQUE DE L'ÉCHANTILLON ÉTUDIÉ :

Diamètre de l'arbre abattu. $0^m,35$.

Longueur de l'échantillon.. $1^m,65$.

Aspect du billon....a....... Assez sain. Gerces étoilées et moelle légèrement échauffée.

ASPECT ET TEXTURE DU BOIS :

Bois jaune paille clair un peu gris, bien
maillé quand il est pris sur quartier.
Grain assez fin, pores longs, bruns et
accentués.

DENSITÉ APPROXIMATIVE. A l'état sec de 0,40 à 0,60.

DURETÉ .... Relativement tendre.

FACILITÉS DE TRAVAIL..

Sciage .... Facile.

Rabotage .... Facile

Fente à l'outil............. Facile.

TENUE DU BOIS DÉBITÉ. Paraît bonne.

USAGES PRINCIPAUX PRÉSUMÉS.

Menuiserie et construction.

REMARQUES.............. Arbre de petites dimensions ne dépassant
pas $0^m,50$ de diamètre et 20 mètres de
hauteur de fût.
Écorce cendrée grise, finement fendillée.
Assez commun, employé par les pahouins
comme bois de chauffage.

NOM COMMERCIAL........ **OKIP** (1)

NOM SCIENTIFIQUE....... Klainedoxa gabonensis (irvingiacées).

CARACTÉRISTIQUE DE L'ÉCHANTILLON ÉTUDIÉ :

Diamètre de l'arbre abattu. o^m,50.
Longueur de l'échantillon.. o^m,85.
Aspect du billon........... Petites gerces en bout.

ASPECT ET TEXTURE DU BOIS :

Cœur et aubier peu différenciés. — Bois de cœur brun clair avec veines brunes presque noires, grains très fins et très serrés, pores très petits — très petites mailles. — Aubier un peu plus clair.

DENSITÉ APPROXIMATIVE. A l'état sec : de 0,950 à 1,100.

DURETÉ .... Très dur.

FACILITÉS DE TRAVAIL..
Sciage .... Facile.
Rabotage .... Facile se polit bien.
Fente à l'outil............. Facile.
Effort d'arrachement d'un
tirefonds de voie ferrée
du P. O..................... Voisin de 8.000 kilogs.

TENUE DU BOIS DÉBITÉ. Bonne.

USAGES PRINCIPAUX PRÉSUMÉS.

Bois un peu lourd, mais pourrait servir en menuiserie et pour la construction ainsi que pour les traverses de Chemins de fer.

REMARQUES............... Grand arbre pouvant atteindre 1 mètre à 1^m,20 de diamètre à la base et 25 à 30 mètres de hauteur de fût.
Écorce gris cendré, unie.
Abondant. Forme des peuplements purs, notamment dans la région du Lac Oguémoué dans les régions basses et humides.

(1) Le nom de « Okip » étant ignoré de certaines tribus pahouines, afin d'éviter les confusions et jusqu'à nouvel ordre, les fournitures d'Okip devront être faites sur échantillons.

NOM COMMERCIAL........ **OKOUMÉ**

NOM SCIENTIFIQUE....... Aucoumea Klaineana (Burséracées).

CARACTÉRISTIQUES DE L'ÉCHANTILLON ÉTUDIÉ :

Diamètre de l'arbre abattu { Diamètre au-dessus de l'empattement : 0,60.

Longueur de l'échantillon.. 0,80.

Aspect du billon............ Légèrement fendillé en bout, suivant les rayons.

ASPECT ET TEXTURE DU BOIS

Rose saumon pâle parfois satiné. — Texture très fibreuse ; contrefil irrégulier. — Pores plus ou moins longs.

DENSITÉ APPROXIMATIVE { A l'état frais : de 0,5 à 0,8. A l'état sec (¹) : de 0,38 à 0,5.

DURETÉ.................... Bois très tendre.

FACILITÉS DE TRAVAIL..

Sciage...................... Assez facile en long. — Plus difficile en travers.

Rabotage.................... Facile.

Fente à l'outil.............. Facile.

Assemblage.................. Facile et solide.

Clous, Vis.................. S'enfoncent facilement, tiennent bien.

TENUE DU BOIS DÉBITÉ. Très bonne.

USAGES PRINCIPAUX PRÉSUMÉS :

Ebénisterie bon marché. Menuiserie et Construction. Peut remplacer le peuplier de choix et le sapin du Nord.

REMARQUES............... Très bel arbre pouvant atteindre 2 mètres de diamètre, et 25 mètres sans branches.

Ecorce gris-rougeâtre, assez épaisse, souvent marquées de larges taches de lichens. Rouge à l'intérieur, laissant exsuder en abondance une résine très odorante, rappelant l'encens.

Très abondant dans tout le Gabon. — Forme des peuplements purs, n'existe pas au Cameroun ni à la Côte d'Ivoire.

(1) Cette densité à l'état sec ou presque sec a été calculée sur une planchette de 1 centimètre d'épaisseur, environ après un an de dessication.

NOM COMMERCIAL........ **OLON**

NOM SCIENTIFIQUE....... Fagara macrophylla (Rutacées).

CARACTÉRISTIQUES DE L'ÉCHANTILLON ÉTUDIÉ :
Diamètre de l'arbre abattu Au-dessus de l'empattement o^m,45.
Longueur de l'échantillon.. 1^m,70.
Aspect du billon............ Aux deux bouts, petites gerces étoilées.

ASPECT ET TEXTURE DU BOIS
 Cœur et aubier peu différenciés. Bois de cœur jaune doré, veiné et moiré, grain assez fin, pores grands et longs. Aubier de o^m,o4 d'épaisseur d'un blanc gris jaunâtre.

DENSITÉ APPROXIMATIVE { A l'état frais : 1,o.
 A l'état sec : de o,8 à o,95.

DURETÉ..................... Dur.

FACILITÉS DE TRAVAIL..
Sciage..................... Assez facile.
Rabotage................... Assez facile.
Fente à l'outil............ Peu facile.
Assemblage................. Tenons et mortaises faciles à faire et résistants.
Clous, Vis................. S'enfoncent assez facilement, tiennent bien.
Effort d'arrachement d'un tirefonds de voie ferrée du P. O................... 6.5oo kilogs.

TENUE DU BOIS DÉBITÉ. Bonne. Quelques gerces.

USAGES PRINCIPAUX PRÉSUMÉS
 Beau bois pour menuiserie et construction.

REMARQUES............. Arbre de dimensions moyennes, pouvant atteindre o^m,8o de diamètre et 20 à 25 mètres de hauteur de fût.
 Ecorce épaisse, d'un gris cendré, fendillée longitudinalement, couverte à la base de l'arbre de grosses épines coniques.
 Peu abondant.

NOM COMMERCIAL........ **OLONVOGO**

NOM SCIENTIFIQUE....... Fagara sp. (Rutacées).

CARACTÉRISTIQUES DE L'ÉCHANTILLON ÉTUDIÉ :

Diamètre de l'arbre abattu   Au-dessus de l'empattement : 0m,70.

Longueur de l'échantillon...   1m,50.

Aspect du billon............   Très sain.

ASPECT ET TEXTURE DU BOIS :

Cœur et aubier très peu différenciés. Bois jaune paille, bien veiné et moiré, grain assez fin, nombreux pores petits et bien marqués. Présente du contre-fil. Moins dur, moins dense et moins difficile à travailler que l'Olon de la Côte d'Ivoire.

DENSITÉ APPROXIMATIVE. { À l'état frais : 0,8 à 0,9.
{ À l'état sec : de 0,55 à 0,700.

DURETÉ................... Demi-dur.

FACILITÉS DE TRAVAIL..

Sciage..................... Facile.

Rabotage................... Facile.

Fente à l'outil............ Facile.

Assemblage................. Tenons et mortaises faciles à faire et résistants.

Clous, vis................. S'enfoncent facilement, tiennent bien.

Effort d'arrachement d'un tirefonds de voie ferrée du P. O.................. 4.500 kilogs.

TENUE DU BOIS DÉBITÉ. Semble bonne.

USAGES PRINCIPAUX PRÉSUMÉS :

Ebénisterie, menuiserie d'intérieur, menuiserie et construction.

REMARQUES.............. Arbre de dimensions moyennes, pouvant atteindre 0m,80 de diamètre et 25 mètres de hauteur de fût.
Ecorce épaisse, grise, finement rugueuse.
Rare.

NOM COMMERCIAL........ **ONZABILI**

NOM SCIENTIFIQUE....... Antrocaryon Klaineanum (Anacardiacées).

CARACTÉRISTIQUES DE L'ÉCHANTILLON ÉTUDIÉ :

Diamètre de l'arbre abattu — Au-dessus de l'empattement : 0^m,65.

Longueur de l'échantillon.. 0^m,80.

Aspect du billon............ Très sain, quelques piqûres et échauffures dans l'aubier.

ASPECT ET TEXTURE DU BOIS :

Cœur et aubier à peine différenciés, bois blanc, légèrement rosé, fibreux, pores colorés en brun, légèrement moiré.

DENSITÉ APPROXIMATIVE. { A l'état frais : 0,7 à 0,8. { A l'état sec : de 0,550 à 0,700.

DURETÉ..................... Tendre.

FACILITÉS DE TRAVAIL..

Sciage........................ Facile.

Rabotage.................... Facile.

Fente à l'outil............. Très facile.

Assemblage................. Tenons et mortaises faciles à tailler et solides.

Clous, Vis................... S'enfoncent bien, tiennent bien.

Effort d'arrachement d'un tirefonds de voie ferrée du P. O................. 3.500 kilogs.

TENUE DU BOIS DÉBITÉ. Bonne, pas fendif.

USAGES PRINCIPAUX PRÉSUMÉS.

Menuiserie et construction.

REMARQUES............... Bel arbre, pouvant atteindre 1^m,50 de diamètre, et 25 à 30 mètres de hauteur de fût.
Écorce très épaisse, d'un blanc grisâtre finement rugueuse, laissant exsuder une résine gluante.
Rare.

NOM COMMERCIAL............ **ONVONG**

NOM SCIENTIFIQUE........ Dialium guineense (Légum. césalpiniées).

CARACTÉRISTIQUES DE L'ÉCHANTILLON ÉTUDIÉ :
Diamètre de l'arbre abattu   Au-dessus de l'empattement : o^m,5o.
Longueur de l'échantillon.   o^m.8o.
Aspect du billon............   Très sain. Très petite gerce au cœur.

ASPECT ET TEXTURE DU BOIS :
Cœur et aubier différenciés. Bois de cœur brun clair avec belles veines rouges, grain fin. Pores petits et peu accentués. Contrefil. Aubier blanc jaune, jusqu'à o^m,o4 d'épaisseur.

DENSITÉ APPROXIMATIVE   A l'état sec : de o,8 à 1,10.

DURETÉ.....................   Très dur.

FACILITÉS DE TRAVAIL..
Sciage.....................   Facile.
Rabotage...................   Difficile.

TENUE DU BOIS DÉBITÉ.   Bonne.

USAGES PRINCIPAUX PRÉSUMÉS :
Ebénisterie, menuiserie et construction.

REMARQUES..............   Arbre de dimensions moyennes pouvant atteindre o^m,9o de diamètre et 25 mètres de hauteur de fût.
Ecorce grise un peu rugueuse, s'enlevant par écailles longitudinales.
Assez commun.

NOM COMMERCIAL........ **OSSIMIALE**

NOM SCIENTIFIQUE....... Piptadenia sp. ? (Légumineuses).

CARACTÉRISTIQUE DE L'ÉCHANTILLON ÉTUDIÉ :

Diamètre de l'arbre abattu   0^m,45.
Longueur de l'échantillon..   0^m,70.
Aspect du billon............   Cœur légèrement gercé.

ASPECT ET TEXTURE DU BOIS :

Bois brun rose argenté, avec veines brunes larges et espacées. Grains peu serrés, pores nombreux allongés et noirs, un peu de contrefil, un peu fibreux.

DENSITÉ APPROXIMATIVE. A l'état sec : de 0,550 à 0,750.

DURETÉ .... Demi-dur.

FACILITÉS DE TRAVAIL..

Sciage ....   Facile.
Rabotage ....   Assez facile. Beau poli.

TENUE DU BOIS DÉBITÉ. Bonne.

USAGES PRINCIPAUX PRÉSUMÉS.

Pourrait convenir pour menuiserie et construction.

REMARQUES..............   Assez bel arbre, pouvant atteindre 1 mètre de diamètre et 20 à 25 mètres de hauteur de fût.
Écorce de 7 à 8 millimètres d'épaisseur, légèrement rugueuse, d'un gris blanchâtre taché de brun.
Assez commun.

NOM COMMERCIAL........ **OSSOKO**

NOM SCIENTIFIQUE....... Scyphocephalium Ochocoa (Myristicacées).

CARACTÉRISTIQUE DE L'ÉCHANTILLON ÉTUDIÉ :

Diamètre de l'arbre abattu. Au dessus de l'empattement : 0^m,60.

Longueur de l'échantillon.. 0^m,85.

Aspect du billon. .... En bout, trois grandes gerces rayonnantes.

ASPECT ET TEXTURE DU BOIS :

Bois brun avec veines grisâtres, très peu de maille. Très forte proportion d'aubier blanchâtre dans les bois jeunes.

DENSITÉ APPROXIMATIVE. A l'état sec : de 0,650 à 0,750.

DURETÉ .. .. Demi-dur.

FACILITÉS DE TRAVAIL..

Sciage .... Facile.

Rabotage .... Très facile; on peut obtenir un beau poli.

Fente à l'outil... .... Très facile.

TENUE DU BOIS DÉBITÉ. Assez bonne.

USAGES PRINCIPAUX PRÉSUMÉS.

Pourrait faire un bon bois de menuiserie, très doux à travailler.

REMARQUES............. Arbre de dimensions moyennes, pouvant atteindre 0^m,90 de diamètre et 20 à 25 mètres de hauteur de fût.
Écorce mince, grise écailleuse.
Assez commun.

NOM COMMERCIAL........ **OSSOL**

NOM SCIENTIFIQUE....... Symphonia gabonensis (Guttifères).

CARACTÉRISTIQUE DE L'ÉCHANTILLON ÉTUDIÉ :
Diamètre de l'arbre abattu.   Au-dessus de l'empattement : 0^m,55.
Longueur de l'échantillon..   0^m,85.
Aspect du billon..........   Sain, mais cœur gercé.

ASPECT ET TEXTURE DU BOIS :
Cœur et aubier différenciés. Bois de cœur brun rosé ; grain demi-fin, pores accentués et allongés. Aubier blanc rosé jusqu'à 0^m,11 d'épaisseur.

DENSITÉ APPROXIMATIVE.   A l'état sec : de 0,750 à 0,950.

DURETÉ ....   Demi-dur.

FACILITÉS DE TRAVAIL..
Sciage ....   Facile.
Rabotage ....   Facile, peut se polir facilement.
Fente à l'outil.........   Très facile.
Clous, Vis..............   S'enfoncent bien, tiennent bien.
Effort d'arrachement d'un tirefonds de voie ferrée du P. O................   6.500 kilogs.

TENUE DU BOIS DÉBITÉ.   Les plateaux terminés se gercent légèrement.

USAGES PRINCIPAUX PRÉSUMÉS.
Beau bois pour construction et menuiserie.

REMARQUES.............   Arbre de dimensions moyennes, pouvant atteindre 0^m,90 de diamètre et de 20 à 25 mètres de hauteur de fût.
Ecorce grise, épaisse, rugueuse, laissant exsuder en petite quantité un suc jaunâtre épais.
Peu abondant.

NOM COMMERCIAL........ **OSSONGO**

NOM SCIENTIFIQUE........ Authostema Aubryanum (Euphorbiacées).

CARACTÉRISTIQUES DE L'ÉCHANTILLON ÉTUDIÉ :

Diamètre de l'arbre abattu   Au-dessus de l'empattement ; 0^m,60.
Longueur de l'échantillon..   1^m,60.
Aspect du billon............   Un peu échauffé.

ASPECT ET TEXTURE DU BOIS :

Cœur et aubier non différenciés. Bois blanc grisâtre, grain assez grossier ; pores irréguliers nombreux colorés en brun.

DENSITÉ APPROXIMATIVE.{ À l'état frais : 0,6 à 0,7.
À l'état sec : de 0,400 à 0,500.

DURETÉ................... Relativement tendre.

FACILITÉS DE TRAVAIL..

Sciage....................... Facile.
Rabotage..................... Très facile.
Clous, Vis................... S'enfoncent bien, tiennent bien.

TENUE DU BOIS DÉBITÉ. Semble bonne.

USAGES PRINCIPAUX PRÉSUMÉS :

Pourrait convenir pour menuiserie légère et construction.

REMARQUES............... Arbre de dimensions moyennes, pouvant atteindre 0^m,90 de diamètre et 20 mètres de hauteur de fût.
Ecorce mince, grise, presque lisse, laissant exsuder un latex abondant, très caustique.
Peu abondant.

NOM COMMERCIAL......... **OTOUNGA**

NOM SCIENTIFIQUE....... Anonacées (indéterminé).

CARACTÉRISTIQUE DE L'ÉCHANTILLON ÉTUDIÉ :

Diamètre de l'arbre abattu. Au-dessus de l'empattement : $0^m,45$.
Longueur de l'échantillon.. $1^m,40$.
Aspect du billon........... Sain.

ASPECT ET TEXTURE DU BOIS :

Cœur et aubier non différenciés. Bois jaune avec veines brun foncé, grain assez fin, nombreux pores très petits, très peu visibles très belles mailles.

DENSITÉ APPROXIMATIVE { A l'état frais : $0,95$ à $1,5$.
A l'état sec : de $0,850$ à $1,050$.

DURETÉ .... Demi-dur.

FACILITÉS DE TRAVAIL..

Sciage .... Facile.
Rabotage .... Facile.
Fente à l'outil............. Très facile.
Clous, Vis.................. S'enfoncent bien, tiennent bien.
Effort d'arrachement d'un
tirefonds de voie ferrée
du P. O.................... Voisin de 8.000 kilogs.

TENUE DU BOIS DÉBITÉ. Assez bonne.

USAGES PRINCIPAUX PRÉSUMÉS.

Menuiserie. A essayer pour traverses de Chemins de fer.

REMARQUES................ Arbre de dimensions moyennes pouvant atteindre $0^m,60$ de diamètre et 20 mètres de hauteur de fût.
Écorce blanc grisâtre, finement rugueuse.
Peu abondant.

NOM COMMERCIAL........ **OVOGA**

NOM SCIENTIFIQUE....... Poga oleosa (Rhizophoracées).

CARACTÉRISTIQUES DE L'ÉCHANTILLON ÉTUDIÉ :

Diamètre de l'arbre abattu : Au-dessus de l'empattement : 0^m,60.
Longueur de l'échantillon.. 0^m,85.
Aspect du billon............ A un bout grande crevasse semblant due
à un mauvais abatage.

ASPECT ET TEXTURE DU BOIS.

Cœur et aubier différenciés. Bois de cœur rose saumon devenant gris par exposition à la lumière, contre-fil, donnant un aspect moiré, grandes mailles, grain grossier, texture fibreuse, pores très longs et creux tirant sur le brun. Aubier d'un blanc rose jaunâtre assez épais, jusqu'à 0^m,04 d'épaisseur.

DENSITÉ APPROXIMATIVE. { A l'état frais : 0,6 à 0,7.
A l'état sec : 0,4 à 0,55.

DURETÉ................ Relativement tendre.

FACILITÉS DE TRAVAIL..

Sciage..................... Difficile.
Rabotage.................. Assez difficile.
Fente à l'outil............ Facile.
Clous, Vis................. S'enfoncent bien, tiennent bien.

TENUE DU BOIS DÉBITÉ. Bonne, quelques piqûres.

USAGES PRINCIPAUX PRÉSUMÉS

Intérieur de meubles ou menuiserse légère.

REMARQUES.............. Bel arbre pouvant atteindre 1 mètre de diamètre et 30 mètres de hauteur de fût.
Ecorce très épaisse, d'un gris roux, très rugueuse.
Peu abondant.

NOM COMMERCIAL........ **OZIGO**

NOM SCIENTIFIQUE....... Pachylobus Buttneri (Burséracées).

CARACTÉRISTIQUES DE L'ÉCHANTILLON ÉTUDIÉ :

Diamètre de l'arbre abattu — Au-dessus de l'empattement : 0ᵐ,60.

Longueur de l'échantillon.. 0ᵐ,80.

Aspect du billon............ Très sain, cœur à peine crevassé sur une petite longueur.

ASPECT ET TEXTURE DU BOIS.

Cœur et aubier différenciés. Bois de cœur brun rosé très clair, un peu moiré. grain fin. pores petits, fibres enchevêtrées. Aubier blanc gris allant jusqu'à 6 centimètres d'épaisseur.

DENSITÉ APPROXIMATIVE { À l'état frais : 0,75 à 0,95. À l'é.at sec : de 0,650 à 0,800.

DURETÉ..................... Demi-dur.

FACILITÉS DE TRAVAIL..

Sciage..................... Facile.

Rabotage................... Assez facile.

Fente à l'outil..,.......... Facile.

Clous, Vis................. Enfoncent bien, tiennent bien.

Effort d'arrachement d'un tirefonds de voie ferrée du P. O................... 3.500 kilogs.

TENUE DU BOIS DÉBITÉ. Paraît bonne.

USAGES PRINCIPAUX PRÉSUMÉS :

Menuiserie. Menuiserie d'intérieur.

REMARQUES............... Arbre de grandes dimensions, pouvant atteindre 0ᵐ,80 à 1 mètre de diamètre et 20 à 25 mètres de hauteur de fût. Écorce très mince, grise, légèrement rugueuse, rouge sur la tranche. Commun.

NOM COMMERCIAL............   **OZOUGA**

NOM SCIENTIFIQUE.......   Saccoglottis gabonensis (Humiriacées).

CARACTÉRISTIQUE DE L'ÉCHANTILLON ÉTUDIÉ :
Diamètre de l'arbre abattu   Au-dessus de l'empattement : 0^m,60.
Longueur de l'échantillon..   0^m,85.
Aspect du billon...........   Quelques gerces en bout.

ASPECT ET TEXTURE DU BOIS :
     Cœur et aubier non différenciés. Bois rosé-rouge un peu grisâtre, texture compacte. Pores petits, peu marqués et nombreux. Un peu de contrefil.

DENSITÉ APPROXIMATIVE.   { A l'état frais : de 0,9 à 1,1.
                        { A l'état sec ; de 0,800 à 1,000.

DURETÉ....................   Dur.

FACILITÉS DE TRAVAIL..

Sciage...................   Facile.
Rabotage................   Facile, surtout quand le bois est sec.
Fente à l'outil...........   Assez difficile.
Assemblage..............   Solide.
Clous, Vis...............   Difficile à enfoncer, tiennent bien.
Effort d'arrachement d'un tirefonds de voie ferrée du P. O................   Voisin de 8.000 kilogs.

TENUE DU BOIS DÉBITÉ.   Bonne.

USAGES PRINCIPAUX PRÉSUMÉS.
     Menuiserie et construction, charronage, traverses de Chemins de fer.

REMARQUES...............   Bel arbre pouvant atteindre 2 mètres de diamètre, et 20 à 25 mètres de hauteur de fût, forme du tronc souvent défectueuse, cannelée avec épaississements ailés et entr'écorces.
     Écorces épaisse, rougeâtre, s'enlevant par écailles longues.
     Abondant.

NOM COMMERCIAL........ **PADOUK**

NOM SCIENTIFIQUE....... Pterocarpus Soyauxii (Légum. papilionacées).

CARACTÉRISTIQUES DE L'ÉCHANTILLON ÉTUDIÉ :
Diamètre de l'arbre abattu Au-dessus de l'empattement ; 0ᵐ,80.
Longueur de l'échantillon.. 0ᵐ,95.
Aspect du billon........... Très sain, petites gerces.

ASPECT ET TEXTURE DU BOIS :
Cœur et aubier différenciés. Bois de cœur rouge vif corail, avec veines plus brunes, pores très grands et très allongés peu nombreux, grain assez fin. Brunit à la longue, à l'air et à la lumière. Aubier rouge pâle vieux rose, très épais, jusqu'à 0ᵐ,12 d'épaisseur.

DENSITÉ APPROXIMATIVE. { A l'état frais : 0,8 à 1,0.
{ A l'état sec : de 0,500 à 0,750.

DURETÉ................. Demi-dur.

FACILITÉS DE TRAVAIL..
Sciage.................... Facile.
Rabotage.................. Facile.
Fente à l'outil........... Facile.
Assemblage................ Tenons et mortaises faciles à faire et très solides.
Clous, Vis................ S'enfoncent facilement et tiennent bien.

TENUE DU BOIS DÉBITÉ. Bonne.

USAGES PRINCIPAUX PRÉSUMÉS :
Ebénisterie, menuiserie. Pour l'ébénisterie a le défaut de noircir après exposition à la lumière, employé aussi comme bois de teinture.

REMARQUES............... Très bel arbre pouvant atteindre 1ᵐ,50 de diamètre et 30 mètres de hauteur de fût, avec de légers accotement à la base.
Ecorce assez épaisse, grisâtre très fibreuse, s'enlevant par petites écailles longitudinales.
Assez commun.

NOM COMMERCIAL......... **PALETUVIER**

NOM SCIENTIFIQUE........ Rhizophora racemosa (Rhizophoracées).

CARACTÉRISTIQUES DE L'ÉCHANTILLON ÉTUDIÉ :
Diamètre de l'arbre abattu   Au-dessus de l'empattement : 0^m,5o.
Longueur de l'échantillon..   0^m,85.
Aspect du billon...........   Très sain, très petites gerces en bout.

ASPECT ET TEXTURE DU BOIS :
     Bois d'un rouge violacé très dur et très lourd, grains assez fins, pores peu marqués.

DENSITÉ APPROXIMATIVE   A l'état frais : 1,1 à 1,3.
     A l'état sec : de 1,1 à 1,2.

DURETÉ....................   Très dur.

FACILITÉS DE TRAVAIL..
Sciage.....................   Facile.
Rabotage..................   Assez facile, on peut obtenir un beau poli.
Clous, Vis................   S'enfoncent difficilement, tiennent bien.
Effort d'arrachement d'un tirefonds de voie ferrée du P. O..................   Effort supérieur à 8.000 kilogs.

TENUE DU BOIS DÉBITÉ.   Les plateaux débités ont une légère tendance à se gercer.

USAGES PRINCIPAUX PRÉSUMÉS :
     Trop lourd et trop nerveux pour les emplois courants de menuiserie et de charpente, semble convenir pour traverses de Chemins de fer, à expérimenter au point de vue des merrains.

REMARQUES...............
     Arbre relativement petit, dépassant rarement 0^m,6o de diamètre et 15 mètres de hauteur de fût, atteignant parfois 0^m,9o de diamètre dans le bas Ogoué et le Gabon, pourvu de racines aériennes développées.

     Ecorce peu épaisse grisâtre, rugueuse s'enlevant par écailles, rouge à l'intérieur ; très riche en tannins.

     Arbre très abondant sur les rives des cours d'eau et lagunes saumâtres où il forme des peuplements purs, développés surtout quand le point de salure des eaux est optimum. Cet arbre végète assez mal dans l'eau salée et dans l'eau douce.

NOM COMMERCIAL............ **PINDJA**

NOM SCIENTIFIQUE........ Hylodendron gabunense (Légum. césalpiniées).

CARACTÉRISTIQUES DE L'ÉCHANTILLON ÉTUDIÉ :

Diamètre de l'arbre abattu — Au-dessus de l'empattement : $0^m,55$.
Longueur de l'échantillon.
Aspect du billon............ Un peu fendillé en bout.

ASPECT ET TEXTURE DU BOIS :

Cœur et aubier non différenciés. Bois blanc rosé, satiné, moiré, très lourd et très dur; quelque peu veiné, grain fin et serré; un peu de contrefil, nombreux petits pores bruns et étroits.

DENSITÉ APPROXIMATIVE — A l'état sec : de 0,900 à 1,1.

DURETÉ.................. Très dur.

FACILITÉS DE TRAVAIL..

Sciage..................... Facile.
Rabotage.................. Très difficile. On peut néanmoins le polir.
Fente à l'outil........... Peu facile.
Clous, Vis................ S'enfoncent difficilement, tiennent bien.
Effort d'arrachement d'un
tirefonds de voie ferrée
du P. O................... Voisin de 8.000 kilogs.

TENUE DU BOIS DÉBITÉ. Bonne.

USAGES PRINCIPAUX PRÉSUMÉS :

Un peu trop lourd. Semble pouvoir remplacer le frêne dans plusieurs de ses usages. A essayer pour les traverses de chemins de fer.

REMARQUES.............., Bel arbre pouvant atteindre 1 mètre de diamètre et 25 mètres de hauteur de fût. Écorce d'un blanc grisâtre, rugueuse, non fendillée.
Rare.

NOM COMMERCIAL........ **RIKIO**

NOM SCIENTIFIQUE....... Uapaca guineensis (Euphorbiacées).

CARACTÉRISTIQUES DE L'ÉCHANTILLON ÉTUDIÉ :

Diamètre de l'arbre abattu   Au-dessus de l'empattement : o^m,45.

Longueur de l'échantillon..   o^m,85.

Aspect du billon............   Dans les bouts grandes gerces et petites fentes rayonnantes. Bois sain.

ASPECT ET TEXTURE DU BOIS :

Cœur et aubier différenciés. Bois de cœur rose rouge un peu veiné, très maillé quand il est pris sur quartier, pores assez petits serrés et allongés. Aubier plus pâle, pouvant atteindre une épaisseur de o^m,o4.

DENSITÉ APPROXIMATIVE { A l'état frais : 1,oo. / A l'état sec : de o,7 à o,8.

DURETÉ.................... Demi-dur.

FACILITÉS DE TRAVAIL...

Sciage......................   Facile.

Rabotage...................   Facile.

Fente à l'outil.............,   Se fend facilement et bien droit.

Assemblage.................   Tenons et mortaises faciles à faire et très solides.

Clous, Vis.................,   S'enfoncent facilement et tiennent bien.

Effort d'arrachement d'un tirefonds de voie ferrée du P. O....................   5.8oo kilos.

TENUE DU BOIS DÉBITÉ.   Bonne.

USAGES PRINCIPAUX PRÉSUMÉS :

Menuiserie d'intérieur, construction, menuiserie lourde, à essayer pour la fabrication des merrains.

REMARQUES................ Arbre de dimensions moyennes pouvant atteindre o^m,9o de diamètre et 15 mètres de hauteur de fût, muni de racines aériennes développées, assez souvent court et incliné.

Ecorce épaisse, rouge brun foncé, s'enlevant par écailles.

Peu abondant.

NOM COMMERCIAL........	**TALI**

NOM SCIENTIFIQUE........ Erythrophlaeum guineense (Légum. césal-piniées).

CARACTÉRISTIQUES DE L'ÉCHANTILLON ÉTUDIÉ :
Diamètre de l'arbre abattu : Au-dessus de l'empattement : $0^m,70$.
Longueur de l'échantillon.. $0^m,85$.
Aspect du billon............ Bois sain. Petite gerce à un bout.

ASPECT ET TEXTURE DU BOIS :
Cœur et aubier de texture semblable mais de couleur différente. Bois de cœur brun clair avec veines plus foncées, un peu moiré, fibres assez tourmentées, contrefil accentué, grains serrés, nombreux pores bien marqués. Aubier un peu plus pâle, pouvant atteindre $0^m,06$ d'épaisseur.

DENSITÉ APPROXIMATIVE. } À l'état frais : 1,1 à 1,2.
À l'état sec : de 0,850 à 0,950.

DURETÉ.................. Dur.

FACILITÉS DE TRAVAIL..
Sciage................... Assez facile.
Rabotage................. Peu facile à cause de sa dureté et du contrefil.
Fente à l'outil.......... Difficile.
Assemblage............... Tenons et mortaises se font facilement et sont solides.
Clous, Vis............... Tiennent bien.
Effort d'arrachement d'un tirefonds de voie ferrée du P.O................ Voisin de 8.000 kilogs.

TENUE DU BOIS DÉBITÉ. Bonne.

USAGES PRINCIPAUX PRÉSUMÉS :
Menuiserie et construction. Pièces de résistance. Traverses de Chemins de fer. Menuiserie d'intérieur.

REMARQUES.............. Bel arbre pouvant atteindre $1^m,20$ à $1^m,40$ de diamètre et 20 à 30 m. de hauteur de fût ; épaississements ailés à la base.
Écorce épaisse, rugueuse, grisâtre, s'enlevant par petites plaquettes.
Peu abondant.

NOM COMMERCIAL......... **TULIPIER DU GABON**

NOM SCIENTIFIQUE....... Spathodea campanulata (Bignoniacées).

CARACTÉRISTIQUE DE L'ÉCHANTILLON ÉTUDIÉ :

Diamètre de l'arbre abattu $0^m,45$.

Longueur de l'échantillon.. $1^m,80$.

Aspect du billon............ Sain. Quelques gerces en bout.

ASPECT ET TEXTURE DU BOIS :

Bois tendre. d'un blanc laiteux, légèrement rosé, un peu maillé ; cœur et aubier non différenciés.

DENSITE APPROXIMATIVE. $\begin{cases} \text{A l'état frais : } 0,7 \text{ à } 0,8. \\ \text{A l'état sec ; de } 0,300 \text{ à } 0,450. \end{cases}$

DURETÉ.................... Très tendre.

FACILITÉS DE TRAVAIL..

Sciage..,.................... Très facile.

Rabotage.................... Très facile.

Fente à l'outil.............. Facile.

TENUE DU BOIS DÉBITÉ. Bonne.

USAGES PRINCIPAUX PRÉSUMÉS :

Menuiserie légère, grosse menuiserie et construction.

TENUE DU BOIS DÉBITÉ. Arbre de dimensions moyennes pouvant atteindre $0^m,80$ à 1 mètre de diamètre et 15 à 20 mèters de hauteur de fût. Reconnaissable en saison sèche par ses grandes fleurs rouges orangé.
Ecorce grisâtre, rugueuse, s'enlevant par écailles arrondies, souvent couverte de lichens.
Peu abondant.

NOM COMMERCIAL........ **TSOUMBOU**(¹)

NOM SCIENTIFIQUE....... Pipladenia s. p. (Légum. mimosées).

CARACTÉRISTIQUES DE L'ÉCHANTILLON ÉTUDIÉ :

Diamètre de l'arbre abattu. Au-dessus de l'empattement : $0^m,60$.

Longueur de l'échantillon.. $0^m,70$.

Aspect du billon... .... Légère échauffure de la moelle, aubier sain.

ASPECT ET TEXTURE DU BOIS :

Cœur et aubier très peu différenciés. Bois gris jaune, veines un peu plus brunes, un peu de contrefil, grain demi-fin, nombreux pores allongés.

DENSITÉ APPROXIMATIVE { A l'état frais : 0,7 à 0,9.
{ A l'état sec : de 0,550 à 0,700.

DURETÉ .... Demi-dur.

FACILITÉS DE TRAVAIL..

Sciage .... Facile.

Rabotage .... Assez facile.

Fente à l'outil............. Assez facile.

Clous, Vis................. S'enfoncent bien, tiennent bien.

TENUE DU BOIS DÉBITÉ. Bonne.

USAGES PRINCIPAUX PRÉSUMÉS.

Menuiserie et construction.

REMARQUES............. Arbre de dimensions moyennes, pouvant atteindre $0^m,90$ de diamètre et 20 à 25 mètres de hauteur de fût.
Ecorce gris cendré, striée longitudinalement.
Peu abondant.

(1) Le Tsoumbou s'appelle en langage pahouin : Tome ou Toum qu'il ne faut pas confondre avec le N'toum ni avec le N'toma qui sont des arbres absolument différents. — Pour éviter les confusions et jusqu'à nouvel ordre les fournitures de Tsoumbou devront être faites sur échantillons.

NOM COMMERCIAL............ **ZINGANA**

NOM SCIENTIFIQUE....... Légumineuse indéterminée (probablement macrolobium).

CARACTÉRISTIQUES DE L'ÉCHANTILLON ÉTUDIÉ :

Diamètre de l'arbre abattu — Au-dessus de l'empattement o^m,35.

Longueur de l'échantillon.. o^m.70.

Aspect du billon............ Sain.

ASPECT ET TEXTURE DU BOIS :

Cœur et aubier différenciés. Bois de cœur blanc un peu jaunâtre, avec veines parallèles brun foncé formant zébrures. Pores longs et marqués, grain demi-fin, texture fibreuse. Aubier blanchâtre.

DENSITÉ APPROXIMATIVE { À l'état frais : o,8 à o,9.
{ À l'état sec : de o,6oo à o,75o.

DURETÉ .... Demi-dur.

FACILITÉS DE TRAVAIL..

Sciage .... Facile.

Rabotage.................... Légère difficulté à cause de de la texture fibreuse.

TENUE DU BOIS DÉBITÉ. Bonne.

USAGES PRINCIPAUX PRÉSUMÉS :

Bois original, qui pourrait convenir à l'ébénisterie, mais en petite quantité, apte également à la menuiserie et à la construction.

REMARQUES.............. Bel arbre pouvant atteindre 1^m.20 à 1^m,30 de diamètre et 25 mètres de hauteur de fût.
Abondant surtout dans la région de Setté-Cama et Fernan-Vaz.

MISSION BERTIN

Cliché Périquet. — Chapelot, éditeur.

Fig. 12. — Village pahouin dans la forêt, défrichement et arbres tués par les incendies consécutifs au défrichement.

Cliché Section photogr de l'Armée

Fig. 13. — La scierie d'Akoua, installée par les Allemands près de Doüala (Cameroun).

CHAPITRE CINQUIÈME

RÉPERTOIRE DES NOMS VERNACULAIRES

**Permettant d'identifier les espèces ligneuses de la forêt
et de les reconnaître rapidement avec l'aide des prospecteurs indigènes.**

C'est le procédé qui nous a paru le plus pratique et le plus accessible pour arriver à la connaissance indispensable des principales essences.

Afin de se faire comprendre des ouvriers et bucherons nègres, *intermédiaires forcés* pour l'exploitation, il faut nécessairement apprendre leur terminologie spéciale permettant d'ailleurs de profiter de leurs connaissances forestières, qu'il est impossible d'acquérir personnellement sans une très longue pratique. Et cette pratique est difficile à imposer aux Européens qui séjournent peu de temps et veulent produire sans apprentissage local.

On ne peut rien faire aux Colonies sans apprendre les noms indigènes. Le présent chapitre est peu attrayant pour le lecteur Européen. Il a exigé une mise au point peu intéressante, qui n'aurait pas été entreprise sans nécessité absolue. — Ce chapitre est d'une utilité incontestable pour la question forestière. — Il n'y faut pas chercher une orthographe rigide basée sur des règles étymologiques, mais seulement une reproduction approximative des sons émis par des prononciations individuelles, dénaturant parfois ces langages qui ne sont pas fixés par l'écriture.

Une carte placée dans le tome troisième de la présente publication définira les régions dans lesquelles les indigènes parlent les différents dialectes :

NOMS VERNACULAIRES

NOMS CONNUS ET ORIGINE DE CES NOMS	DÉNOMINATIONS DIVERSES	NOMS PROPOSÉS POUR l'usage commercial	Numéros des pages de Chevalier	Numéros des pages de Chevalier	NOMS SCIENTIFIQUES PROBABLES ET FAMILLE BOTANIQUE	OBSERVATIONS
1	2	3	4	5	6	7
			A	**A**		
ABAM (pahouin)	Commun à Ndjolé.		241	241	Chrysophyllum sp. (Sapotacées).	Le fruit de l'Abam est comestible ; les colons appellent Prunier du Gabon un Chrysophyllum très voisin.
ABAME (pahouin)	Boubambou (Boumouali).		265	265	Chrysophyllum Lacourtianum (Sapotacées).	Graine oléagineuse comestible, récoltée dans la Sangha.
ABAN ou ABANG ou ABAN HELI (pahouin) (serait différent de Eloun qui est le véritable nom pahouin de l'Iroko).	Mandji (m'pongoué) — Kambala (gabonais et Setté-Cama) — Nombo (Sikiani) — Eloun (pahouin) — Bang (Douala Cameroun) — Bing (Bakoko Cameroun).	Iroko (Côte d'Ivoire Goldcoast Dahomey - Lagos).	312	312	Chlophora regia ou excelsa (Urticacées).	Ce bois est déjà connu dans le commerce international et en Angleterre sous le nom d'Iroko, il n'y a aucun intérêt à modifier cette dénomination.
ABANGHOUA (pahouin).	Ntsoumbo (m'pongoué).		214 et 211	214 et 211	Eugenia sp. ou Syzygium sp.	Le bois rappelle un peu le noyer par son grain.
ABEL (pahouin).	Mbouangha, Mgouanha (pahouin) — Ombéné Ombéni (m'pongoué et n'komi) — Moualakoubi. (Bayaka).	Kolatier.	78	78	Cola Ballayi (Sterculiacées).	Le Kolatier donne la noix de Kola bien connue, il fournit aussi une résine blanche employée pour faire des torches. En langage pahouin : Abel veut dire Kola blanche ; Mbouangha ou Mgouanha veut dire Kola rouge.
ABEL (pahouin).	Olengué (gabonais) — Owelé (m'pongoué) Obelé (Sikiani).	Canarium.	114	114	Canarium velutinum (Burséracées).	Ne pas confondre : Olengué-Canarium avec Olingué-Daniella. Ce sont deux arbres différents.
ABEME (pahouin) ou ABUME.	Guibora? (Eschiras et Bapounou) — Ibora (Bapounou) — Abome (pahouin du Mouni).	Abeme.	(?)	(?)	Indéterminé.	
ABIANGUAR (pahouin).	Obianguan (pahouin).		83	83	Rhaptopetalum Soyauxii (Scytopétalacées).	
ABIWE (pahouin).	Idewa (N'komi, Setté-Cama) — Guéka (Bapounou) — Dileba (Setté-Cama).	Dileba.	(?)	(?)	Indéterminé.	Bois très lourd et très dur.
ABURE (pahouin).	M'bimot (galoa). Abalé (Agni de la Côte d'Ivoire).	Abalé (Agni de la Côte d'Ivoire).	214	214	Petersia viridiflora (Myrtacées).	La décoction d'écorce sert de remède contre la colique.
ABINDORO (gabonais).			55	55	Alsexis cauliflora (Violariées).	

NOMS CONNUS ET ORIGINE DE CES NOMS	DENOMINATIONS DIVERSES	NOMS PROPOSÉS POUR l'usage commercial	Numéros des pages DE CHEVALIER	Numéros des pages DE CHEVALIER	NOMS SCIENTIFIQUES PROBABLES ET FAMILLE BOTANIQUE	OBSERVATIONS
1	2	3	4	5	6	7
ABOMÉ (pahouin du Mbomi).	Aboume ou Abem (pahouin) — Guihora? (Eschiras Bapounou) — Iborra (loango).	Abome.	(?)	(?)	Indéterminé.	
AZOUNBOU (pahouin).			220	220	Barteria (Passifloracées).	
ABRICOT d'Afrique.	Ebor (pahouin) — Ibéka ou Oboto (m'pongoué) — Maboro (gabonais) — Ilolo (n'komi) — Mbobotso (Bayaka).	Oboto.	63 et 65	63 et 65	Mammea Klaineana ou Ochrocarpus africanus (Guttifères).	Plusieurs espèces dont une à fruits délicieux.
ACAJOU.	Zaminguila, M'béga (pahouin) — Ombéga (m'pongoué) — Bilolo, Dilolo, divers (Loango, Setté-Cama) — Aboubeu (galoa).	Acajou du Gabon.	34-35 et 117-120-123-217-227-251-305-129-130-236	34-35 et 117-120-123-217-227-251-305-129-130-236	Khaya sp. (Méliacées) ou Entandrophragma sp. (Méliacées).	Le nom avantageux d'Acajou du Gabon a été donné à une foule d'espèces très différentes. Des recherches s'imposeront prochainement pour définir et délimiter les acajous à un certain nombre d'espèces bien déterminées.
ACOLÉ (gabonais).	Ougounou (Gabonais).		341	341	Acolea missionis (Sapotacées).	Fruit huileux d'une valeur industrielle incontestable.
ACOLLA (gabonais).			82	82	Brazzeia rosea (Scytopétalacées).	
ACOUMÉ	Okoumé (Colons, M'pongoué, N'komi) — Angouma (pahouin) — Mokoumi (Bayaka).	Okoumé.	109 à 113	109 à 113	Aucoumea Klaineana (Burséracées).	Premier nom donné à l'Okoumé à l'Exposition d'Anvers en 1885. V. Okoumé.
ADZA (pahouin).	Oréré ou Oéréré (M'pongoué et N'komi) — Adzo, Adza, Adzap, Aza (pahouin) — Moabi (bayaka) — Djavé ou Ndjavé (divers).	Moabi.	342	342	Baillonella toxisperma (Sapotacées).	Fruit comestible. La graine appelée Djavé ou Ndjavé est retirée du fruit et sert à faire de l'huile. La décoction d'écorce est employée en bains de pieds pour fortifier les membres inférieurs.
ADZAP (pahouin).	Oréré ou Oéréré (M'pongoué, N'komi) — Adzo, Adza, Adzap, Aza (pahouin) — Moabi (Bayaka).	Moabi.	344	344	Baillonella toxisperma (Sapotacées).	Voir Moabi ou Adza.
ADZELEM (pahouin).	Andzillim (pahouin).		190	190	Légumineuse indéterminés.	Voir Andzilim.
ADZO (pahouin).	Oréré ou Oéréré (M'pongoué, N'komi) — Adzo, Adza, Adzap, Aza (pahouin) — Moabi (Bayaka).	Moabi.	342	342	Baillonella toxisperma (Sapotacées).	Voir Moabi.
ADZOM (pahouin).			117	117	Pachylobus edulis (Burséracées).	
AFAM ou AFANE ou AFAR, AFANE (pahouin).	Elongolongo (n'komi) — Ewawa (Bayaka).	Afané.	207	207	Panda oleosa (Pandacées). Famille voisine des « Euphorbiacées ».	La graine écrasée donne une pâte comestible après cuisson. La décoction d'écorce bien chaude sert de remède contre le mal de reins.

NOMS CONNUS ET ORIGINE DE CES NOMS	DÉNOMINATIONS DIVERSES	NOMS PROPOSÉS POUR l'usage commercial	Numéros des pages DE CHEVALIER	NOMS SCIENTIFIQUES PROBABLES ET FAMILLE BOTANIQUE	OBSERVATIONS
1	2	3	4 / 5	6	7
AFO (pahouin).	M'poga, Ovoga (M'pongoué et N'komi) — N'fo et Afo (pahouin).	Ovoga.	206	Poga oleosa (Rhizophoracées).	La graine fournit une huile comestible comparable à l'huile d'olive. Les pahouins grattent l'écorce en poudre qu'ils mélangent avec de l'huile pour faire des cataplasmes guérissant les éruptions.
AFRICAN poison.	Oréré, Oéréré (M'pongoué, N'komi) — Adzo, Adza, Adzap, Aza (pahouin).	Moabi.	254	Baillonella toxisperma (Sapotacées).	Voir Moabi.
AGNAN (pahouin).			200	Légumineuse indéterminée.	
Anvuné (pahouin).	N'sangomé (pahouin) — Oyamba (N'komi) — Mogadigila (Bayaka) Arbre à beurre.	Oyamba.	68	Pentadesma butyracea (Guttifères).	La graine sert d'appât pour piéger les rats palmistes et porcs-épics. Le bois sert à faire des cuillères et calebasses. Existe dans le Haut-Como.
Ahinabé (pahouin).	Ororo (N'komi) — Mouvougou (bapounou) — Ossindio (m'pongoué) — Ouroria (pahouin).	Ahinabé.	177	Anthocleista nobilis (Loganiacées).	Petit arbre à feuilles très grandes, très commun.
AKA ou AKAN ou AKARN (pahouin).			81 82	Duboscia macrocarpa (Tiliacées).	Le bois est employé par les pahouins pour faire des clochettes accrochées au cou des chiens.
AKÉ-ATOK-EVILA (pahouin)		Variété d'Ebène.	240	Maba sp. (Ebénacées).	Traduction du nom pahouin : Ebène à petites feuilles.
AKEUL (pahouin).	Omponedé (m'pongoué) — N'gonhugoué (pahouin).		222	Corynanthe gabonensis (Rubiacées).	
AKOAN (pahouin).			226	Morinda citrifolia (Rubiacées).	
AKOGHA (pahouin).	Akoura (pahouin) — Okoka (Akélé) — Azobé (Apollonien de la Côte d'Ivoire).	Azobé.	104	Lophira procera (Lophiracées).	C'est l'« Azobé » de la Côte d'Ivoire ou le « Bongossi » du Cameroun.
AKOLA (gabonais)	Okala (pahouin) — Bikoué, Ogana (gabonais) — Poivrier d'Ethiopie).		52	Xylopia aethiopica (Anonacées).	
AKOU ou AKOUL (pahouin).	Voisin de Igogoso ou Izogoso (pahouin).		316	Ficus exasperata (Urticacées).	L'écorce grattée donne une poudre que les pahouins dissolvent dans l'eau pour faire un breuvage qui chauffé au soleil, est pris comme remède contre la blennorhagie.
Akour (pahouin).	Différent de Akogha et de Akoul.		(?)	Indéterminé.	
Akogha (pahouin).	Akogha (pahouin) — Okoka (Akélé) — Azobé (Apollonien de la Côte d'Ivoire).	Azobé.	104	Lophira procera (Lophiracées).	

NOMS CONNUS ET ORIGINE DE CES NOMS	DÉNOMINATIONS DIVERSES	NOMS PROPOSÉS POUR l'usage commercial	Numéros des pages de Chevalier	NOMS SCIENTIFIQUES PROBABLES ET FAMILLE BOTANIQUE	OBSERVATIONS
1	2	3	4 / 5	6	7
ALPHOKOTÉ (pahouin).	Ozogoué (m'pongoué).		319	Dracaena fragrans (Liliacées).	
ALEP (pahouin).	Alo, Alou ou Alep (pahouin).	Alep.	91	Desbordesia sp. (Irvingiacées).	La graine coupée en deux puis séchée est cuite à l'eau, ou bien on grille les graines séchées, on les pile en pâte qui s'agglomère en donnant une variété de pain d'Odika.
ALLO ou ALHO ou ALLOU (pahouin).	Alo ou Alep (pahouin). -- Teba (Baloumbe).	Alep.	91	Desbordesia sp. (Irvingiacéma).	Voir Alep.
ALLO (gabonais).			194	Fillaeopsis discophora (Légumineuses mimosées).	
ALLOMM (gabonais).			93	Irvingia Klainii (Irvingiacées).	
ALO (pahouin).	Alou ou Alep (pahouin).	Alep.	91	Desbordesia sp. (Irvingiacées).	Voir Alep.
ALOM (pahouin).	Oloumi (m'pongoué).		156	Lannea Zenkeri (Anacardiacées).	
ALÔMA (pahouin).	Bilinga (m'pongoué, gabonais, n'kom) -- Bilinga N'toma, Issoula (pahouin), -- N'Gulu-Maza (Loango).	Bilinga.	119	Sarcocephalus Trillesii (Rubiacées).	
ALOMÉ (pahouin).			136	Lovoa Klaineana (Méliacées).	
ALOU (pahouin).	Alo ou A'ep (pahouin).	Alep.	91	Desbordesia sp. (Irvingiacées).	Voir Alep.
AMAMBA POMBOLO (m'pongoué).	Eyou, Augan (pahouin) — Kinuzou (n'komi, m'pongoué) — N'tibioume (Loango) -- Dina (Setté-Cama, Eschiras).	Dina.	176	Dialium (aff. D. Connaroides Légumineuses Cesalpiniées).	
AMANGULA (gabonais).		Acajou du Gabon.	125	Khaya Klainii (Méliacées).	
ANNOK ou ANBOGH (pahouin).	N'Dok (pahouin) -- Oba (m'pongoué) — Moumba (Baloumbo, Setté-Cama).	Oba.	96	Irvingia gabonensis (Irvingiacées).	La graine qui donne le chocolat indigène s'appelle en pahouin : N'dork et entre dans la composition de l'Odika.
ANDOUNG (pahouin).	Evoumanga (m'pongoué).	Andoung.	162	Berlinia sp. (Légumineuses Cesalpiniées).	
ANDZUM (pahouin).	Adzalem (pahouin).	Andzilim.	169	Légumineuse indéterminée	Bois très dense rappelant le Corawer, croît en massif sur terrain sec.
ANGAN (pahouin).	Kyom (pahouin) -- Kindrou (m'pongoué, n'komi).	Dina.	176	Dialium (aff. D. Connaroides (Légumineuses Cesalpiniées).	

NOMS CONNUS ET ORIGINE DE CES NOMS	DÉNOMINATIONS DIVERSES	NOMS PROPOSÉS POUR l'usage commercial	Numéros des pages de Chevalier	Numéros des pages de Chevalier	NOMS SCIENTIFIQUES PROBABLES ET FAMILLE BOTANIQUE	OBSERVATIONS
1	2	3	4	5	6	7
ANGEUK (pahouin).	Ogoré (Bas-Ogoué) — Ongnéko Anguékou (m'pongoué) — Isano, N'sabou (Loango).	Angueuk.	142	142	Ongokoa Klaineana (Olacinées).	La graine appelée Goré sert d'appât pour piéger les rats palmistes, porcs-épics, écureuils.
ANGONA (pahouin).	Evino (gabonais, n'komi) — Mvinndo (Loango) — M'bota (Bapounou).	Evino.	261	261	Vitex pachyphylla (Verbénacées).	
ANGOKOUM ou ANGOKOUM (pahouin).	Como-Como (m'pongoué) — N'goma (Akélé) — Moguinzi (Loango).		270	270	Barteria Dewevrei (Passifloracées).	C'est l'arbre à fourmis auquel les pahouins attachent les femmes soupçonnées d'adultères (ou d'incompatibilité d'humeur) jusqu'à ce que les fourmis aient suffisamment vengé l'honneur du mari.
ANGOUMA (pahouin).	Okoumé (Colons, m'pongoué, n'komi) — Mokoumi (Bayaka).	Okoumé.	109	109	Aucoumea Klaineana (Burséracées).	Le bois sert à faire des pirogues. Il donne une résine employée pour la confection des torches.
ANGUÉKOU (gabonais).	N'est pas le même qu'Angeuk.		(?)	(?)	Indéterminé.	
ANGUEUK (pahouin).	Ongéko, Onguéko, Ongoké (pahouin) — Isano (Loango) — Goré (Bas Ogoué).	Angueuk.	142	142	Ongokea Klaineana (Olacinées).	La graine appelée Goré donne une huile voisine de l'huile de lin. Elle sert d'appât pour certains rongeurs.
ANCHOIN (gabonais).			74	78	Cola dasysperma (Sterculiacées).	
ANGOKOUM (pahouin).	Voir Angokoum (pahouin).		120	120	Barteria Dewevrei (Passifloracées).	
ANZALA (pahouin).	Kolo (boumonali).		272	272	Autranella gen. nov (Sapotacées).	
ANZEUK (pahouin).	Voir Angeuk.	Angueuk.	142	142	Ongokea Klaineana (Olacinées).	Graine oléagineuse. voir Angeuk.
ARBRE A AIL (divers).	Essoun (pahouin) — Surdyacolo (gabonais) — Liviza (ivili) — Lioczo (ivili).		75 / 166	78 et 186	Hua Gabonii (Sterculiacées) et Scorodophlaeus Zenkeri Légumineuses Césalpiniées).	Ces deux espèces botaniques différentes, qui portent les mêmes noms indigènes, ont toutes deux une écorce à goût aliacé, utilisée comme condiment par les noirs.
ARBRE A BEURRE (divers).		Oyamba.	64	64	Pentadesma butyracea (Guttifères).	
ARBRE A FOURMIS (divers)	Como-Como (m'pougoué) — N'Goma (Akélé) — Mogufari (Loango) — N'Gokoum (pahouin).		519	119	Barteria Deweri (Passifloracées).	Voir Angokoum.
ARBRE A GRAISSE (divers).	Oréré, Oéréré (m'pongoué, n'komi) — Adzo, Adza, Adzap, Aza (pahouin) — Moabi (Bayaka).	Moabi.	244	244	Baillonella toxisperma (Sapotacées).	Voir Adza.
ARBRE A PAIN d'Afrique (divers).			318	318	Treculia africana (Urticacées).	

NOMS CONNUS ET ORIGINE DE CES NOMS	DÉNOMINATIONS DIVERSES	NOMS PROPOSÉS POUR l'usage commercial	Numéros des pages de Chevalier	Numéros des pages de Chevalier	NOMS SCIENTIFIQUES PROBABLES ET FAMILLE BOTANIQUE	OBSERVATIONS
1	2	3	4	5	6	7
ARBRE A SINGES (divers).	Okomokoma (m'pongoué) — N'ôgokom, N'dgokoum (pahouin) — M'boba (n'komi) — Mouboula (Bayaka).		315	315	Myrianthus arboreus (Urticacées).	Fruits comestibles dont les indigènes et les singes sont très friands.
ARBRE A SUIF du Gabon (divers).	Konbo (gabonais) — Ilomba (m'pongoué) — Ikoun, Etan (pahouin) — Faux muscadier.	Ilomba.	283	281	Pycnanthus Kombo (Myristicacées).	Voir Etan.
ARBRE A PAGAIES (divers).	M'Bone, M'boum (pahouin) — Niové Niobé (m'pongoué, n'komi) — Mogonhi (Bayaka) — N'konbi (Loango).	Niévé.	285	215	Staudtia gabonensis (Myristicacées).	
ARBRE DES UPAS (divers).		Ako.	312	312	Antiaris toxicaria (Urticacées).	Cette espèce se retrouve à la Côte d'Ivoire.
ASAM (pahouin).	Okess (pahouin) — Osombi (gabonais) — N'Ziombi, Tchombi (m'pongoué) — Rikio (Côte d'Ivoire).	Rikio.	303 / 365	708 / 345	Uapaca sp. (Euphorbiacées).	Se retrouve à la Côte d'Ivoire.
ASAS ou ASSAS (pahouin)	Ossésindé (gabonais) — Otindia (m'pongoué) — Tchomhoko (sikiani) — Nkala (Loango) — Assas, Eonoleveu (pahouin) (Assas pour l'arbre jeune, Eonoleveu pour l'arbre adulte).	Assas.	293	792	Bridelia speciosa (Euphorbiacées).	Se retrouve à la Côte d'Ivoire.
ASEP (pahouin du lac Ayem).	M'ben? (pahouin de l'Ogooué).		301	301	Saptum ellipticum (Euphorbiacées).	
ASIA ou ASSIA (pahouin).	Osigo, Asigo (m'pongoué) — Massikou (Bayaka).	Osigo.	116	116	Pachylobus Büttneri (Burseracées).	Fruit appelé la « Sia » par les pahouins qui le mangent après ébouillantage comme l'Atanga.
ASOGOMON (pahouin).			297	297	Mallotus subulatus (Euphorbiacées).	
ASONIN (pahouin). ASONIA ou ASONONA.	Ossongo, Ochongo (gabonais, n'komi et n'kiani).	Ossongo.	293	291	Anthostema Aubryanum (Euphorbiacées).	Latex blanc très caustique, pouvant occasionner des ophtalmies.
ASOURAMON (pahouin).			294	594	Crotop sp. (Euphorbiacées).	
ASSA (pahouin).	N'safou (Bakongo) — Atanga (gabonais).	Atanga.	109	109	Pachylobus edulis (Burséracées).	Le fruit est l'atanga qui est fort apprécié même des Européens après ébouillantage.
ASSENG ou ASSENE ou ASSING (pahouin).	Combo-Combo (m'pongoué) — Moussanga (Fernan-Vaz, Eschiras) — Parasolier.	Parasolier.	317	317	Mussanga Smithii (Urticacées).	Le bois fendu en planchettes ou en lattes sert pour la construction des cases pahouines. Les billes entières servent de radeaux pour traverser les fleuves.
ASSAS (gabonais).		Assa ou Assas.	249	249	Bridelia grandis (Euphorbiacées).	Voir Assas.

NOMS CONNUS ET ORIGINE DE CES NOMS	DÉNOMINATIONS DIVERSES	NOMS PROPOSÉS POUR l'usage commercial	Numéros des pages de Chevalier	Numéros des pages de Chevalier	NOMS SCIENTIFIQUES PROBABLES ET FAMILLE BOTANIQUE	OBSERVATIONS
1	2	3	4	5	6	7
ASSA (pahouin).	Ozigo (m'pongoué) — Massikou (Bayaka).	Ozigo.	116	116	Pachylobus Botineri (Burséracées).	Voir Ozigo.
ASSENE (pahouin).	Voir Assan.	Parasolier.	217	217	Mussanga Smithii (Urticacées).	
ASSONGHA ou ASSONHA (pahouin).	Voir Asoagha, Asonha, Asohin.	Ossongo.	255	255	Anthostema Aubryanum (Euphorbiacées).	Voir Ossongo. L'écorce renferme un latex très caustique.
ASSOUA ou ASSOUN (pahouin).	Assonga, Assongno, Assonha, Asohin (pahouin) — Ossongo, Orhongo, Osbongo (m'pongoué, n'komi).	Ossango.	293	293	Anthostema Aubryanum (Euphorbiacées).	
ATANGA (gabonais).	Assa (pahouin) — N'safou (Bakongo).	Atanga.	109	109	Pachylobus edulis (Burséracées).	Le fruit est fort apprécié comme aliment après ébouillantage et bien salé.
ATZOUE (pahouin).	Goushimhoudou (m'pongoué) — M'foum (pahouin du lac Ayem).		332	332	Spondianthus Preussii (Euphorbiacées).	Les pahouins mangent les fruits crus.
ATOME (pahouin).	Ntom (pahouin) — Ekango (gabonais).		51	51	Pachypodanthium confine? (Anonacées).	Ne pas confondre avec N'toum (Piptadenia), ou Toum.
ATSUI (pahouin).			61	61	Haronga paniculata (Hypéricinées).	Quand les fruits vont se former, les pahouins installent sur l'arbre des pièges pour les oiseaux qui sont friands des graines.
AVOME (pahouin).	Douzou (Balumbo).	Avome.	49	49	Cloistopholis patens (Anonacées).	Le liber donne un textile très solide employé par les pahouins pour faire des cordages.
AVOUANA (pahouin).			243	243	Psychotria Klaineana (Rubiacées).	
AVOUNKARA (pahouin).			206	206	Légumineuse indéterminée.	
AYEME (pahouin).	Voir Ahinché.	Ahinché.	277-279	277-279	Anthocleista nobilis (Loganiacées).	Petit arbre à feuilles très grandes.
AZA (pahouin).	Oréré ou Oéréré (m'pongoué, n'komi) — Adzo, Adza, Atan, Aza (pahouin) — Moabi (Bayaka).	Moabi.	342	342	Baillonella toxisperma (Sapotacées).	Voir Moabi.
AZIGO.	Voir Ozigo.	Ozigo.	116	116	Pachylobus Büttneri (Burséracées).	Voir Ozigo.
AZOBÉ (apollonien).	Akogha, Akouva (pahouin) — Okoka (Akélé).	Azobé.	104	104	Lophira procera (Lophiracées).	

B

Noms connus et origine de ces noms	Dénominations diverses	Noms proposés pour l'usage commercial	Numéros des pages de Chevalier	Numéros des pages de Chevalier	Noms scientifiques probables et famille botanique	Observations
1	2	3	4	5	6	7
Baca (Balumbo).	Eloun (pahouin) — Elondo (n'komi) —Tali (Malinké).	Tali.	179	178	Erythrophlæum guineense (Légumineuses Césalpiniées).	
Bahia (Côte d'Ivoire).	Liclom, Elelon-Zame (pahouin) — N'tovo (n'komi) — Tobo Setté-Cama).	Bahia.	228	228	Mitragyne macrophylla (Rubiacées)	Voir Elelom.
Bamba (Loang.	N'Gueul.		294	294	Croton oligandron (Euphorbiacées).	
Bamboutouli (divers).			265	265	Chrysophyllum Lacourtianum (Sapotacées).	
Banga (Loango).	Ebor (pahouin) — Ibeka (m'pongoué) — Maboro (gabonais).	Oboto.	65	65	Mammea Klaineana (Guttifères).	Voir Ebor.
Bantan (divers).		Fromager à kapok.	78	78	Eriodendron anfractuosum (Malvacées).	E. anfractuosum est le véritable Fromager à Kapok, tandis que E. guinéense est une espèce sauvage qui pousse dans les forêts.
Beurre de San Tomé (dit divers).	Diva-Vira (m'pongoué) — Tôm (pahouin).		113	113	Pachylobus balsamifera (Burséracées).	
Belarbierele (pahouin).			60	60	Scotellia kamerunensis (Bixacées).	
Ben (huile de) (divers).	Kamba (Ivili) — Vias, N'sone-N'sidé (pahouin) — Noisette des bois (Colons).		134	134	Heisteria Trillesiana (Olacinées).	Graine oléagineuse. L'amande grillée est comestible et d'un goût agréable.
Biala (gabonais).	Owalé, N'gué n'gué (gabonais.		63	63	Garcinia Klaineana (Guttifères).	
Bicona (pahouin du lac Oguémoué).	Evous (pahouin de l'Ogooué).		250	250	Vitex grandifolis (Verbénacées).	
Biessoba (pahouin).			167	187	Sindora Klaineana (Légumineuses Césalpiniées).	
Bikoué (gabonais).	Okala (pahouin) — Akola, Ogana (gabonais) — Poivrier d'Ethiopie.		53	53	Xylopia aethiopica ((Anonacées).	
Bilinga (gabonais, m'pongoué n'komi).	N'Toma, Alona, Issoula (pahouin) — N'Gulu-Mazn (Loango).	Bilinga.	37 / 229	37 / 229	Sarcocephalus Trillesii (Rubiacées).	

NOMS CONNUS ET ORIGINE DE CES NOMS	DÉNOMINATIONS DIVERSES	NOMS PROPOSÉS POUR l'usage commercial	Numéros des pages de Chevalier	Numéros des pages de Chevalier	NOMS SCIENTIFIQUES PROBABLES ET FAMILLE BOTANIQUE	OBSERVATIONS
1	2	3	4	5	6	7
BILOLO (divers).	Ombolo-mbolo (n'komi) — Dominguila, Dongominguila, Ebey (pahouin) — Ombéga femelle.	Noyers du Gabon.	35	35	Indéterminé.	Voir Dominguila. Tous les noms indigènes indiqués à la colonne n° 2 ne désignent pas les mêmes bois, mais ces différents bois sont compris sous le même nom commercial de « Noyers du Gabon ».
BELORBINIKELÉ (pahouin).	Voir Belarbinikelé (pahouin).		68	68	Scotellia kamerunensis (Bixacées).	
BISSÉ (pahouin).	Olingne (m'pongoué).	Daniella.	172	172	Daniella Klainei (Légumineuses Césalpiniées).	
BIASSÉ (pahouin).	Voir Bissé.	Daniella.	172	172	Daniella Klainei (Légumineuses Césalpiniées).	
BORBOA (Loango).	Voir Bobinga.	Bubinga.	169	169	Brachystegia sp. (Légumineuses Césalpiniées).	
BOIS CORAIL (divers).	Padouk (Colons) — Ohinego, Ezigo (m'pongoué, n'komi) — Igoungou (Setté-Cama) — Tsèze (Loango) — M'bel, Ebeul (pahouin).	Padouk.	19-158 et 159	19-158 et 159	Pterocarpus Soyauxii (Légumineuses Papilionacées).	
BOIS DE FER (divers).	Akoga, Akoura (pahouin), Okoka (Akélé).	Azobé.	164	164	Lophira Procera (Lophiracées).	
BOIS DE ROSE (divers).	Voir Bubinga.	Bubinga.	169	169	Brachystegia sp. (Légumineuses Césalpiniées).	
BOIS ROUGE (divers).	Voir bois corail	Padouk.	19 158	19 158	Pterocarpus Soyauxii (Légumineuses Papilionacées).	
BOIS ZÈBRE (divers).	Zingana (pahouin) — Izingana (Ferdan-Vaz).	Zingana.	201	201	Légumineuse indéterminée (probablement voisin de Macrolobium).	
BOUANBIO (pahouin).			62-63	62-63	Allanblackia floribunda (Guttifères).	
BOUM (Loango).	Okomo-Koma (m'pongoué) — N'dgokom (pahouin) — M'boba (n'komi) — Mouhouba (Bayaka).		318	318	Myrianthus arboreus (Urticacées).	
BOURAMBOU (divers).			265	265	Chrysophyllum Lacourtianum (Sapotacées).	
BOUVENA ou BUBINGO (divers).	Voir Bubinga.	Bubinga.	169	169	Brachystegia sp. (Légumineuses Césalpiniées).	
BUBINGA (Loango).	Bubinga, Bubingo (Loango) — Bouvinga (Setté-Cama) — Faux bois de rose (Colons).	Bubinga.	169	169	Brachystegia sp. (Légumineuses Césalpiniées).	Le Bubinga ne doit pas être confondu avec le Kévazingo que quelques colons appellent aussi « bois de rose », mais qui est beaucoup plus lourd et moins beau.

NOMS CONNUS ET ORIGINE DE CES NOMS	DÉNOMINATIONS DIVERSES	NOMS PROPOSÉS POUR l'usage commercial	Numéros des pages DE CHEVALIER	NOMS SCIENTIFIQUES PROBABLES ET FAMILLE BOTANIQUE	OBSERVATIONS
1	2	3	4 / 5	6	7
			C		
CAILCÉDRAT (divers).			392	Khaya Senegalensis (Méliacées).	Acajou du Sénégal.
CAMWOOD (divers).	Voir Padouk.	Padouk.	29 156	Pterocarpus Soyauxii (Légumineuses Papilionacées).	
CANARIUM.	Abel (pahouin) — Olengué (gabonais).	Canarium.	114	Canarium velutinum (Burséracées).	
CÈDRE ACAJOU (divers).			492	Cedrela odorata.	
CITRON DE MER (divers).	Elory-Zagué (pahouin) — Oyfo (pahouin).		131	Ximenia americana (Olacinées).	
COCSO (pahouin).	Ogagoumé (gabonais) — Enkagouma (m'pongoué) — M'bagheesa (pahouin).		137	Tetrapleura Thonningit (Légumineuses Mimosées).	
COMBINNGO (gabonais).	N'est pas le même que Bilinga.		(?)	Sarcocephalus sp. (Rubiacées).	
COMBO-COMBO (m'pongoué)	Assan ou Assang (pahouin) — Moussinga Parasolier (Eschiras, Fernan-Vaz).	Parasolier.	317	Mussanga Smithii (Urticacées).	Voir Parasolier.
COMO-COMO (m'pongoué).	Angokoum (pahouin) — N'Goma (Akélé) — Moguinsi (Loango).		320	Barteria Dewevrei (Passifloracées).	Voir Angokoum.
COPALIER (divers).	Ebana, N'gome (pahouin) — N'keve (m'pongoué) — Moukeba (Setté-Cama) — M'bili (Loango).	Copalier d'Afrique	155 166	Macrolobium sp. ou Copalfera sp. (Légumineuses).	Exsude une gomme copal.
CORAIL (divers).	Voir : Bois Corail, Padouk.	Padouk.	159	Pterocarpus Soyauxil (Légumineuses Papilionacées).	
COULA (gabonais).	Ehoumé, Egoumé, Ewoumé, Igoumou (pahouin) — Coula, Ocoula, Ogoula (m'pongoué) — Diponta (Bapounou) — Inconinou, Icouninou, Ikouyigou, N'kouninou, Mougouninou (Setté-Cama, Loango).	Coula.	193	Coula edulis (Olacinées).	Les indigènes mangent les graines crues, qui ont la taille d'une petite noix et le goût de la noisette. Le bois sert à faire du charbon de forge.
COURNINOU (Setté-Cama)	Voir Ikouninou. Coula	Coula.	133	Coula edulis (Olacinées).	

D

NOMS CONNUS ET ORIGINE DE CES NOMS	DÉNOMINATIONS DIVERSES	NOMS PROPOSÉS POUR l'usage commercial	Numéros des pages de Chevalier
1	2	3	4
DANIELLA.	Bissé (pahouin), Olingué (m'pongoué).	Daniella.	172
DEMI-DEUIL.	Warfina (pahouin).	Demi-deuil.	233
DIBIBI (Eschiras).	Onzang, Onzon, N'zan (pahouin) — Odyendié Odjenaje. Ozenezé (m'pongoué et n'komi) — Moussaiguiri (Bapounou).	Odiénaje.	91
DILEBA ou DILÉBO (Setté-Cama).	Abine, N'kouongué (pahouin) — Idewa (n'koumi).	Diléba.	(?)
DILGBIBI-KODANDZI (Bayaka).	Ebiara (pahouin) — Ilumbo-bolo ou Obolo (n'komi).	Ebiara.	167
DILOLO ou DILOLO-SI-BEN-GA ou DILOLO-SI-FIOTI (Balumbo, Setté-Cama).	Zaminguila (pahouin) — Ombéga mâle — Acajou rouge.	Acajou du Gabon	125
DILOLO-DI-MOUNI (Balumbo).	Ombéga-Onai (n'komi) — Onzabili (pahouin).	Onzabili.	150
DILOLO-DI-TANGANI	Ombéga-ouapoupou (gabonais) — Acajou blanc.	Acajou du Gabon	(?)
DIMASUMOUDIBNI (Bayaka)			228
DIMBEMAYANBA (Bayaka)	Otun-Nzam (pahouin) — Toulé (n'komi).		295
DINA (Setté-Cama).	Anamba-Pombolo, Kiadzou (m'pongoué) — Eyom, Angan (pahouin) — N'Tibioume (Loango).	Dina.	176
DUOULA (Bapounou).	Kououe, Igoudiou (pahouin) Ogoula (m'pongoué) — Ikouminou (Loango).	Coula.	133

D

Numéros des pages de Chevalier	NOMS SCIENTIFIQUES PROBABLES ET FAMILLE BOTANIQUE	OBSERVATIONS
4	6	7
172	Daniella Klainei (Légumineuses, Césalpinées).	
233	Diospyros aggregata (Ebénacées).	Fruit comestible pour les indigènes.
91	Odyendyea gabonensis (Simarubacées).	Le tronc a en général une forme irrégulière et défectueuse. La graine contient une matière grasse le « Beurre d'Odiendié » comestible à l'état frais et qui trouverait un emploi fructueux en Stéarinerie.
(?)	Indéterminé.	Voir Abiné.
167	Berlinia bracteosa (Légumineuses, Césalpinées).	Très belles fleurs blanches.
125	Khaya sp. (Méliacées).	
150	Antrocaryon Klaineanum (Anacardiacées)	
(?)	Khaya sp. (Méliacées).	
228	Pierreodendron durissimum (Sapotacées).	
295	Discoglypremna caloneura (Euphorbiacées).	
176	Dialium (aff. D. connaroïdes). (Légumineuses, Césalpinées).	Il nous a bien paru que l'Anambabolo de l'Ogoué était le même arbre que le Dina, cependant le fait aura besoin d'être vérifié.
133	Coula edulis (Olacinées).	Voir Coula.

NOMS CONNUS ET ORIGINE DE CES NOMS	DÉNOMINATIONS DIVERSES	NOMS PROPOSÉS POUR l'usage commercial	Numéros des pages de Chevalier	Numéros des pages de Chevalier	NOMS SCIENTIFIQUES PROBABLES ET FAMILLE BOTANIQUE	OBSERVATIONS
1	2	3	4	5	6	7
DIVA-VIRA (m'pongoué).	Tôm (pahouin). — Beaume de San-Thomé.		114	114	Pachylobus balsamifera (Burséracées).	Fruit noir dont les pahouins sont friands. L'arbre donne une oléorésine employée comme médicament sous le nom de Beaume de San Thomé.
DIATTI (malais).	Teck.	Teck.	403	403	Tectonia grandis.	Plantations très intéressantes au Cameroun.
DIAVÉ (divers).	Oréré (m'pongoué) — Adzo, Adza (pahouin) — Moabi (Bayaka).	Moabi.	6-15-243- et 265-272	6-15-243- et 265-272	Baillonella toxisperma (Sapotacées).	Voir Adza ou Moabi.
DOMINGUILA (pahouin).	Ombolo-mbolo, Ombéga-fiote (N'komi) — Bilolo (Setté-Cama, Loango) — Dongo-minguila, Ebey (pahouin) — Ombégas femelles ou Ombégas foncés.	Noyers du Gabon	(?)	(?)	Indéterminé.	Ces espèces mal déterminées ne sont pas toutes identiques botaniquement, mais elles sont suffisamment voisines pour être réunies sous la dénomination unique de « Noyers du Gabon ».
DONGOMINGUILA (pahouin).	Dongominguila signifie : Fils de Dominguila.	Noyers du Gabon	(?)	(?)	Voir Dominguila.	
DOUCOUMOU (Baïumbo).	Obéro (Gabonais).	Obéro.	(?)	(?)	Indéterminé.	
DOUKA ou DUKA (Setté-Cama).	Okola (pahouin) — Moudouka (Loango) — Onoungou, Noungou (n'komi) — Ndouka (Loango).	Douka.	250	250	Dumoria africana (Sapotacées).	Très voisin du « Makoré » de la Côte d'Ivoire, graine oléagineuse intéressantes.
DOUM (pahouin).	Odoum (pahouin) — M'fouma (Loango) — Ogouma (m'pongoué) — Dragonier, Kapokier (Colons).	Fromager.	77	77	Eriodendron guineense (Malvacées).	
DOUMZOU (Baïumbo).	Avoma (pahouin).		49	49	Cleistopholis patens (Anonacées).	Voir Avoma.
DZIEVE (pahouin).			57	57	Hoplestigma Klaineanum (Rixacées).	

E

NOMS CONNUS ET ORIGINE DE CES NOMS (1)	DÉNOMINATIONS DIVERSES (2)	NOMS PROPOSÉS POUR l'usage commercial (3)	Numéros des pages de Chevalier (4)	Numéros des pages de Chevalier (5)	NOMS SCIENTIFIQUES PROBABLES ET FAMILLE BOTANIQUE (6)	OBSERVATIONS (7)
Eba (pahouin).	Epepa (m'pongoué).	Eba.	123	123	Pachylobus balsamifera ou sp. (Burséracées).	Les racines sortent très haut au-dessus du sol. Les pahouins confectionnent avec ces racines, des manches de haches. Il y a doute sur la détermination botanique.
Esama (pahouin).			249	249	Chrysophyllum subnudum (Sapotacées).	
Esam-bisana (pahouin).	Vounda (m'pongoué).		246	246	Chrysophyllum subnudum (Sapotacées).	
Esena ou Frake (pahouin)	N'kèva. N'kowa (gabonais) — M'bili (Loango). N'gome (pahouin) — Oganga (n'komi) — Moganga (Balumbo).	Copalier d'Afrique	162	162	Copaifera sp. (?) Légumineuses Césalpiniées).	Donne une gomme copal utilisée par les pahouins pour faire des torches.
Esurmésen (pahouin).			158	158	Baphia laurifera (Légumineuses, Papilionacées).	
Esorbo (gabonais).	Mahoro (gabonais).		64	64	Mammea Ebboro (Guttifères).	
Eké (pahouin).	Ouala, Ovala (Colon) — Mouala Bala, Mbala Mvala (m'pongoué) — Moullapansa (mayumbe).	Ovala.	194	194	Pentaclethra macrophylla (Légumineuses Mimosées)..	Les pahouins appellent la graine Mvé, ils l'écrasent en pulpe graisseuse employée pour faire cuire les aliments. Les gousses pleines de graines sont achetées par le commerce à 0 fr. 25 le kilog. Ces gousses sont très grandes et mesurent 50 à 80 centimètres de longueur.
Eké (gabonais).	Ne pas confondre avec Ebey (noyer).		165	165	Macrolobium sp. (Légumineuses, Césalpiniées).	
Engelina (pahouin).			168	168	Brachystegia Klaineana (Légumineuses Césalpiniées).	
Esen ou Eseul (pahouin)	Padouk, Bois Corail (Colon) — Ohimego, Ezigo (m'pongoné, n'komi) — Igoungou Setté-Cama) — M'bel, Ebaul (pahouin).	Padouk.	160	159	Pterocarpus Soyauxii (Légumineuses Papilionacées).	Les pahouins utilisent le bois rouge de la manière suivante : ils frottent le bois mouillé avec un caillou, et obtiennent ainsi une teinture rouge avec laquelle ils se peignent la peau les jours de fête, ce qu'ils appellent « faire Faro ». Le mot Eboul désigne le bois abattu et mis en œuvre. Le mot Mbel désigne l'arbre debout.

NOMS CONNUS ET ORIGINE DE CES NOMS	DÉNOMINATIONS DIVERSES	NOMS PROPOSÉS POUR l'usage commercial	Numéros des pages de Chevalier	Numéros des pages de Chevalier	NOMS SCIENTIFIQUES PROBABLES ET FAMILLE BOTANIQUE	OBSERVATIONS
1	2	3	4	5	6	7
Esse (colons).	Evila (pahouin, m'pongoué, n'komi) — Tivila (Loango).	Ebène.	224	224	Diospyros Evila (Ebénacées).	
Essy (pahouin).	Ombolo-mbolo (n'komi) — Ellolo (Setté-Cama) — Dominguila (pahouin) — Ombaga femelle.	Noyers du Gabon.	(?)	(?)	Indéterminé.	Voir Dominguila. Toutes les espèces de noyers du Gabon, signalées ci-contre et mal déterminées, ne sont pas toutes identiques.
Esiara (pahouin).	Emianlangu (gabon) — Illombo-bolo (n'komi) — Dillohidiha Kouandzi (bayaka) — Obolo (n'komi du Fernan Vaz).	Ebiara.	147	167	Berlinia bracteosa (Légumineuses Césalpiniées).	Très belles fleurs blanches.
Eso (pahouin).	Epapa (gabonais) — Eha (pahouin).	Eba.	195	122	Pachylobus balsamifera ou sp. (Burséracées).	Voir Eba. Arbres à racines aériennes développées. Il y a doute sur la détermination botanique.
Esolobolo (pahouin du muni).	Voir Ombolo-bolo.	Noyer du Gabon.	(?)	(?)	Indéterminé.	Voir Dominguila.
Eso ou Esomali (divers).			166	109	Pachylobus Ebo (Burséracées).	N'est pas le même espèce que « Eba ».
Esonso (gabonais).			64	44	Pentadesma Lecomteana (Guttifères).	
Esor (pahouin).	Ibeka ou Oboto (m'pongoué) — Maboro (gabonais) — Ilolo (n'komi) — Mbobotso (bayaka) — Iberé (Balumbo).	Oboto.	62 / 65	62 / 65	Mammea Klaineana ou Ochrocarpus africanus (Guttifères).	C'est l'Ambé de la Côte d'Ivoire. Plusieurs espèces dont une à fruits délicieux.
Esorbor (pahouin).			330	330	Indéterminé.	
Esorem (n'komi).	Noum Ebiara (pahouin) — M'possa (Loango).		156	164	Berlinia acuminata (Légumineuses Césalpiniées).	
Esornjok ou Esornzok (pahouin).	Obétchou (m'pongoué, Sikiani) — Ovouh-lo (m'pongoué).	Ebornzok.	198	196	Léguminuse indéterminée.	Les pahouins mangent la pulpe du fruit et emploient les graines comme appât pour piéger les rats palmistes et les porcs-épics. Le mot pahouin : Njock ou Nzok signifie : éléphant et se retrouve dans beaucoup de noms d'arbres ou de choses.
Esoubonbé (pahouin).			79	79	Cola lateritia (Sterculiacées).	
Esouro (divers).	Voir Agnubé.	Oyamba.	64	64	Pentadesma butyracea (Guttifères).	Arbre à beurre, voir Agnubé.
Esvoueroubzo (pahouin).			253	212	Corynanthe Jobimbe (Rubiacées).	
Eckou ou Ekoua (pahouin).	M'fomba (Loango).	Emien.	273	273	Alstonia congoensis (Apocynées).	

NOMS CONNUS et origine de ces noms	DÉNOMINATIONS DIVERSES	NOMS PROPOSÉS pour l'usage commercial	Numéros des pages de Chevalier	Numéros des pages de Chevalier	NOMS SCIENTIFIQUES probables et famille botanique	OBSERVATIONS
1	2	3	4	5	6	7
Ecouchouma (pahouin).	Iroudé (m'pongoué).		171	171	Daniella Soyauxii (Légumineuses Césalpiniées).	
Ecoumé (pahouin).	Voir Ebouné.	Coula.	122	122	Coula edulis (Olacinées).	Les indigènes mangent les graines crues comme des noix. Le bois sert à faire du charbon de forge.
Eafi (pahouin).	Kamba, N'kamba (n'komi) — Esenou-Soua, N'sose-Esoue, N'soue-So (pahouin) — Mogamoha (Bayaka).	Kamba.	187	187	Lavalleopsis densivenia (?) (Olacinées).	
Ebouné (pahouin).	Coula, Ocoula, Ogoula (m'pongoué) — Ebouné, Egoumei Evouné, Igoumou (pahouin).	Ocula.	123	123	Coula edulis (Olacinées).	Les pahouins mangent les fruits analogues à la noix. Ils emploient le bois pour faire du charbon de forge.
Ekando (gabonais).	N'toro, Atom (pahouin).		51	51	Pachypodanthium confine (Anonacées).	
Ekep (pahouin?).	Kamba (n'komi) — Viass (pahouin).		136	136	Heisteria Trillesiana (Olacinées).	
Ekvazingo (m'pongoué).	Voir Kévazingo.	Kévazingo.	177	177	Didelotia africana (Légumineuses Césalpiniées).	
Ekong (pahouin).			144	144	Olacinée indéterminée.	
Egnekova.			(?)	(?)	Indéterminé.	
Ekondo (n'komi).	Esang (pahouin).		126	126	Piptadenia sp. (Légumineuses Mimosées).	
Ekora (divers).			389	389	Lonchocarpus sericeus (Légumineuses Papilionacées).	
Ekou (pahouin).	Ngonga (n'komi) — Moukouka (bapounou)		(?)	(?)	Indéterminé.	
Ekoun (pahouin).	Ekoune (pahouin du Mouni).	Ekoune.	(?)	(?)	Indéterminé.	
Eselom ou Eselom'zang (pahouin).	N'tovo, Oganedjo (m'pongoué) — Tobo (Setté-Cama, Bapounou) — Habia (Côte d'Ivoire).	Suhia.	223	223	Mitragyne macrophylla (Rubiacées).	Les pahouins utilisent le bois fendu pour faire des planches. Arbre des terrains humides.
Esu-Besass (pahouin).	Eyen (pahouin) — Oguéminia (m'pongoué — Movingui (Bayaka).	Movingui.	177	177	Distemonanthus Benthamianus (Légumineuses Césalpiniées).	
Etomo (gabonais, n'komi).	Voir Etoun.	Tali.	164 179	164 179	Erythrophlaeum guineense (Légumineuses Césalpiniées).	
Etosso (gabonais).	Ne pas confondre avec le « Tali ».		192	192	Piptadenia uniuga (Légumineuses Mimosées).	

NOMS CONNUS et origine de ces noms	DÉNOMINATIONS DIVERSES	NOMS PROPOSÉS pour l'usage commercial	Numéros des pages de Chevalier	Numéros des pages de Chevalier	NOMS SCIENTIFIQUES probables et famille botanique	OBSERVATIONS
1	2	3	4	5	6	7
ÉLONGANKOUMA (m'pongoué).	Enoumnouma (pahouin).		197	197	Pithecolobium sp. (Légumineuses Mimosées).	
ÉLOMBOLONGO (n'komi).	Afam ou Afan (pahouin) — Ewawa (Bayaka).	Afane.	307	307	Panda oleosa (Pandacées).	Voir Alani.
ÉLOUN (pahouin).	Eyo (pahouin) — Elondo (m'pongoué) — Tali (malinké) — (Voisin de Tchontsi).	Tali.	179	179	Erythrophlaeum guineense (Légumineuses Césalpiniées).	Cet arbre pousse également en Guinée, Côte d'Ivoire et Cameroun. Il est déjà bien connu en Guinée sous le nom de Tali qu'il n'y a aucune raison de changer.
ÉLOUN (pahouin). ÉLOUN (les Pahouins ne distinguent pas deux variétés cependant le bois de certains Eloun ne noircit pas à la lumière).	Mandji (m'pongoué) — Kambala (gabonais et Setté-Cama) — Abang (pahouin) — Nombo (Sikiani) — Iroko (Gold Coast Lagos).	Iroko.	312	312	Chlorophora regia ou excelsa (Urticées).	Cette espèce se retrouve à la Côte d'Ivoire, en Gold Coast, au Cameroun. Les Anglo-Américains le connaissent déjà bien sous le nom de Iroko.
ÉLON-ZHOT (pahouin).			132	132	Ximenia americana (Olacinées).	
ÉLUI (divers).	Voir Mandji, Kambala ou Iroko.	Iréko.	384	384	Chlorophora regia (Urticées).	
EMBSTSÉ (pahouin).			188	188	Indéterminé, probablement Copaifera (Légumineuses Césalpiniées).	
ENGISSAN (pahouin).	Essessang, Issangulla (pahouin) — Ozangulla (m'pongoué) — N' aasanga (Loango).	Essessang.	299	299	Ricinodendron africanus (Euphorbiacées).	
ENGANTANGA (galoa).	Ebiara (pahouin) — Obolo Hombo-bolo (n'komi) — Dilobidiba-Kouandzi (Bayaka).	Ebiara.	167	167	Berlinia bracteosa (Légumineuses Césalpiniées).	
ENKAGOUMA (m'pongoué).	Ogagoumé (gabonais) — M'baghesa (pahouin) — Coeso (pahouin).		197	197	Tetrapleura Thonningii (Légumineuses Mimosées).	
ENOUMNOUMA (pahouin).	Elongankouma (m'pongoué).		197	127	Pithecolobium sp. (Légumineuses Mimosées).	
ENSALA (pahouin).	Nchioumbou (gabonais) — Toum (pahouin).	Teoumbou.	196	196	Newtonia sp. ou Piptadenia africana ou sp. (Légumineuses Mimosées).	
ENZEFF ou INZEFF (pahouin).			(?)	(?)	Indéterminé.	
EUDOLEVEU (pahouin).	Nom pahouin de l'Asas quand l'arbre est âgé.	Asas.	(?)	(?)	Bridelia speciosa.	Voir Asas.
ERANO (m'pongoué).	Urône (pahouin).		221	221	Indéterminé.	

NOMS CONNUS ET ORIGINE DE CES NOMS	DÉNOMINATIONS DIVERSES.	NOMS PROPOSÉS POUR l'usage commercial	Numéros des pages de Chevalier	NOMS SCIENTIFIQUES PROBABLES ET FAMILLE BOTANIQUE.	OBSERVATIONS
1	2	3	4	6	7
EPOPA (m'pongoué).	Eba, Ebo (pahouin).	Eba.	192	Pachylobus balsamifera ou sp. (Burséracées).	Il y a doute sur l'espèce botanique.
ESANG ou ESSANG (pahouin).	Ekondjo (n'komi).		196	Piptadenia sp. (Légumineuses Mimosées).	
ESANGHÈEM ou ESSASANG (pahouin).			147	Chytranthus sp. (Sapindacées).	
ESASIA (pahouin).	Voir Atanga.	Atanga.	117	Pachylobus edulis (Burséracées).	Voir Attanga, fruit comestible.
ESOANG (pahouin).	Voir Essang ou Essessang.	Essessang.	299	Ricinodendron africanus (Euphorbiacées).	
ESOMA (pahouin).	Ompegwé (m'pongoué) — N'sossongo (Loango).		275	Rauwolphia macrophylla (Apocynées).	Les pahouins utilisent le liber comme textile pour cordages. Voisin du Bokouka ou Dikué du Cameroun et de l'Avodiré de la Côte d'Ivoire.
ESONGOSONGO (m'pongoué)	Komhlé, Konghélé (pahouin).		184	Pseudospondias microcarpa (Anacardiacées).	
ESONOUEOUA (pahouin).	Egypt, Nsono Essouo, Nsoneso (pahouin — N'Kameba (n'komi) — Mogameba (Bayaka).	Kamba.	139	Lavalleopsis dentivenia (Olacinées).	
ESSAR.			(?)	Indéterminé.	
ESOUA ou ESSOUA (pahouin).	Voir Ozouga (m'pongoué, n'komi) — Mo-souhouga (Bayaka).	Ozouga.	87	Saccoglottis gabonensis (Humiriacées).	
ESOULA ou ESSOULA (pahouin).	Evamba (m'pongoué) — Sougoé-Sousout (Loango).	Esoula.	148	Placodiscus pseudostipularis (Sapindacées).	L'écorce sert à faire des fétiches pour porter bonheur aux piégeurs. Essoula signifie « Assemblée », « Beaucoup » c'est-à-dire : beaucoup de gibier dans les pièges.
ESOUNA (m'pongoué).	Mangourra (pahouin) — Ozanegue (n'komi).		183	Hyménostegia sp. (Légumineuses Césalpinées).	
ESSARÈME ou ESSARCHEBEM (pahouin).			147	Chytranthus sp. (?) (Sapindacées).	
ESSANG (pahouin).	Engessan (pahouin) — Ozanegufila (m'pongoué) — Issangnila (pahouin) — Essessanga (Loango).	Essessang.	292 299	Ricinodendron africanus (Euphorbiacées).	Il y a lieu de remarquer que Essang se dit parfois pour Essessang. Mais les pahouins dénomment aussi Essang un autre bois que nous avons mentionné sous l'orthographe de Esang ou Ekop dji et qui est un Piptadenia.

NOMS CONNUS ET ORIGINE DE CES NOMS	DÉNOMINATIONS DIVERSES	NOMS PROPOSÉS POUR l'usage commercial	Numéros des pages de Chevalier	Numéros des pages de Chevalier	NOMS SCIENTIFIQUES PROBABLES ET FAMILLE BOTANIQUE	OBSERVATIONS
1	2	3	4	5	6	7
ESSASSANGA (Loango).	Voir Essang.	Essassang.	199	199	Ricinodandron africanus (Euphorbiacées).	Le bois facile à sculpter sert à faire des fétiches, statuettes, etc.
ESSESSANG (pahouin).	Engessau, Engeran, Issangulla (pahouin) — N'Sassanga (Loango).	Essessang.	299	299	Ricinodandron africanus (Euphorbiacées).	Graines oléagineuses (même espèce que ci-dessus).
ESSOULA (pahouin).	Voir Esoula.	Esoula.	148	148	Placodiscus pseudostipularis (Sapindacées).	Voir Esoula.
ESSOUN (pahouin).	Surdyacolo (gabonais) — Arbre à ail — Liviaa, Liocso (Ivili).		166 et 76	166 et 76	Hua Gabonii (Sterculiacées) et Scorodophlœus Zenkeri (Légumineuses Césalpiniées).	Ces deux espèces botaniques différentes, qui portent les mêmes noms indigènes, ont toutes deux une écorce à goût aliacé, utilisée comme condiment par les noirs.
ETAN, ETANG, ETENG, ETENG (pahouin) (Il n'y a pas analogie complète entre Etan et Ikoun (pahouin).	Ikoun, N'kowo (pahouin) — Kombo, Ilomba (m'pongoué, n'komi) — Lomba, Moulomba (Loango, Setté Cama) — Arbre à suif — Faux muscadier.	Illomba ou Ilomba.	263	263	Pycnanthus Kombo (Myristicacées).	Le bois fendu donne des planchettes ou lattes pour la construction des cases. Amandes oléagineuses donnant un suif végétal parfois exporté.
ETOU (pahouin).	Oyaya (m'pongoué).		319	319	Treculia sp. (Urticacées).	Le liber sert à tisser les pagnes des pahouins.
ETY (pahouin).		Fri.	275	275	Funtumia africana (Apocynées).	Se retrouve à la Côte d'Ivoire.
EVASSI (m'pongoué).	Esoula (pahouin) — Sougué-Sousou (Loango).	Esoula.	148	148	Placodiscus pseudostipularis (Sapindacées).	Voir Esoula.
EVEL (pahouin).			92	92	Klainedoxa Trillesii (Irvingiacées).	
EVEOSS (pahouin).			92	92	Klainedoxa sphærocarpa (Irvingiacées).	
EVEUSS ou EVESS (pahouin).	Owingué (m'pongoué) — Ozouga (n'komi) — Mangoma (Bayaka).	Eveuss.	101	101	Klainedoxa latifolia (Irvingiacées).	Le nom « n'komi » « Ozouga » ne doit pas faire confondre cet arbre avec le Saccoglotis gabonensis. Voir Ozouga m'pongoué.
EVILA (pahouin, m'pongoué).	Tivila (Loango) — Ebène (Colons).	Ebène.	31-254-256	31-254-256	Diospyros Evila (Ebenacées).	Le bois est employé par les pahouins pour faire les manches de couteaux. Il est exporté depuis longtemps en Europe.
ETISO (n'komi).	Angona (pahouin) — M'bota (Bapounou).	Evina.	181	181	Vitex pachyphylla (Verbenacées).	
EVOMA (pahouin).	Ovonda (n'komi) — Movounda, Mouvounda (Bapounou) — Owut? (pahouin).	Ovonda.	49	49	Hexabolus crispiflorus (Anonacées).	Voir Ovonda.
EVOSA ETOSO (pahouin).	Tchogo, Tiogo, N'tiogo (gabonais) — Evonvonlo, Evonghele-venghélé (pahouin).	Tulipier du Gabon.	279	279	Spathodea campanulata (Bignoniacées).	Les fleurs ressemblent à de très belles tulipes rouges. Le liber est employé comme cataplasme pour soigner les plaies.

NOMS CONNUS ET ORIGINE DE CES NOMS	DÉNOMINATIONS DIVERSES	NOMS PROPOSÉS POUR l'usage commercial	Numéros des pages de Chevalier	Numéros des pages de Catalogue	NOMS SCIENTIFIQUES PROBABLES ET FAMILLE BOTANIQUE	OBSERVATIONS
1	2	3	4	5	6	7
EVONGUILÉ-VONGUILÉ (pahouin).	Voir Evong-Evong.	Tulipier du Gabon	273	273	Spathodea campanulata (Bignoniacées).	
EVONLVONLE (pahouin).	Voir Evong-Evong.	Tulipier du Gabon	273	273	Spathodea campanulata (Bignoniacées).	
EVOS (pahouin).			(?)	(?)	Indéterminé.	Feuilles épaisses souvent champignonnées
EVOUMANGA (m'pongoué).	Voir Andoung (pahouin).	Andeung.	(?)	(?)	Berlinia sp.	
EVOUS (pahouin de l'Ogooué).	Bicona (pahouin).		290	290	Vitex grandifolia (Verbenacées).	
EWAWA (Bayaka).	Afam ou Afan (pahouin) — Etongo-lougo (n'komi).	Afane.	307	307	Panda oleosa (Pandacées).	Voir Afam.
EWOUMÉ (pahouin).	Voir Ehoumé, Coula.	Coula.	133	133	Coula edulis (Olacinées).	Voir Coula.
EYEN, EYÈNE (pahouin).	Elibengan (pahouin) — Ognemipik (m'pongoué) — Owingué, Movingué, Movingui (Bayaka).	Movingui.	477	477	Distemonanthus Benthamianus (Légumineuses Césalpiniées).	L'écorce grattée donne une poudre qu'on met dans l'eau. Cette solution sert à soigner les maladies de peau. Le mot pahouin Elibengan signifie : Arbre à sorciers.
EYO (pahouin).	Eloua (pahouin) — Elondo (m'pongoué) — Tali (Malinké).	Tali.	179	179	Erythrophlaeum guineense (Légumineuses Césalpiniées).	
EYONGUINIMBO (m'pongoué).	Medzimkouro (pahouin).		228	228	Psychotria Gabonicae (Rubiacées).	
EYOU (pahouin).			221	221	Trichilia Gilletii (Méliacées).	
EYOUM ou EYÈNE ou EYOM (pahouin).	Amambapombolo, Pombolo, Nindzou, Kéndjou (gabonais) — Angan (pahouin) — Dina, n'dina (Setté-Cama, Eschiras) Ntibioume (loango).	Dina.	176	176	Dialium (aff. D. Connaroides) (Légumineuses Césalpiniées).	
EZELFOU (pahouin).	Ikondo-Bréré (m'pongoué).		(?)	(?)	Indéterminé.	Quelques morceaux d'écorce dans l'eau fraîche donnent une eau de toilette pour se laver la tête.
EZIGO (m'pongoué, n'Komi).	Padouk, Bois Corail (Colons), Ohinego (m'pongoué, n'komi) — Igoungou (Setté-Cama) — Tisée (Loango) — M'bel, Ebeul (pahouin).	Padouk.	150	150	Pterocarpus Soyauxii (Légumineuses Papilionacées).	
EZUGO (m'pongoué).	Asia (pahouin) — Massikou (Bayaka).	Ozigo.	116	116	Pachylobus Buttneri (Burséracées).	Voir Ozigo.

NOMS CONNUS ET ORIGINE DE CES NOMS	DÉNOMINATIONS DIVERSES	NOMS PROPOSÉS POUR l'usage commercial	Numéros des pages de Chevalier	NOMS SCIENTIFIQUES PROBABLES ET FAMILLE BOTANIQUE	OBSERVATIONS
1	2	3	4 / 5	6	7
F					
FAUX BOIS DE ROSE (divers).	Bubingo (Loango).	Bubinga.	169	Brachystegia sp. (Légumineuses. Césalpiniées).	
FAUX MUSCADIER (divers).	Etan, Ikoun, N'kowo (pahouin) — Kombo Ilomba (m'pongoué, n'komi) — Lomba (Loango).	Ilomba ou Ilomba.	283	Pycnanthus Kombo (Myristicacées).	Voir Etan.
FÉDÉ (pahouin).	Onjuigo (m'pongoué) — N'zingo (Loango).		(?)	Indéterminé.	
FÉRA (pahouin).			161	Légumineuse indéterminée ou Angynocalyx ?	
FROMAGER (divers).	Doum, Odoum (pahouin) — Mfouma (Loango) — Ogouma (m'pongoué) — Dragonnier, Kapokier (Colons).	Fromager.	76 et 77	Eriodendron guineense (Malvacées).	
G					
OGOUÉ (m'pongoué).	Voir Niové.	Niové.	285	Staudtia (gabonensis (Myristicacées).	Voir Mboua.
GORÉ (pahouin du Bas-Ogooué).	Anguéuk, Ongak (pahouin) — Ogoré (Bas-Ogooué) — Onguéko, Anguéukou (m'pongoué) — Isano (Loango).	Anguéuk.	143	Ongokea Kleineana (Olacinées).	Voir Angeuk
GOUAIMBONSOU (m'pongoué).	Atéguê, M'fouin (pahouin).		363	Spondianthus Preussi (Euphorbiacées).	
GOUBOU GOUBOU (gabonais).	Okambo (gabonais).		164	Vouapa macrophylla (Légumineuses Césalpiniées).	
GUIBORA (Eschiras).	Abom, Abem (pahouin) — Ibérra (Loango).	Abom.	(?)	Indéterminé.	

NOMS CONNUS ET ORIGINE DE CES NOMS	DÉNOMINATIONS DIVERSES	NOMS PROPOSÉS POUR l'usage commercial	Numéros des pages de Chevalier	NOMS SCIENTIFIQUES PROBABLES ET FAMILLE BOTANIQUE	OBSERVATIONS
1	2	3	4 / 5	6	7
Guibourtia (Setté-Cama).	Okoroué.		(?)	Indéterminé.	
Guigaganga (Eschiras).	Voir Copalier (Olengué).	Copalier d'Afrique	185	Copaifera sp. (Légumineuses).	
Gula (divers).			30	Pterocarpus Cabrae (Légumineuses Papilionacées).	
			H		
Hilem (pahouin).			296	Drypetes gabonensis (Euphorbiacées).	Les pahouins utilisent les bois pour faire des manches d'outils et de haches.
Hula (divers).			29	Pterocarpus tinctorius (Légumineuses Papilionacées).	
			I		
Ida (pahouin).	Voir Eba Ebo (pahouin).	Eba.	122	Pachylobus balsamifera ou sp. (Burséracées).	Il y a doute sur la détermination botanique.
Iba (gabonais).	Oba (gabonais) — Magongo (Loango) — Andok (pahouin) — Mouba baloumbo).	Oba.	93	Irvingia gabonensis (Irvingiacées).	V. Andok. Chocolat indigène.
Ibanda (Bayaka).	Ovang (pahouin) — Kévazingo (m'pongoué, n'komi).	Kévazingo.	177	Didelotia africana (Légumineuses Césalpiniées).	
Iboka (m'pongoué).	Ebor (pahouin) — Oboto (m'pongoué) — Maboro (gabonais) — Ilolo (n'komi) — M'bobotso (bayaka) — Iboré (baloumba).	Oboto.	63 et 65	Mammea Klaineana (Guttifères).	V. Ebor. Abricotier d'Afrique.

NOMS CONNUS ET ORIGINE DE CES NOMS	DÉNOMINATIONS DIVERSES	NOMS PROPOSÉS pour l'usage commercial	Numéros des pages de Chevalier	Numéros des pages de Chevalier	NOMS SCIENTIFIQUES PROBABLES ET FAMILLE BOTANIQUE	OBSERVATIONS
1	2	3	4	5	6	7
IBOUÉ (Baloumbo).	Obolo (m'pongoué) — Ebor (pahouin) — Maboro (gabonais).	Obeté.	62-63	62-63	Mammea Klaineana (Guttifères).	Voir Ebor.
IBORBA (bapounou).	Abomo, Abem (pahouin) — Guiborra (Eschiras) — Iborra (Loango).	Abeme.	(?)	(?)	Indéterminé.	
ICOUNGOU (Setté-Cama).	Voir Ikouninou ou Ogoula (gabonais).	Coula.	133	133	Coula edulis (Olacinées).	Voir Coula.
IDEWA (n'komi, Setté-Cama).	Abine (pahouin) — Dilebo ou Diléba (Setté-Cama) — Nguéka (bapounou).	Diléba.	(?)	(?)	Indéterminé.	Voir Abine
IBOUMBEM (n'komi).	M'gouanha (pahouin) — Mousiékoumbi (bayaka) — Ombéné-Ombéni (n'komi). —	Kolatier.	78	78	Cola Ballayi (Sterculiacées).	
IOOGOZO (m'pongoué).	Izogozo (m'pongoné) — Tol, Teul (pahouin) — Niéné (Loango).	Teul.	317	317	Ficus Vogeliana (Urticacées).	
IOOUMOU (pahouin).	Ehoumé (pahouin) — Coula, Ogoula (m'pongoué) — Ikouninou, Mougouminou (Setté-Cama, Loango).	Coula.	133	133	Coula edulis (Olacinées).	Voir Coula
ICOUNSOU (Setté-Cama).	Padouk, Bois Corail (Colons) — Onihego Exigo (m'pongoué) — M'vengé (Cameroun) — Tisèze (Loango) — M'bel, Ebeul (pahouin).	Padouk.	159	159	Pterocarpus Soyauxii (Légumineuses Papilionacées).	
IKANDIKA (pahouin).			81	81	Desplatzia Trilleriana (Tiliacées).	
IKONBO - ERÉSÉ (m'pongoué).	Ezeliou (pahouin).		(?)	(?)	Indéterminé.	
IKOUM (pahouin).	Ikoun, Etan.	Ilomba.	283	283	Pycnanthus Kombo (Myristicacées).	Voir Etan.
IKOUMBI ou EKOUMBI (Setté-Cama).	Voir Onvong (pahouin). Nkombi ou Mougboubi (Setté-Cama).	Onvong.	173	173	Dialium guineense (Légumineuses Césalpiniées).	
IKOUN (Il n'y a pas analogie complète entre Etan et Ikoun pahouin dont l'écorce ressemble à celle de l'Ossoko et dont le fruit rappelle celui du M'boun).	Etan, Eting, nkowo (pahouin) — Kombo, Illomba (m'pongoué, n'komi) — Lomba, Moulomba (Loango) — Arbre à suif.	Ilomba.	283	283	Pycnanthus Kombo (Myristicacées).	Voir Etan.
IKOUNINOU (Setté-Cama).	Ehoumé, Igoumou (pahouin) — Coula, Ocoula (m'pongoué) — Diponta (Bapounou) — Mongouminou (Setté-Cama, Loango).	Coula.	133	133	Coula edulis (Olacinées).	Voir Coula.
ILOLO (n'komi).	Ebor (pahouin) — Ibéka ou Oboto (m'pongoué) — Ilolo (n'komi) — M'bobotso (bayaka).	Oboto.	65	65	Mammea Klaineana ou Ochrocarpus africanus (Guttifères).	Voir Ebor.

NOMS CONNUS ET ORIGINE DE CES NOMS	DÉNOMINATIONS DIVERSES	NOMS PROPOSÉS POUR l'usage commercial	Numéros des pages DE CHEVALIER	Numéros des pages DE CHEVALIER	NOMS SCIENTIFIQUES PROBABLES ET FAMILLE BOTANIQUE	OBSERVATIONS
1	2	3	4	5	6	7
ILOMBA ou ILLOMBA (gabonais, n'komi, m'pongoué).	Etan, Etang, Ettug, Ikoun, Ikoum, N'kovo (pahouin) — Komba (m'pongoué, n'komi) — Lomba, Moulomba (Loango, Setté-Cama) — Arbre à suif, Faux muscadier du Gabon (colons).	Ilomba.	283	283	Pycnanthus Kombo (Myristicacées).	Voir Etan.
ILOMBO-SOLO (n'komi).	Ebiara (pahouin) — Eniannanga (galoa) — Obolo (n'komi).	Ebiara.	167	167	Berlinia bracteosa (Légumineuses Césalpiniées).	
INANG ou INCHINGOLO (Setté-Cama INCHINGOLO (n'komi).	M'hébame (pahouin) — Otundia (n'komi) — M'pévi (m'pongoué).	M'hébame.	247	247	Chrysophyllum sp. (Sapotacées).	
INESSA? (pahouin).	Ossel? (pahouin).		298	298	Maprounea membranacea (Euphorbiacées).	
INTOMA (pahouin).			242	242	Sarcocéphalus sp. (Rubiacées).	
IROGOU (divers).			78	78	Firmiana spireana (Sterculiacées).	
IROKO (Gold Toast).	Abang (pahouin) — Kambala (Setté-Cama) — Mandji (m'pongoué).	Iroko.	312	312	Chlorophora regia (Urticacées).	
ISANO (Loango).	Angueuk (pahouin) — Ogoré (Bas-Ogoué) Onguek, Onguéko Ongoké (m'pongoué, n'komi) — N'sanou (Loango).	Angueuk.	144	144	Ongokea klaineana (Olacinées).	Voir Angueuk.
ISSANGOULA (pahouin).	Essang, Essessang (pahouin) — N'sassanga (Loango).	Essessang.	299	299	Ricinodendron africanus (Euphorbiacées).	
ISSANGOULA (gabonais).			173 et 192	173 et 192	Jatropha Heudelotii (Euphorbiacées).	
ISSINGANI (Baluncho).	Ossimala (pahouin) — Okorené (Fernan-Vaz).	Ossimala.	149	149	Piptadenia sp. (Légumineuses).	
ISSONGBO (bapounou).	Voir Osenko.	Osenko.	264	264	Scyphocephalium Ochocoa (Myristicacées).	
ISSOGA (pahouin).	Esoga (pahouin) — Ozoaga (m'pongoué).	Ozaga.	87	87	Saccoglottis gabonensis (Humiriacées).	
ISSONGA (pahouin).	Ibillinga (m'pongoué) — Akoma, N'Toma (pahouin) — N'Guissanga (Loango).	Billinga.	259	259	Sarcocephalus Trillesii (Rubiacées).	Voir Billinga.
ITOVAI (m'pongoué).	Palétuvier,. N'tanda (m'pongoué).	Palétuvier.	204	208	Rhizophora mangle (Rhizophoracées).	
ITOMPO Y-NIOGOU (n'komi).	Voir Okola (pahouin).	Douka.	289	289	Dumoria sp. (Sapotacées).	En akomi Itchou-y-njogou est le Douka, voir Douka.

NOMS CONNUS ET ORIGINE DE CES NOMS	DÉNOMINATIONS DIVERSES	NOMS PROPOSÉS POUR l'usage commercial	Numéros des pages de Chevalier	Numéros des pages de Chevalier	NOMS SCIENTIFIQUES PROBABLES ET FAMILLE BOTANIQUE	OBSERVATIONS
1	2	3	4	5	6	7
ITCHOU-Y-NIOGOU (galoa).	Voir Mvakfina (pahouin).	Demi-deuil.	250	250	Diospyros aggregata (Ébénacées).	En galoa Itchou-y-njogou le même mot désigne le Demi-deuil. Voir Demi-deuil.
ITOUMBOULOU (m'pongoué)	N'téné (Loango) — Tel ou Teul (pahouin)	Teul.	317	317	Ficus Vogeliana (Urticacées).	
IRUÉ (gabonais).			273	273	Conopharyngia durissima Apocynées).	
IVOMBÉ (m'pongoué).	Egnougnouma.		172	172	Daniella Soyauxii (Légumineuses Césalpiniées).	
IZOGOZO (m'pongoué).	Voir Igogozo.	Teul.	317	317	Ficus Vogeliana (Urticacées).	
J						
JUGON (pahouin).			75	75	Firmiana Kiaineana (Sterculiacées).	
K						
KAMBA ou N'KAMBA (n'komi).	Egypt, Esonousoua, N'sope sousoue (pahouin). — Mogameba (bayaka).	Kamba.	137	137	Lavalleopsis densivenia (Olacinées).	
KAMBA (ivili, n'komi).	Noisette des bois (Colons) — Viass, Nsonensidé (pahouin) — Ekop (pahouin)?		135	135	Heisteria Trillesiana (Olacinées).	L'amande grillée est très agréable au goût. Graine oléagineuse donnnat une huile alimentaire.
KAMBALA (n'komi, divers).	Aban, Abang, Aban-héli, Elouu (pahouin) — Mandji (m'pongoué) — Nombo (Sikiani) — Bang (Douala, Cameroun) — Bing (bakoko, Cameroun).	Iroko. (Côte d'Ivoire Dahomey, Lagos, GoldCoast)	312	312	Chlorophora regia ou excelsa (Urticacées).	Arbre déjà connu dans le commerce anglo-américain sous le nom d' « Iroko », qu'il semble inutile de changer. Cette espèce se retrouve en Côte d'Ivoire, en Gold Coast, dans la Nigéria et au Cameroun.

NOMS CONNUS ET ORIGINE DE CES NOMS	DÉNOMINATIONS DIVERSES	NOMS PROPOSÉS POUR l'usage commercial	Numéros des pages de Chevalier	Numéros des pages de Chevalier	NOMS SCIENTIFIQUES PROBABLES ET FAMILLE BOTANIQUE	OBSERVATIONS
1	2	3	4	5	6	7
Kananga (soudanais).	Ocala (pahouin) -- Poivrier d'Éthiopie, Ogana (m'pongoué).		52	52	Xylopia æthiopica (Anonacées).	
Kapok (divers)		Fromager à Kapok.	73	73	Eriodendron anfractuosum (Malvacées).	
Kare ou Kaur (pahouin)	N'karg ou N'kark (pahouin).		(?)	(?)	Indéterminé.	Donne une gomme mais n'est pas le même arbre que le Copalier « Ebane » (en pahouin).
Kévazingo ou Kéoukingo (m'pongoué, n'komi).	Ovang, Ovong (pahouin) -- Bunda (Bayaka).	Kévazingo.	177	177	Didelotia africana (Léguminuses Césalpiniées).	
Kévazo Kévou (m'pongoué, n'komi).	Evom, Awam (pahouin) - Amamba-Pocutoto (Gabonais) -- Ima (Setté-Cama, Eschiras) -- N'tbooune (Loango).	Dina.	170	170	Dialium (aff. D. Connaroides) (Léguminuses Césalpiniées).	Il n'est pas absolument certain que l'Amambalapembolo est bien la même espèce botanique (à vérifier).
Kolatier (divers).	Ombéné, Idoumbéni (m'pongoué, n'komi, Loango -- Moulékoumbi (Bayaka).	Kolatier.	74	78	Cola Ballayi (Sterculiacées).	Voir « Abel ».
Komo (Boumouéti).	Amala (pahouin).		1..	172	Autranella gen. nov. (Sapotacées).	
Komba (gabonais).	Efan, Efing, Ikoug, N'kewo (pahouin) -- Kombo, Dioniba (m'pongoué, n'komi) -- Lomba, Moukomba (Loango, Setté-Cama) -- Arbre à suif. Faux muscadier du Gabon.	Ilomba.	254	243	Pycnanthus Kombo (Myristicacées).	Voir Kian.
Kondo (gabonais).	Nkondjo, Nkovougo (gabonais) probablement Okip (pahouin): -- Mougoumou goumu (Baluinto).	Okip.	100	100	Klainedoxa gabonensis (Irvingiacées).	Evouss (pahouin) se dit aussi Kondjo en n'komi ?
Kosombre (pahouin).	Komba-Songa (m'pongoué).		134	154	Pseudospondias microcarpa (Anacardiacées).	
Koumba (gabonais).	Koungo-bongo (m'pongoué).		104	154	Pseudospondias microcarpa (Anacardiacées).	
Koumi Kouma.			(?)	(?)	Indéterminé.	

L

NOMS CONNUS ET ORIGINE DE CES NOMS	DÉNOMINATIONS DIVERSES	NOMS PROPOSÉS POUR l'usage commercial	Numéros des pages de Chevalier	Numéros des pages de Chevalier	NOMS SCIENTIFIQUES PROBABLES ET FAMILLE BOTANIQUE	OBSERVATIONS
1	2	3	4	5	6	7
Limba (Loango).	Miama (pahouin).	Miama.	(?)	(?)	Calpocalyx Klainei (Légumineuses mimosées).	
Licongo (Bas-Ogooué).			92	92	Klainedoxa Dybowskii (Irvingiacées).	
Limbi.			(?)	(?)	Indéterminé.	
Liméné (Loango).	Ovibe (pahouin) — N'goué (m'pongoué) — N'gandja (n'komi).	Ovibe.	235	235	Schumanniophyton Klaineanum (Rubiacées).	
Linezo (Ivili).	Voir Essoun (pahouin) — Arbre à ail.		78 et 166	78 et 166	Scorodophloeus Zenkeri (Césalpiniées) et Hua Gabonii (Sterculiacées).	Voir Essoun. Ces deux espèces botaniques différentes ont toutes deux une écorce alliacée.
Lomba (Loango).	Voir Etan.	Homba.	113	113	Pycnanthus Kombo (Myristicacées).	
Lombi ou Liombi (bapounou).	Voir Ozouga	Ozouga.	87	87	Saccoglottis gabonensis (Euphorbiacées).	
Lonvogo, Lonvogocha Lonvogura (pahouin).	Nongo (m'pongoué, n'komi).	Olonvogo.	88	88	Fagara sp. (Rutacées).	Sert aux pahouins comme bois de résonnance pour les caisses des tamtams.
Lonlaviol (pahouin).	Bois voisin du Bissé (pahouin) — Ollogué (m'pongoué).	Daniella.	172	172	Daniella sp. (Légumineuses Césalpiniées).	
Louwamba ou Louvanga (Loango).	N'dongo-éli, N'dongo-manguila (pahouin)		(?)	(?)	Indéterminé.	
Lucula (divers).			29	29	Pterocarpus tinctorius (Légumineuses Papilionacées).	

M

NOMS CONNUS ET ORIGINE DE CES NOMS	DÉNOMINATIONS DIVERSES	NOMS PROPOSÉS POUR l'usage commercial	Numéros des pages de Chevalier	Numéros des pages de Chevalier	NOMS SCIENTIFIQUES PROBABLES ET FAMILLE BOTANIQUE	OBSERVATIONS
1	2	3	4	5	6	7
MABA (divers):		Variété d'Ébène.	233	233	Maba Klaineana (Ébénacées).	
MABÉBÉ (pahouin).			294	294	Cyrtogonone argentea (Euphorbiacées).	
MABORO (gabonais).	Eborro (gbonais).	Voisin du Oboto.	68	68	Mammea Ebboro (Guttifères).	Voir Ebor (arbre voisin).
MAGNIÉKÉ (pahouin).			323	323	Indéterminé.	
MAGONGO (Loango).	Oba (gabonais).	Oba.	96	96	Irvingia gabonensis (Irvingiacées).	Voir « Oba ».
MAMBALI (divers).			265	265	Sapotacées.	Graine oléagineuse.
MANGUI (m'pongoué).	Aban, Abang, Aban-Héli, Éloun (pahouin) — Kambala (gabonais et Setté-Cama) — Nombo (Sikiani) — Bang (Douala, Cameroun) — Bing (bakoko, Cameroun).	Iroko. (Côte d'Ivoire, Dahomey, Lagos, Gold Coast).	312	312	Chlophora regia ou excelsa (Urticacées).	Très connu en Angleterre sous le nom d' « Iroko ».
MANGOMA (bayaka).	Evenss (pahouin) — Owingué (m'pongoué).	Eveuss.	101	101	Klainedoxa latifolia (Irvingiacées).	
MANGOURRA (pahouin).	Esouna (m'pongoué) — Ozainegue (n'komi)		183	183	Hymenostegia sp. (Légumineuses Césalpinées).	
MASSIKOU (bayaka).	Assia (pahouin) — Azigo, Ozigo (m'pongoué).	Ozigo.	116	116	Pachylobus Buttneri (Burséracées).	Voir Ozigo. Fruit comestible.
MBAFOUGHÉLÉ (pahouin).			218	218	Homalium africanum (Samydacées).	
MBAGA ou MBANGA (Loango).	Voir Ebor (pahouin).	Oboto.	65	65	Mammea Klaineana (Guttifères).	Voir Oboto ou Ebor. Fruit comestible.
MBAGHA (pahouin)	ou Mbegha ou Ombega.	Acajou du Gabon	120	120	Khaya sp. (Méliacées).	Voir Acajou.
MBAGNENGA (pahouin).	Ogagoumé (gabonais) — Enkagouma (m'pongoué).		197	197	Tetrapleura Thonningii (Légumineuses Mimosées).	
M'BALA (m'pongoué).	Ébé (pahouin) — Ovala (divers) — Bala, Mouala (m'pongoué) — Moulla panza (Mayumba).	Ovala.	124	124	Pantaclethra macrophylla (Légumineuses Mimosées).	Voir Ébé. La graine appelée M'vé est oléagineuse.

NOMS CONNUS et origine de ces noms	DÉNOMINATIONS DIVERSES	NOMS PROPOSÉS pour l'usage commercial	Numéros des pages de Chevalier	NOMS SCIENTIFIQUES probables et famille botanique	OBSERVATIONS
1	2	3	4	6	7
Mban (pahouin).	Ozénéjô (m'pongoué et n'komi).		131	Méliacée indéterminée.	Ne pas confondre avec Odienejé.
Mbamù ou Mbamba (Loango).	Voir Ngeul (pahouin).		294	Croton oligandrum (Euphorbiacées).	
Mbana (pahouin).			169	Brachystegia robusta (Légumineuses Césalpiniées).	
Mbanga (Loango).	Voir Oboto.	Oboto.	65	Mammea Klaineana (Guttifères).	Voir Oboto (fruit comestible).
M'ba-Nzock (pahouin).	Oyem-mvome (pahouin) — Kamba? (n'komi).		(?)	Indéterminé.	Quelques pahouins prétendent que Mbanzock et Oyemvome sont des arbres différents, d'autres affirment que ces deux noms s'appliquent au même arbre ; à vérifier.
Mbarba (pahouin).	Voir M'bagha.		129	Khaya sp. (Méliacées).	
Mbébame (pahouin).	Ottindia Inchenepolo (n'komi) — M'pebi, Mpevi (m'pongoué) — Inang (Setté-Cama).	M'bébame.	247	Chrysophyllum ? (Sapotacées).	Les pahouins mangent les fruits qui ressemblent à des papayes.
Mbel ou Abel (pahouin).	Olengué (gabonais) — Owélé (m'pongoué) — Obélé (Sikiani).	Canarium.	114	Canarium velutinum (Burséracées).	
Mbel (pahouin).	Padouk, Bois Corail (Colons) — Objoego, Ezigo (m'pongoué) — Tsèze (Loango) — Igoungou (Setté-Cama) — Bois rouge.	Padouk.	159	Pterocarpus Soyauxii (Légumineuses Papilionacées).	Voir Padouk.
M'ben (pahouin).	Adep (pahouin du lac Ayem).		201	Sapium ellipticum (Euphorbiacées).	
Mbengué (m'pongoué).	Otouma (pahouin).		316	Ficus punctata (Urticacées).	
M'biam (divers).			265	Sapotacée.	
M'bili (Loango).	Ebana, Ebane (pahouin) — N'keva, Nkewa (gabonais) — N'gome (pahouin).	Copalier d'Afrique.	163	Copaifera (?) (Légumineuses Césalpiniées).	Voir Ebana.
Mbimo (n'komi).	Owimon (m'pongoué) — Nsangha (pahouin).	Mbimo.	234	Pachystela cinerea ou Mimusops lacera (Sapotacées).	Ce nom de Mbino ou Mbimou est appliqué par les indigènes à des espèces très différentes, voir ci-après.
Mbimo (galoa).	Abing (pahouin) — Abalé (Agni de la Côte d'Ivoire).	Abalé. Agni de la Côte d'Ivoire.	214	Petersia viridiflora (Myrtacées).	Voir Abing.
M'bimou ou M'bims (n'komi).			241	Mimusops lacera (Sapotacées).	

NOMS CONNUS ET ORIGINE DE CES NOMS	DÉNOMINATIONS DIVERSES	NOMS PROPOSÉS pour l'usage commercial	Numéros des pages de Chevalier	Numéros des pages de Chevalier	NOMS SCIENTIFIQUES PROBABLES ET FAMILLE BOTANIQUE	OBSERVATIONS
1	2	3	5	5	6	7
Memiou (divers).			44	44	Mimusops sp. (Sapotacées).	
Mgoba (n'komi).	Okomo-koma (m'pongoué) — N'dgokom (pahouin) — Moubouba (bayaka).		218	218	Myrianthus arboreus (Urticacées).	C'est l' « Arbre à singes » à fruits comestibles. Ne pas le confondre avec l'arbre à fourmis appelé Angokoum par les pahouins.
Mgobotgo (bayaka).	Ebor (pahouin) — Ibéka ou Oboto (m'pongoué) — Ilolo (n'komi).	Oboto.	69	65	Mammea Klaineana ou Ochrocarpus africanus (Guttifères).	Voir Ebor ou Oboto (abricotier d'Afrique).
Mgol ou Mgoll (pahouin)	Ogoumalanga? (galoa).		256	299	Paivœusa? gabonensis (Euphorbiacées).	
Mgoky (pahouin).	Voir M'boun.	Niové.	225	289	Staudtia gabonensis (Myristicacées).	Voir M'boun.
Ngota (bapounou).	Angona (pahouin) — Evino (Gabonais) — M'vindo (Loango).	Evino.	281	281	Vitex pachyphylla (Verbénacées).	
Ngouangha (pahouin).	Abel, Mgonanha (pahouin) — Omb ou Ombéni (m'pongoué et n'komi) — Moualé-kourohi (bayaka).	Kolatier.	78	78	Cola Ballayi (Sterculiacées).	Voir Abel.
M'pouk ou M'nou (pahouin).	Arbres à pagaies (colons) — Niové, Niowe, Niohé, Niobé, gnoué (m'pongoué, n'komi) — Mooum (pahouin de l'intérieur) — Mogoubi (bayaka) — Ngakambo (si-kiani).	Niové.	268	255	Staudtia gabonensis (Myristicacées).	Les pahouins utilisent le bois pour faire des pagayes, de la vaisselle, des cuillères, etc. La graine sert d'appât pour le piégeage.
M'pourou ou M'aono (pahouin).			84	84	Oubanguia denticulata? (Scytopétalacées).	
Mgourwé (vili), m'pongoué).			84	84	Oubanguia denticulata (Scytopétalacées).	
Muwangha (pahouin).	Voir Kolatier.	Kolatier.	78	78	Cola Ballayi (Sterculiacées).	Voir « Abel ».
Mgazinkoso ou Mgazim-kouno (pahouin).	Eyonguinaninego (m'pongoué).		226	221	Psychotria gabonensis? (Rubiacées).	
Mgrame Mgroga (pahouin).	Nianingoma (pahouin).		86	56	Caloncoba glauca (Bixacées).	
Mgusongha (pahouin).			247	217	Byrsanthus sp. (Samydacées).	
Mgbé (soudanais).			104	104	Lophira alata (Lophiracées).	
M'zeze ou M'zeze (pahouin).	Onjingo (m'pongoué) — N'zingo (Loango).		(?)	(?)	Indéterminé.	

NOMS CONNUS ET ORIGINE DE CES NOMS	DÉNOMINATIONS DIVERSES	NOMS PROPOSÉS POUR l'usage commercial	Numéros des pages ou Chevalier	Numéros des pages de Chevalier	NOMS SCIENTIFIQUES PROBABLES ET FAMILLE BOTANIQUE	OBSERVATIONS
			2	3	6	7
Mokoumi (bayaka).	Okoumé (Colons, m'pongoué, n'komi) — Angouma (pahouin) — Mokoumi (bayaka).	Okoumé.	109	109	Aucoumea Klaineana (Burséracées).	Voir Okoumé.
Movin (divers).			155	150	Spondias lutea (Anacardiacées).	
Moxeo (pahouin).	M'gorangurané (pahouin).		111	215	Randia Pierrii (Rubiacées).	
Maoum (pahouin).	M'bone, m'boum (pahouin) — Niové (m'pongoué, n'komi) — Mogouli (baya-ka) — Ngakambo (Sikiani).	Niové.	285	285	Staudtia gabonensis (Myristicacées).	Voir M'Boun.
Mosoumouci (bayaka).	Essoua (pahouin) — Ozouga (m'pongoué).	Ozouga.	67	67	Saccoglottis gabonensis (Humiriacées).	
Mossinga (balumbo).	Tsoumbou (n'komi) — Tome ou Toum (pa-houin).	Tsoumbou.	196	105	Piptadenia sp. ou Newtonia sp. (Légumi-neuses).	
Moualèkoûmbi (bayaka).	Abel, Mbouéngha, ngouanha (pahouin) — — Ombene-Ombeni (m'pongoué et n'ko-mi).	Kolatier.	76	78	Cola Ballayi (Sterculiacées).	Voir Abel.
Mouamba ou Mouambafiotte (Loango).	Voir Otouhin (pahouin).	Otounga.	54	54	Anonacée indéterminée.	
Mouaouba (bayaka).	Okomokoma (m'pongoué) — N'dgokom (pahouin) — M'boha (n'komi).		211	316	Myrianthus arborens (Urticacées).	Arbre à singe. Voir Ndgokom.
Mouboumá (Setté-Cama, Bapounou).	Voir Douka Okala.	Douka.	213 250	318 330	Dumoria sp. (Sapotacées).	Voir Douka.
Mouaravou (Balumbo).	Assouba (pahouin) — Ossongo (n'komi).	Ossongo.	293	733	Anthostema Aubryanum (Euphorbiacées).	
Mouehou ou Mouehélou (Setté-Cama).	Angona (pahouin) — Evino (m'pongoué).	Evino.	141	291	Vitex pachyphylla (Verbénacées).	
Moufinzi (Balumbo).	M'varfina (pahouin) — Ovinozi (n'komi).	Demi-deuil.	333	133	Diospyros aggregata (Ebénacées).	
Moulombo (Balumbo).	N'tom (pahouin) — Ekango (Gabonais).		81	51	Pachypodanthium confine (Anonacées).	
Mouroumé.	Fromager.	Fromager.	77	77	Eriodendron guineense (Malvacées).	
Moutouma (Setté-Cama).	Voir Evous.	Evous.	(?)	(*)	Klainedoxa latifolia (Irvingiacées).	
Mougoumbou (Setté-Ca-ma).	Ogoula-Coula (m'pongoué) — Eboumé, Igoumou (pahouin) — Ikoumbou, N'kou-minou (Setté-Cama, Loango).	Coula.	132	123	Coula edulis (Olacinées).	Voir Coula.

NOMS CONNUS ET ORIGINE DE CES NOMS	DÉNOMINATIONS DIVERSES	NOMS PROPOSÉS pour l'usage commercial	Numéros des pages de Chevalier	NOMS SCIENTIFIQUES PROBABLES ET FAMILLE BOTANIQUE	OBSERVATIONS
1	2	3	4 / 5	6	7
MONGOUMOUGOUMA (balumbo).	Kondjo (Gabonais) — Okip (pahouin).	Okip.	100	Klainedoxa gabonensis (Irvingiacées).	
MOUGUIRI (Setté-Cama).	Ouguiri.		(?)	Indéterminé.	
MOUMA (Balumbo, Setté-Cama).	Oba (n'komi) — Andok (pahouin).	Oba.	96	Irvingia gabonensis (Irvingiacées).	Voir Andok.
MOUREBA ou MOUKIBA (Setté-Cama).	Ebana, N'goma (pahouin) — N'kova (m'pongoué) — M'bili (Loango).	Copalier.	162 / 164	Macrolobium sp. ou Copaifera sp. (Légumineuses).	
MOUKOUKA (Eschiras, Bapounou).	Voir Ekou (pahouin) — Kgouga (n'komi).		(?)	Indéterminé.	
MOKOUMI (Setté-Cama).	Okouma (m'pongoué, n'komi) — Angouma (pahouin) — N'koumi (Loango).	Okoumé.	109	Aucoumea Klaineana (Burséracées).	
MOULLA-PAKIA (Mayumbe).	Ibé (pahouin) — M'bala, M'vala (m'pongoué) — Ovala (divers).	Ovala.	114	Pentaclethra macrophylla (Légumineuses Mimosées).	Voir Ibé.
MOULENDA (Setté-Cama, Gapounou).	Oguéminja (m'pongoué) — Nyon (pahouin) — Oringué (n'komi) — Movingui (Bayaka).	Movingui.	177	Distémonanthus Benthamianus (Légumineuses Césalpiniées).	Voir « Movingui ».
MOULINDA ou MOULINDE (Bayaka).	Olinda (n'komi) — Opavess (pahouin).		96	Desbordesia insignis (Irvingiacées).	
MOULOMBA (Setté-Cama).	Etan, Eting, Ikoun, N'kova (pahouin) — Kombo, Illomba (m'pongoué, n'komi) — Lomba (Loango) — Arbre à suif.	Illomba ou Ilomba.	233	Pycnanthus Kombo (Myristicacées).	Voir « Etan ».
MOUVANANGA (Loango).	Osol (pahouin) — Osoll (gabonais) — Osongho (m'pongoué).	Ossol.	69	Symphonia gabonensis (Guttifères).	Voir « Ossol ».
MOUSSANTI ou MOUSSANTI-BINGA (Esch.).	Asam, Okess (pahouin) — Ozorahi, N'tiombi, Tsombi (m'pongoué, n'komi) — Rikio (Côte d'Ivoire).	Rikio.	365	Uapaca sp. (Euphorbiacées).	
MOUSSIGOMBI (Bapounou).	Onzan (pahouin) — Odiénejé (m'pongoué).	Odiénejé.	91	Odyendyea gabonensis (Simarubiacées).	Voir Odiénejé.
MOUSSIKOU (Bayaka).	Ozigo, Assia.	Ozigo.	116	Pachylobus Buttueri (Burséracées).	Voir Assia ou Ozigo.
MOUSSODIA (Eschir.).	Parasolier, Assan ou Asseng (pahouin) — Oombo-Oombo (m'pongoué).	Parasolier.	317	Mussanga Smithii (Urticacées).	Le même nom de Moussinga paraît être employé par les Eschiras pour désigner deux arbres très différents. Voir ci-après.

NOMS CONNUS ET ORIGINE DE CES NOMS	DÉNOMINATIONS DIVERSES	NOMS PROPOSÉS POUR l'usage commercial	Numéros des pages DE CHEVALIER
1	2	3	4
MOUESSIMA (Eschir.).	Nchioumbou, Tsoumbou (gabonais) — Toum (pahouin).	Tsoumbou.	196
MOUTANGANI [Sotté-Cama].	Otangani (n'komi) — Bissé (pahouin) — Olingué (m'pongoué).	Daniella.	172
MOUTSETSENDI (Balumbo).	Assas (pahouin) — Otindia (m'pongoué).	Assas.	293
MOUVOUGOU (Bapounou).	Ahinebé (pahouin) — Ororo (n'komi) — Ossindio (m'pongoué).	Ahinebé.	277
MOUVOUNDA (Bapounou).	Ovonda (n'komi) — Evoma (pahouin).	Ovonda.	49
MOVINGUI ou MOVINGUÉ (Bayaka).	Eyène, Elibengan (pahouin) — Oguéminia (m'pongoué).	Movingui.	177
MOVOUNDA (bapounou).	Voir Mouvounda.	Ovonda.	49
MOWONGA (bayaka).	Owui (pahouin) — Ovonda (n'komi).	Ovonda.	49
M'PANWA (pahouin ?)	N'vana (pahouin).		177
M'PANGYA (gabonais).	N'vana (pahouin).		177
M'PANGO (Loango).	Pindja (m'pongoué) — M'vana (pahouin).	Pindja.	132
MPERI ou MEEVI (m'pongoué).	Voir Mbebame (pahouin).	M'bébame.	147
MPOBA (gabonais).			81
MPOGA (n'komi).	Ovoga (n'komi, m'pongoué) — Mfo et Afo (pahouin).	Ovoga.	205
MPOSSA (Loango).	Eborba (n'komi) — Noumébiara (pahouin)		167
MPOUSSA (gabonais).	Zing (pahouin).		31
M'VANGONA ou M'VARFINA (pahouin).	Ovinezi (n'komi) — Moufiadzi (Balumbo).	Demi-deuil.	132

Numéros des pages DE CHEVALIER	NOMS SCIENTIFIQUES PROBABLES ET FAMILLE BOTANIQUE	OBSERVATIONS
5	6	7
196	Pipadenia sp. ou Newtonia sp. (Légumineuse).	Voir Toum.
172	Daniella sp. (Légumineuses Césalpiniées).	
293	Bridelia speciosa (Euphorbiacées).	Voir Assas.
277	Anthocleista nobilis (Loganiacées).	Petit arbre à très grandes feuilles.
49	Hexalobus crispiflorus (Anonacées).	Voir Ovonda.
177	Disthemonanthus Benthamianus (Légumineuses Césalpiniées).	Bel arbre à écorce rouge.
49	Hexalobus crispiflorus (Anonacées).	
49	Hexalobus crispiflorus (Anonacées).	
177	Didelotia Duparquetiana (Légumineuses Césalpiniées).	
177	Didelotia Duparquetiana (Légumineuses Césalpiniées).	
132	Hylodendron gabonense (Légumineuses Césalpiniées).	
147	Chysophyllum sp. (Sapotacées).	Voir Mbebame.
81	Acrossepalum Poba (Tiliacées).	
205	Poga oleosa (Rhizophoracées).	Voir Afo.
167	Berlinia acuminata (Légumineuses Césalpiniées).	
31	Monodora Myristica (Anonacées).	
233	Diospyros aggregata (Ébénacées).	

NOMS CONNUS et origine de ces noms	DÉNOMINATIONS DIVERSES	NOMS PROPOSÉS pour l'usage commercial	Numéros des pages de Chevalier	Numéros des pages de Chevalier	NOMS SCIENTIFIQUES probables et famille botanique	OBSERVATIONS
1	2	3	4	5	6	7
Mvana ou Mvano (pahouin).	Pindja (m'pongoué) — Mpandja (gabonais) — Mpango? (Loango).	Pindja.	182	183	Hylodendron gabonense (Légumineuses Césalpiniées).	
Mvala ou Mbala (m'pongoué).	Ebé (pahouin) — Ovala, Ouala (gabonais) — Moulla-panza (mayumbe) — Mvans (Loango).	Ovala.	194	194	Pentaclethhra macrophylla (Légumineuses Mimosées).	Voir Ebé.
M'vana (loango).	Ebé (pahouin) — Ovala, M'bala, M'vala (gabonais) — Moulla-Panza (Mayumbe).	Ovala.	194	194	Pentaclethra macrophylla (Légumineuses Mimosées).	Voir Eb
Mvenzo (pahouin).			218	218	Homalium macropterum (Samydacées).	
Mvano (loango).	Evino (gabonais) — Angona (pahouin) — M'bota (Bapounou).	Evino.	281	281	Vitex pachyphylla (Verbenacées).	
Mvovi (pahouin).	Bois flexible et dur.	Mvovi.	322	322	Incerta n° 6.	Les pahouins utilisent le bois de mvovaa refendu pour faire des ressorts d'arbalètes rustiques afin de tuer les singes
Mvonra (pahouin).			204	204	Légumineuse indéterminée.	
Mvouy ou Mvouva (loango).			149	147	Emilió Marcelia sp. ou Trichoscypha (Anacardiacées).	
Mwano ou Mwanou (loango).	Angona (pahouin) — Evino (m'pongoué, n'komi) — M'bota (Bapounou).	Evino.	251	251	Vitex Pachyphylla (Verbénacées).	

N

NOMS CONNUS et origine de ces noms	DÉNOMINATIONS DIVERSES	NOMS PROPOSÉS pour l'usage commercial	Numéros des pages de Chevalier	Numéros des pages de Chevalier	NOMS SCIENTIFIQUES probables et famille botanique	OBSERVATIONS
Nchioumbou (m'pongoué)	Voir : Toum (pahouin).	Tsoumhou.	180 / 195	189 / 195	Piptadenia africana (Légumineuses, Mimosées).	
Nchoumbou (gabonais).	Voir : Toum (pahouin) — Ensalé (pahouin).	Tsoumbou.	182 / 196	183 / 196	Piptadenia sp. ou Newtonia sp. (Légumineuses).	
Nchiuma (m'pongoué).			199	116	Pentaclethra Griffoniana (Légumineuses Mimosées).	

NOMS CONNUS ET ORIGINE DE CES NOMS	DÉNOMINATIONS DIVERSES	NOMS PROPOSÉS POUR l'usage commercial	Numéros des pages de Chevalier	Numéros des pages de Chevalier	NOMS SCIENTIFIQUES PROBABLES ET FAMILLE BOTANIQUE	OBSERVATIONS
1	2	3	4	5	6	7
N'Dika (Satié-Cama).	Voir, Dina.	Dina.	176	176	Dialium (aff. D. connaroïdes) (Légumineuses Césalpiniées).	
Negokom ou Negohoum (pahouin).	Okómokoma (m'pongoué) — M'boba (n'komi) — Moubouba (bayaka).		318	318	Myrianthus arboreus (Urticacées).	C'est l'arbre à singes, à fruits comestibles, ne pas confondre avec l'arbre à fourmis que les pahouins appellent : Angokoum.
Nsiavé (divers).	Voir Djavé.	Maabi.	244 246-251	244 246-251	Baillonella toxisperma (Sapotacées).	Voir Adza.
N'Dionbionon (Siklani).	Onzabili, Onzakon (pahouin) — Osongongo Ogangannodo, Ogogoudo (m'pongoué).	Onzabili (pahouin)	130	130	Antrocaryon Klaineanum (Anacardiacées)	Voir Onzabili.
N'Bok (pahouin).	Andok ou Andogh (pahouin) — Oba (m'pongoué).	Oba.	96	96	Irvingia gabonensis (Irvingiacées).	Voir Andok ou Oba.
Nbola (divers).			24	38	Indéterminé.	
Ngouka (bayaka).	Voir Okola (pahouin) ou Douka.	Douka.	251	251	Dumoria ? (Sapotacées).	Voir Donka.
Nduka (divers).	Voir Okola (pahouin).	Douka.	37	37	Dumoria ? (Sapotacées).	
Ngakambo (Siklani).	Niobé, Niové (gabonais, n'komi) — M'bone, M'boun (pahouin) — Mogoubi (bayaka).	Niové (n'komi).	285	285	Staudtia gabonensis (Myristicacées).	
Ngan (pahouin).			125	125	Carapa sp. (Méliacées).	
Noonua (n'komi).	Oribe (pahouin) — N'gozé (m'pongoué) — Orihé, Liiméné (Loango).	Ovines.	232	232	Schumanniophyton Klaineanum (Rubiacées).	
Ngé-ngé (gabonais).	Owalé (gabonais).		63	63	Garcinia Klaineana (Guttifères).	
Ngué-ngué (gabonais).	Owalé (gabonais).		63	65	Garcinia Klaineana (Guttifères).	
Ngoma (Akélé).	Angokoum (pahouin) — Como-Como (m'pongoué) — Moguinzi (Loango).		220	220	Barteria Dewevrei (Passifloracées).	Arbre à fourmis, voir « Angokoum ».
Ntos (pahouin).			147	147	Chytranthus macrophyllus (Sapindacées).	
N'ooubza (m'pongoué).	Niondja (m'pongoué) — Ovo (pahouin).		332	322	Indéterminé.	
Naokorcsoué (pahouin).	N'géninguié, Aketi (pahouin) — Omponédé (m'pongoué).		222	222	Corynanthe gabonensis (Rubiacées).	

NOMS CONNUS ET ORIGINE DE CES NOMS	DÉNOMINATIONS DIVERSES	NOMS PROPOSÉS POUR l'usage commercial	Numéros des pages de Chevalier	NOMS SCIENTIFIQUES PROBABLES ET FAMILLE BOTANIQUE	OBSERVATIONS
1	2	3	4	6	7
Ncovi (pahouin).			199	Indéterminé.	
Nacové (m'pongoué).	Ovibe (pahouin) — N'gandja (n'komi) — Liméné (Loango).	Ovibe.	237	Schumannulophyton Klaineanum (Rubiacées).	
Noumé (m'pongoué).			241	Lecomtedoxa Klaineana (Sapotacées).	
Noyémé (gabonais).			149	Mangifera africana (Anacardiées).	
Nouf Noué (gabonais).			262	Plagiostyles Klaineana (Euphorbiacées).	
Ncvol (pahouin).	Obamba (m'pongoué) — M'bamb, M'bamba, Bamba (Loango).		294	Croton oligandrum (Euphorbiacées).	
Ncula (divers).			30	Pterocarpus cabrae (Légumineuses Papilionacées).	
Nculu Maza (loango).	Bilinga (m'pongoué) — Aioma, N'toma Issoula (pahouin).	Bilinga.	229	Sarcocephalus Trillesii (Rubiacées).	
Ndami-Ngoma (pahouin).	Mehainémgoma (pahouin).		30	Caloncoba glauca (Bixacées).	
Ndégové (pahouin).			256	Morelia senegalensis (Rubiacées).	
Ndgé (n'komi).	Voir Niové.	Niové.	285	Staudtia gabonensis (Myristicacées).	Voir M'Boun.
Niore (gabonais).	Voir Niové. Voir M'boun.	Niové n'komi).	235	Staudtia gabonensis (Myristicacées).	Voir M'Boun.
Niovéma (m'pongoué).	Ovo (pahouin).		312	Indéterminé.	
Niové ou Niowi (m'pongoué).	M'bone, M'boun, Mooum (pahouin) — Niové, Niobé, Niobé, Gnoué (m'pongoué, n'komi) — Mogoubi (Bayaka) — N'gakambo (Sikiani) — Todo (Setté-Cama) — N'koubi (Loango) — Arbre à pagaies.	Niové.	285	Staudtia gabonensis (Myristicacées).	Voir M'Boun.
N'Gakambo (Sikiani).	M'bone, M'boun (pahouin) — Niové (m'pongoué) — Mogoubi (Bayaka).	Niové.	285	Staudtia gabonensis (Myristicacées).	Voir M'Boun.
Ngonon ou Nzokoum (pahouin).	Voir Ndgokom.		318	Myrianthus arboreus (Urticacées).	Arbre à Singes. Voir Ndgokomu.
N'Jomi (pahouin).	Voir Ebana.	Copalier d'Afrique	162	Copaifera? (Légumineuses Césalpiniées).	Voir Khaia.

NOMS CONNUS ET ORIGINE DE CES NOMS	DÉNOMINATIONS DIVERSES	NOMS PROPOSÉS POUR l'usage commercial	Numéros des pages de Chevalier	NOMS SCIENTIFIQUES PROBABLES ET FAMILLE BOTANIQUE	OBSERVATIONS
1	2	3	4 / 5	6	7
N'CONGO.			(?)	Indéterminé	
N'GOLDL (pahouin).	Bamba (Loango).		194	Croton oligandron (Euphorbiacées).	
NKAMBA (n'komi).	Egypt, N'sone Essou (pahouin) — Mogameba (bayaka)	Kamba.	137	Levallcopsis densivenia (Olacinées).	
NKARL (gabonais).			145	Karlea bersaemicoides (Rhamnacées).	
N'KARG ou NKAE (pahouin).			(?)	Indéterminé.	Le Nkarg donne une gomme comme le Copalier, mais n'est probablement pas le même arbre que celui appelé par les pahouins « Ebana » ou « Ebane ».
N'KESS (loango).	Eloun (pahouin) — Eloudo (m'pongoué) — Tali (Malinké).	Tali.	179	Erythrophloeum guineense (Légumineuses Césalpiniées).	
N'KEVA ou, NKEWA m'pongoué).	Voir Ebana, N'gomo.	Copalier d'Afrique	162	Copaifera ? (Légumineuses Césalpiniées).	Voir Ebana.
NKEWAZINGO (n'komi).	Voir Kévazingo.	Kévazingo.	177	Didelotia africana (Légumineuses Césalpiniées).	
N'KOMO ou N'KOMA (pahouin du Mouni).	Ikoun (pahouin) — Ilomba (m'pongoué) — Moulomba (Loango).	Ilomba.	283	Pycnanthus Komho (Myristicacées).	Les pahouins utilisent le bois fendu pour faire des planches, tables, chaises.
NKONDJO (gabonais).	Voir Kondjo.	Okip?	92 / 100	Klainedoxa gabonensis (Irvingiacées).	Certains n'Komi appellent aussi Nkondjo l'arbre que les pahouins appellent Eveuss.
N'KOUM (Loango).	M'bone (pahouin) — Niové (m'pongoué).	Niové.	285	Staudtia gabonensis (Myristicacées).	
N'KOUMNOU (loango).	Ehoumé, Igoumou (pahouin) — Coula, Ogoula (m'pongoué) — Ikouninou (Setté-Cama).	Coula.	133	Coula edulis (Olacinées).	
N'KULA (divers).			30	Pterocarpus cabrae (Légumineuses Papilionacées).	
NOGO (pahouin).		Nogo.	(?)	Indéterminé.	
NOISETIER DES BOIS (divers).	Tamba (Jvili) — Vias (pahouin).		136	Heisteria Trillesiana (Olacinées).	Voir Kamba.
NOMBO (Sikiani).	Eloun, Abang (pahouin) — Mandji (m'pongoué) — Kambala (Setté-Cama) — Iroko (Lagos, Gold Coast).	Iroko.	312	Chlorophora regia ou excelsa (Urticacées).	Voir Abang.

NOMS CONNUS ET ORIGINE DE CES NOMS	DÉNOMINATIONS DIVERSES	NOMS PROPOSÉS POUR l'usage commercial	Numéros des pages DE CHEVALIER	Numéros des pages DE CHEVALIER	NOMS SCIENTIFIQUES PROBABLES ET FAMILLE BOTANIQUE	OBSERVATIONS
1	2	3	4	5	6	7
Nongo (m'pongoué, n'komi).	Olon (pahouin).	Olon.	86	86	Fagara macrophylla (Rutacées).	Voir Olon.
Noumgou (divers).	Voir Moabi.	Moabi.	244-252 254-255-272	244-252 254-255 272	Baillonella toxisperma (Sapotacées).	Voir Moabi et Adza.
Nousgou (n'komi, divers).	Okola, N'kola (pahouin) — Douka (Loango) — Moudouka (Setté-Cama).	Douka	254 263	254 263	Dumoria sp. (Sapotacées).	Voir Okola et Douka.
Noyer d'Afrique (divers).	Voir Dominguila.	Noyer du Gabon.	34-37 130-133 325-327-281	34-37 130-133 325-327 281	Indéterminé.	Voir Dominguila.
Nsa (pahouin).	Ozangávaro (gabonais).		(?)	(?)	Indéterminé.	
Nsafou (Baongo).	Assa (pahouin) — Atanga (Gabonais).	Atanga.	109	109	Pachylobus edulis (Burséracées).	Voir Atanga.
Nsasena (pahouin).	Owimon (m'pongoué) — M'bimou (n'komi).		256	256	Mimusops lacera (Sapotacées).	
Nsangéma (pahouin).	Agnuhé (pahouin) — Oyamba (n'komi) — Nogadigila (Bayaka).	Oyamba.	68	68	Pantadesma butyracea (Guttifères).	Voir Agnuhé.
Nsunoma ou Neunoma (loango).	Combo-Combo (m'pongoué) — Assan (pahouin).	Parasolier.	217	217	Mussanga Smithii (Urticacées).	
Nsuré (pahouin).			210	210	Strephonema sp. (Combretacées).	
Nsoma (pahouin).			143	143	Strombosiopsis rigida (Olacinées).	
Nsone-Essout ou Nsone-So (pahouin).	Esonousoun, Egymi (pahouin) — N'kaneba (n'komi) — Mogameba (bayaka).	Kamba.	137	137	Lavalleopsis densivenia (Olacinées).	Nsone-essoue signifie : Viande d'Antilope ; le bois est rouge comme la viande d'Antilope.
Nsone-Sisé (pahouin).	Kamba (Ivili) — Vias (pahouin).		136	136	Heisteria Trillesinha (Olacinées).	
Nsoro (divers).	Voisin de « Ossoko ».		263	263	Scyphocephalium grandifolium (Myristicacées).	
Nsossosso (loango).	Voir Esoma (pahouin).		175	275	Ranwolfia macrophylla (Apocynées).	Voir Esoma.
Nyar ou Ntand ou Ntand (pahouin).	Itanda, N'tanda (m'pongoué).	Palétuvier.	303	302	Rhizophora racemosa (Rhizophoracées).	
Ntanda (m'pongoué).	Voir Nian (pahouin).	Palétuvier.	306	304	Rhizophora rabemosa (Rhizophoracées).	

NOMS CONNUS ET ORIGINE DE CES NOMS	DÉNOMINATIONS DIVERSES	NOMS PROPOSÉS POUR l'usage commercial	Numéros des pages de Chevalier	Numéros des pages de Chevalier	NOMS SCIENTIFIQUES PROBABLES ET FAMILLE BOTANIQUE	OBSERVATIONS
1	2	3	4	5	6	7
N'TCHOUA (pahouin).			(?)	(?)	Indéterminé.	Les pahouins utilisent l'écorce aplatie pour faire des cloisons de cases.
NTÉNÉ (loango).	Tsogozo (m'pongoué) — Tol, Toli (pahouin) Nténé (Loango).	Teul.	317	317	Ficus Vogeliana (Urticacées).	
NTESSÉ.			(?)	(?)	Indéterminé.	
N'TIBIOUMB (loango).	Amamba-Pombolo, Kindzou (m'pongoué) — Eyom, Angan (pahouin) — Dina ou Ndina (Setté-Cama).	Dina.	176	176	Dialium (aff. D. connaroïdes) (Légumineuses Césalpiniées).	
N'TIOGO (m'pongoué).	Voir Tchogo.	Tulipier du Gabon.	278	278	Spathodea campanulata (Bignoniacées).	
NTIOMBI ou N'TYOMBI (m'pongoué).	Asam, Okess (pahouin) — Ozombi (gabonais) — Tchombi (m'pongoué) — Rikio (Côte d'Ivoire).	Rikio.	303 305	303 305	Uapaca sp. (Euphorbiacées).	
NTIOUBOU (m'pongoué).	Toum (pahouin).	Tsoumbou.	186	186	Newtonia insignis (Légumineuses - Césalpiniées).	
NTIOUMBO (m'pongoué).	Abangbous (pahouin).		211 214	211 214	Eugenia sp. ou Syzygium sp.	Le bois rappelle un peu le noyer par son grain.
NTODOLO (m'pongoué).	Okem (pahouin).		131	131	Pseudospondias gigantea (Anacardiacées).	
NTOM (pahouin).	Atom (pahouin) — Ekango (gabonais) — Moufombo (Baloumbo).		51	51	Pachypodanthium confine (Anonacées).	Voir Atom.
N'TOMA (pahouin). Semble être une variété de Bilinga. L'écorce du N'toma sert à fabriquer un poison).	Aloma, Issoula (pahouin) — Bilinga (m'pongoué) — N'Gulu Maza (Loango).	Bilinga.	228	228	Sarcocephalus Trillesii (Rubiacées).	
N'TOMBO (Bavili).	Voir Ntioubi (m'pongoué).	Rikio.	305	305	Uapaca sp. (Euphorbiacées).	
NTOUM (pahouin).	Ossimiala, Tolabitoum, Otolbitoum (pahouin) — Tissalala (Loango). Voir Toum (pahouin).	Ossimiala.	(?)	(?)	Piptadenia sp. (Légumineuses).	N'toum, Tolabitoum et Ossimiala, se ressemblent, mais ne sont pas identiques. Voir « Toum ».
N'TOVO ou NTOWO (m'pongoué, gabonais).	Eiélom, Eiélom-n'zam (pahouin) — Ozanedjo (m'pongoué) — Ossonpou (Sikiani) —Tobou, Tobo (Setté-Cama, Baponnou) Bahia (Côte d'Ivoire).	Bahia.	213	213	Mitragyna macrophylla (Rubiacées).	Cette espèce se trouve à la Côte d'Ivoire et au Cameroun. Elle pousse généralement dans les terrains humides.
N'VARA (pahouin).	M'pandya (gabonais).		177	177	Didelotia Duparquetiana (Légumineuses Césalpiniées).	
NZAM (pahouin).	Voir Ontan, Odiénéjé.	Odiénéjé.	91	91	Odyendyea gabonensis (Simarubacées).	

NOMS CONNUS et origine DE CES NOMS	DÉNOMINATIONS DIVERSES	NOMS PROPOSÉS pour l'usage commercial	Numéros des pages de Chevalier	Numéros des pages de Chevalier	NOMS SCIENTIFIQUES probables et famille botanique	OBSERVATIONS
1	2	3	4	5	6	7
Nzego (loango).	Febp, Micbp, Mieupp (pahouin) — Onjingo (m'pongoué).		(?)	(?)	Indéterminé.	
Nzet (pahouin).	Voir Euzipp.		(?)	(?)	Indéterminé.	
N'zonzi (Bapounou).	Voir Otangany.	Daniella.	172	173	Daniella sp. (Légumineuses Césalpinides).	
Nzyzavoum (pahouin).	Ogoumbvikua (m'pongoué).		88	28	Uvariastrum sp. (Anonacées).	

○

NOMS CONNUS et origine DE CES NOMS	DÉNOMINATIONS DIVERSES	NOMS PROPOSÉS pour l'usage commercial	Numéros des pages de Chevalier	Numéros des pages de Chevalier	NOMS SCIENTIFIQUES probables et famille botanique	OBSERVATIONS
Oba (m'pongoué, n'komi, gabonais).	N'Dok, Andok, Andogh (pahouin) — Magongo (Loango).	Oba.	96 / 95	96 / 93	Irvingia gabonensis (Irvingiacées).	Le fruit est séché au soleil, la graine retirée du fruit est torréfiée au feu, broyée et mélangée avec des graines d'Essoussoum (fruit d'une liane) qui contiennent un beurre fin. La pâte ainsi obtenue est le chocolat « D'Odika » ou le pain « d'Odika » qui se vend dans le pays plus de 1 franc le kilo.
Osamba (m'pongoué).	Voir Ngneul (pahouin).		294	294	Croton oligandrum (Euphorbiacées).	
Owélé (Sikiani).	Abal (pahouin) — Olangué (gabonais) — Owélé (m'pongoué).	Canarium.	114	114	Canarium velutinum (Burséracées).	Voir Abal.
Obéro (gabonais).	Loukoundou (Loango) — Ovéro, Ovérou (Ogoué) — Dougoundou (Balumbo).	Obéro.	(?)	(?)	Indéterminé.	
Osanguam (pahouin).	Abianguar.		83	83	Rhaptopetalum Soyauxii (Scytopétalacées).	
Osolo (n'komi).	Ebiara (pahouin) — Eniamianga (galoa) — Ilombo-bolo (n'komi).	Ebiara.	167	167	Berlinia bracteosa (Légumineuses Césalpiniées).	
Osolo (n'komi, Fernan-Vaz).	Voir Ebiara (pahouin).	Ebiara.	167	167	Berlinia bracteosa (Légumineuses Césalpiniées).	

NOMS CONNUS ET ORIGINE DE CES NOMS	DÉNOMINATIONS DIVERSES	NOMS PROPOSÉS POUR l'usage commercial	Numéros des pages de Chevalier	Numéros des pages de Chevalier	NOMS SCIENTIFIQUES PROBABLES ET FAMILLE BOTANIQUE	OBSERVATIONS
1	2	3	4	5	6	7
OROOUSTCHOA (gabonais).			565	565	Dryptopetalum Griffonii (Rhizophoracées).	
OROTCHÖÖ (gabonais, Sikiani).	Voir Ebor'nzok.	Ebernzok.	198	198	Légumineuse indéterminée.	
OBOTO (m'pongoué).	Ebor (pahouin) — Ibéka (m'pongoué) — Maboro (Gabonais) — Ilolo (n'komi) — M'bobotso (Bayaka) — Banga (Loango).	Oboto.	64	64	Mammea Klaineana ou Ochrocarpus africanus (Guttifères).	Voir Ebor. Fruit comestible.
OCHOCO (gabonais).	Sogo, Tsogo (pahouin) — Ossoko (m'pongoué) — Sokoué (Sikiani) — Issombo (bapounou).	Ossoko.	284	284	Scyphocephalium Ochocoa (Myristicacées).	Voir Ossoko. Graine oléagineuse.
OCHONGO (gabonais).	Voir : Ossongo (gabonais).	Ossongo.	256	256	Anthostema Aubryanum (Euphorbiacées).	
OCOULA (m'pongoué).	Khoumé, Egouiné, Igoumou (pahouin) — Ooula, Ogoula (m'pongoué) — Ikouminou, Mougouminou (Sette-Cama, Loango).	Coula.	133	133	Coula edulis (Olacinées).	Voir Coula. Fruit comestible.
ODIÉNGÉ ou ODIÉNDJÉ ou ODZENZÉ (m'pongoué, n'komi).	Ontang, Onzou, N'zan (pahouin) — Dibindi (Bschiras) — Moussiguiri (Bapounou).	Odiéndjé.	91	91	Odyendyea gabonensis (Simarubacées).	Graine oléagineuse fournissant une matière grasse comestible appelée par Hockel le Beurre d'Odyendyé.
ODOO (pahouin).	Voir Atanga.	Atanga.	191	191	Pachylobus edulis (Burséracées).	
ODOUM (pahouin).	Doum (pahouin) — M'fouma (Loango) — Ogouma (m'pongoué) — Kapokier, dragonnier.	Fromager.	77	77	Eriodendron guineense (Malvacées).	
ODOUM (divers).	Voir Iroko.	Iroko.	384	384	Chlophora regia ou excelsa (Urticacées).	
ODZAKOUNA ou OSZIKOUNA ou OSIAKOUNA (pahouin)		Odzakouna.	85	85	Scytopetalum sp. (Scytopetalacées).	Vu dans le haut Como.
OKEKAÉ (n'komi, m'pongoué).	Voir Ordré.	Moabi.	242	242	Baillonella toxisperma (Sapotacées).	Voir Moabi ou Adza.
OKOL (pahouin)).	Ogoha (m'pongoué).		50	50	Isolona Klaineana (Anonacées).	
OKOSS (pahouin, gabonais).	Ozoxo (m'pongoué) — Osongobady (n'komi).		154	154	Pseudospondias longifolia (Anacardiacées).	Les pahouins mangent les fruits aigres et rafraîchissants.
OKOUMA (gabonais).	Enkagouma (m'pongoué) — M'baghesa (pahouin).		197	197	Tetrapleura Thonningii (Légumineuses Mimosées).	
			88	85	Quassia africana (Rutacées).	

NOMS CONNUS et origine DE CES NOMS	DÉNOMINATIONS DIVERSES	NOMS PROPOSÉS POUR l'usage commercial	Numéros des pages de Chevalier	Numéros des pages de Chevalier	NOMS SCIENTIFIQUES PROBABLES ET FAMILLE BOTANIQUE	OBSERVATIONS
1	2	3	4	5	6	7
OGANGA-GAMBA (m'pongoué).	Sassono (pahouin).		227	227	Plectronia sp. (Rubiacées).	
OGAMINIA (m'pongoué).	Voir Oguéminia.	Movingui.	177	177	Distemonanthus Benthamianus (Légumineuses Césalpiniées).	
OGANA (m'pongoué, n'komi).	Okala (pahouin) — Mogana (bapounou).	Ogana.	221 / 211	321 / 211	Indéterminé.	L'arbre que nous proposons d'appeler « Ogana » est cette espèce indéterminée qui ne doit pas être confondue avec la suivante rarement appelée ogana elle aussi.
OGANA (gabonais).	Okala (pahouin) — Akola, Bikoué (Gabonais) — Poivrier d'Éthiopie.		49	31	Xylopia aethiopica (Anonacées).	Racines aériennes souvent développées.
OGANÉRO (m'pongoué).	Eielom (pahouin) — N'tovo (m'pongoué) — Ossoupou (Sikiani) — Tobou (Setté-Cama, Bapounou) — Bahia (Côte d'Ivoire).	Bahia.	223	118	Mytragyne macrophylla (Rubiacées).	Voir Niovo.
OSANGÉ (n'komi).	Ebana, Ngome (pahouin) — Mogahga (Balumbo).	Copalier d'Afrique	143	143	Copaifera sp. (Légumineuses Césalpiniées).	
ONZABILIGO (gabonais, m'pongoué).	Onzabili, Onzakou (pahouin) — Osongongo (m'pongoué).	Onzabili.	156	156	Antrocaryon Klaineanum (Anacardiacées).	Voir Onzabili. Fruits comestibles.
OBOULA (m'pongoué).	Olol (pahouin).		50	50	Isolona Klaineana (Anonacées)	
OUOKEMBOGOU (m'pongoué).	Voir Okola.	Douka.	250	250	Dumoria? (Sapotacées)	Voir Douka. Le mot mpongoué : « ndjogou » signifie « éléphant » et se retrouve comme suffixe dans beaucoup de noms.
OGOULA (m'pongoué).	Voir Ocoula, Ooula.	Ooula.	133	133	Coula edulis (Olacinées).	Voir Coula : fruit comestible.
OGOUMA (m'pongoué).	Doum, Odoum (pahouin) — M'fouma (Loango) — Dragonnier, Kapokier (Colons).	Fromager.	77	77	Eriodendron guineense (Malvacées).	
OGOUMALANGA (galoa).	M'hol (pahouin).		298	298	Palvaeusa? gabonensis (Euphorbiacées).	
OGOUMÉVIKOUA (m'pongoué).			99	52	Uvariastrum sp. (Anonacées).	
OGOUNOU (gabonais).			241	241	Acolea missionis (Sapotacées).	
OGOULBRI (m'pongoué).	Npodgué.		692	292	Plagiostyles Klaineana (Euphorbiacées).	
OSTUMBÉ ou ONSTUMBÉ (m'pongoué).	Voir Okola, Okolengoouma (pahouin).		241	241	Leonnitediaka Klaineana (Sapotacées).	Voisin des Mimusops.

NOMS CONNUS et origine DE CES NOMS	DÉNOMINATIONS DIVERSES	NOMS PROPOSÉS pour l'usage commercial	Numéros des pages de Chevalier	Numéros des pages de Chevalier	NOMS SCIENTIFIQUES PROBABLES ET FAMILLE BOTANIQUE	OBSERVATIONS
1	2	3	4	5	6	7
Ouéméra (m'pongoué).	Eyen, Eli-Bangan (pahouin) — Movingui (Bayaka).	Movingui.	177	177	Distemonanthus Benthamianus (Légumineuses Césalpiniées).	Bel arbre à écorce rouge. Voir Eyène.
Oumbzo (m'pongoué).	Padouk, Bois Corail (Coloma) — Erigo (m'pongoué) — Igouugou (Setté-Cama) — Tiéze (Loango) — M'bel Eboul (pahouin)	Padouk.	159	159	Pterocarpus Soyauxii (Légumineuses Papilionacées).	Voir Kbel ou Eboul.
Obmo (gabonais)			84	84	Scytopetalum brevipes (Scytopétalacées).	
Okala (pahouin).	Akola, Bikoué, Ogana (gabonais) — Poivrier d'Ethiopie.		351	351	Xylopia aethiopica (Anonacées).	
Okala (pahouin).	Ogana (m'pongoué et gabonais).	Ogana.	32	32	Indéterminé.	Bois de chauffage apprécié. Ne pas confondre cette espèce avec le Xylopia Aethiopica que les m'pongoué appellent aussi Ogana.
Okam (gabonais).	N'togolo (m'pongoué).		151	151	Pseudospondias gigantea (Anacardiacées).	
Okambo (gabonais).	Goumon-Gounou (gabonais).		164	164	Vouapa macrophylla (Légumineuses Césalpiniées).	
Okba (pahouin).	Dina (Setté-Cama) — Ananiba-Pombolo, Kindzou (m'pongoué) — Eyom (pahouin).		176	176	Dialium (aff. Connaroides) (Légumineuses Césalpiniées).	Le nom d'Amamba pounbolo s'applique à une espèce voisine que n'est peut-être pas la même (à vérifier).
Okess (pahouin). (Il n'y a pas analogie entre l'Assam et l'Okess qui reste moins gros que le véritable Rikio).	Assam (pahouin) — Ozombi (gabonais) — N'Tiombi, Tchombi (m'pongoué) — Rikio (Côte d'Ivoire).	Rikio.	323	323	Uapaca sp. (Euphorbiacées).	
Okip (pahouin).	Kondjot (gabonais).	Okip.	100	100	Klainedoxa gabonensis? (Irvingiacées).	Eveuss (pahouin) s'appelle aussi N'kondjo en gabonais.
Okoka (Akélé).	Akoga, Ahoura (pahouin) — Azobé (Apollonien de la Côte d'Ivoire).	Azobé.	194	194	Lophira procera (Lophiracées).	Bel arbre à écorce rouge. Se retrouve à la Côte d'Ivoire et au Cameroun.
Okola (divers).	Serait de même que Onkolla, N'kola (pahouin). — Onoungou, Nonngou (n'komi) Ndouka (Loango) — Moudouka (Setté-Cama, Bapounou).	Ncuka.	250	250	Dumoria sp. (Sapotacées).	Le Douka et l'Oloka ne sont peut-être pas identiques, mais très voisins. Graine oléagineuse intéressante. Arbres très voisins du « Makoré » de la Côte d'Ivoire.
Okolangoume ou Okola-angoume (pahouin).	Kombé, Onguembé (gabonais) — Ngeugé (Loango).		(?)	(?)	Indéterminé, probablement : Lecomtedoxa Klaineana (Sapotacées).	Bois très dur.
Ombimbimi (m'pongoué)	N'grokom (pahouin) — M'beba (n'komi) — Moubouba (Bayaka).		318	318	Myrianthus arboreus (Urticacées).	

NOMS CONNUS et origines de ces noms	DÉNOMINATIONS DIVERSES	NOMS PROPOSÉS pour l'usage commercial	Numéros des pages de Chevalier	Numéros des pages de Chevalier	NOMS SCIENTIFIQUES probables et famille botanique	OBSERVATIONS
1	2	3	4	5	6	7
Okoroué (Eschiras).	Oufboumha (Setté-Cama).		(?)	(?)	Indéterminé.	
Oroumë (pahouin).			196	196	Masskarlia didymostemon (Euphorbiacées).	Les pahouins emploient l'écorce en guise de savon.
Okoumé (divers).	Angouma (pahouin) — Mokoumi (Bayaka).	Okoumé.	96-97-98-34-109-116-117-130-356-113-114	96-97-98-34-109-116-117-130-356-113-114	Aucoumea Klaineana (Burséracées).	Le bois sert à faire des pirogues. Il donne une résine employée à faire des torches.
Olixé (pahouin).	Bois rappelant l'Eveuss.		(?)	(?)	Indéterminé.	
Olengoumi (n'komi).			(?)	(?)	Indéterminé.	
Olingué (gabonais).	Abel (pahouin) — Owelé (m'pongoué) — Obélé (Sikhani).	Canarium.	114	114	Canarium velutinum (Burséracées).	Ne pas confondre Olengué-Canarium avec Olingué-Daniella. Ce sont deux arbres très différents.
Olema (n'komi).	Opavess (pahouin) — Moulindé ou Moulenda (Bayaka, Balumbo).		96	96	Desbordesia insignis (Irvingiacées).	
Olingué (m'pongoué).	Bissé (pahouin).	Daniella.	172	172	Daniella Klainei (Légumineuses Césalpiniées).	Il ne faut pas confondre cet Olingué-Daniella (bois veiné) avec l'Olengué-Canarium (bois blanc) qui est mentionné ci-dessus, deux lignes plus haut.
Olon (pahouin).	Nongò (m'pongoué, n'komi).	Olon.	88	88	Fagara macrophylla (Rutacées).	Les pahouins s'en servent comme bois de résonance pour les tam-tam. L'écorce grattée donne une poudre qui empoisonne le poisson et qui sert pour la pêche.
Olonvogo.	Loïnvogo, Loïnvougha, Loïnveura (pahouin) — Mongo (m'pongoué et n'komi).	Olonvogo.	89	89	Fagara sp. (Rutacées).	
Oloumboï-Loumboï (m'pongoué).	Ololbé (pahouin).		287	287	Hernandia beninensis (Lauracées).	
Olouvu (myongoué).	Alom (pahouin).		159	159	Lannea Zenkeri (Anacardiacées).	
Ombéga (m'pongoué, pahouin).	Ombolombolo, Ombega-flote (n'komi) — Bilolo, Dilolo-di-flote (Setté-Cama, Loango) — Dominguila (pahouin).	Noyer du Gabon.	129	129	Indéterminé.	Voir Dominguila.
Ombega Oragorlo (gabonais).	Zaminguila (pahouin) — Acajou rouge Dilolo-di-Beuga (Setté-Cama) — Ombega mâle (Colona).	Acajou du Gabon	125 130	125 130	Khaya sp. (Malvacées).	Ouanguelo signifie rouge. Denga signifie rouge.

NOMS CONNUS ET ORIGINE DE CES NOMS	DÉNOMINATIONS DIVERSES	NOMS PROPOSÉS POUR l'usage commercial	Numéros des pages DE CHEVALIER	Numéros des pages DE CHEVALIER	NOMS SCIENTIFIQUES PROBABLES ET FAMILLE BOTANIQUE	OBSERVATIONS
1	2	3	4	5	6	7
Omvega Ouapoupou (gabonais).	Diloio-di-Tangany (Setté-Cama) — Acajou blanc.	Acajou du Gabon	125 130	125 130	Khaya sp. (Méliacées).	Ouapouïnou signifie blanc. Tangany signifie blanc.
Ombéné-Ombat (nkomi et m'pongoué).	Abel Mbouangha; Mgouanha (pahouin) — Moualckoumbi (bayaka), Idoumbéni (m'pongoué).	Kolatier.	78	78	Cola Ballayi (Sterculiacées).	Voir Abel.
Omboloksolo (nkomi).	Ombega femelle, Noyer (colons).	Noyer du Gabon			Indéterminé.	Voir Dominguila
Onoungou (nkomi).	Ndouka (Bayaka) — Onkola (pahouin) — Onoungou (n'komi) — Moudouka (Loango).	Douka.	251	251	Dumoria africana (Sapotacées).	
...wé (mpongoué).	Esoma (pahouin) — N'ssossongo (Loango).		275	275	Rauwolfia macrophylla (Apocynées).	Voir Esoma.
Onroscoé (mpongoué).	Akeul ou N'gonhugoué (pahouin).		222	222	Corynanthe gabonensis (Rubiacées).	
Onora ou Onako ou Onaxa ou Onoroto (pahouin).	Angueuk (pahouin) — Ogoré (Bas-Ogoué) — Isano, N'sanou (Loango).	Angueuk.	142	142	Ongokea Klaineana (Olacinées).	Voir Angueuk.
Ongoora (pahouin).			(?)	(?)		Rencontré dans le haut Como
Onsango (mpongoué).	Febp, Mfebp, Mfeupp (pahouin) — Nzingo (loango).		(?)	(?)	Indéterminé.	
Onkola (pahouin).	Voir Okola (pahouin).	Douka.	250	250	Dumoria sp. (Sapotacées).	Voir Okola.
Onoumbaoé Onoubmsout (nkomi, mpongoué).	Aborboro (pahouin) — Eborbor (pahouin).		320	320	Indéterminé.	
Okoongoo (nkomi).	Voir Okola (pahouin).	Douka.	251	251	Dumoria sp. (Sapotacées).	Voir Okola.
Onsongongo (gabonais).	Voir Osongongo.	Onzabili.	150	150	Antrocaryon Klaineanum (Anacardiacées)	
Onvong ou Onvons (pahouin).	Popa (gabonais) probablement le même que Ikoumbi, N'koumbi, Mouflou (Setté-Cama).	Onvong.	173	173	Dialium guineense (Légumineuses Césalpiniées).	
Onzabili ou Onzakos ou Onakoum (pahouin).	Osongongo, Oosongongo (gabonais) — Oganganncdo, Ogogondo (m'pongoué) — N'djondjokon (Sikiani).	Onzabili.	150	150	Antrocaryon Klaineanum (Anacardiacées)	Les pahouins mangent les fruits.
Orong au Oron (pahouin).	Odyendté, Osénezé (m'pongoué, n'komi) — Moussiguiri (Bapounou) — Dibindi (Eschiras).	Odiénélé.	91	91	Odyendyea gabonensis (Simaroubacées).	Graine oléagineuse donnant le beurre d'Odyendyé.

NOMS CONNUS ET ORIGINE DE CES NOMS	DÉNOMINATIONS DIVERSES	NOMS PROPOSÉS POUR l'usage commercial	Numéros des pages de Chevalier	Numéros des pages de Chevalier	NOMS SCIENTIFIQUES PROBABLES ET FAMILLE BOTANIQUE	OBSERVATIONS
1	2	3	4	5	6	7
Obaa (Colons).	Voir Ovala.	Ovala.	194	194	Pentaclethra macrophylla (Légumineuses mimosées).	Voir Ebé. Graine oléagineuse.
Ofavèss (pahouin).	Olinda (n'komi) — Mouliné (Bayaka).		96	96	Desbordesia insignis (Irvingiacées).	
Ofompolo (n'komi).	Indéterminé.		(?)	(?)	Indéterminé.	
Okoumé rouge (divers).	Umbéné, Ombéni (m'pongoué).	Koinfler.	76	78	Cola Ballayi (Sterculiacées).	
Onéné (m'pongoué, n'komi).	Oéréré (m'pongoué, n'komi) — Adzo, Adza, Adzap, Aza (pahouin) — Moabi (Bayaka).	Moabi.	242-246	242-246	Baillonella toxisperma (Sapotacées).	Voir Moabi ou Adza. Graine oléagineuse.
Orono (n'komi).	Ahinebé (pahouin) — Mouvougou (Bapounou) — Ossindio (m'pongoué).	Ahinebé.	277	277	Anthocleista nobilis (Loganiacées).	Petit arbre à feuilles très grandes.
Oskongo (gabonais, n'komi).	Voir : Ossongo (gabonais).	Ossongo.	293	293	Anthostema Aubryanum (Euphorbiacées).	
Osonou (Sikiani).	Ozoli (gabonais) — Osongho (m'pongoué) — Ossol (pahouin).	Ossol.	68	68	Symphonia gabonensis (Guttifères).	
Osoko (gabonais, m'pongoué).	Voir Osseko.	Osseko.	284	284	Scyphocephalium Ochocoa (Myristicacées).	Voir Ossoko.
Osol ou Ossol (pahouin).	Ozoli, Osonghot (m'pongoué, gabonais) — Osodou (Sikiani) — Mountanianga (Loango).	Ossol.	69-72	69-72	Symphonia gabonensis (Guttifères).	Oyanga (nkomi) paraît être très voisin de Ossol mais pas identique. Ces deux arbres paraissent entièrement rouges au moment de la floraison.
Osonako (m'pongoué).	Ozoli (m'pongoué) — Ossol (pahouin) — Osodou (Sikiani) — Mountanianga (Loango).	Ossol.	69	40	Symphonia gabonensis (Guttifrées).	
Osongoabé (n'komi).	Ofoss (gabonais, pahouin).		154	154	Pseudospondias longifolia (Anacardiacées).	
Osongongo (gabonais).	Onzabili, Onzakon (pahouin) — Ogangan-bédo (m'pongoué).	Onzabili.	148-150	148-150	Antrocaryon Klaineanum (Anacardiacées).	Voir Onzabili.
Ossa (pahouin).	Osségou (pahouin).	Atanga.	126	126	Pachylobus edulis (Burséracées).	Les pahouins mangent les fruits (Attenga).
Ossfoou (m'pongoué).	Ossa (pahouin).	Atanga.	173	173	Pachylobus edulis (Burséracées).	Les pahouins mangent les fruits (Attenga).
Ossné (pahouin).	Inéssn (pahouin).		204	293	Maprounea membranacea (Euphorbiacées).	

NOMS CONNUS ET ORIGINE DE CES NOMS	DÉNOMINATIONS DIVERSES	NOMS PROPOSÉS POUR l'usage commercial	Numéros des pages de Chevalier	Numéros des pages de Chevalier	NOMS SCIENTIFIQUES PROBABLES ET FAMILLE BOTANIQUE	OBSERVATIONS
1	2	3	4	5	6	7
OSSÉSINDÉ (gabonais).	Assas, Eouclaveu (pahouin) — Otindia (m'pongoué) — Tchomboko (Sikiani) — N'kala (Loango).	Assas.	293	293	Bridelia speciosa (Euphorbiacées).	Voir Asas ou Assas.
OSSINGALA ou OSSINGALE (pahouin).	Okoroué (Fernan-Vaz) — Ouiboumba (Setté-Cama) — Issingani (Balumbo).	Ossimiale.	159	159	Piptadenia ? (Légumineuses).	
OSSINGO (m'pongoué).	Ahinebé (pahouin) — Ororo (n'komi) — Mougourou (Bapounou).	Ahinebé.	277	277	Anthocleista nobilis (Loganiacées).	Voir Ahinebé.
OSSOKO (n'komi).	Sogo, Tsogo, Sorro, Usoro (pahouin) — Ocheco, Otsoko, Sokoué (Sikiani) — Issomlo (Bapounou).	Ossoko.	284	254	Scyphocephalium Ochocoa (Myristicacées).	D'après Henkel, la graine renferme 80 % de matière grasse, de couleur foncée, fusible à une température élevée, et qui pourrait être utilisée en stéarinerie.
OSSOL (pahouin).	Voir Osol.	Ossol.	72	72	Symphonia gabunensis (Guttifères).	
OSSONGHO ou OSSONGO (gabonais, n'komi, sikiani).	Ochongo, Oshongo (gabonais, n'komi, sikiani) — Assongha, Assonba, Asohih (pahouin) — Moudzandji (Balumbo, Setté-Cama).	Ossonga.	393	393	Anthostema Aubryanum (Euphorbiacées).	Écorce riche en latex blanc très caustique, dangereux pour les yeux.
OSSOUROU (sikiani).	N'tovo (gabonais, m'pongoué) — Oganedjo m'pongoué de N'Gomo) — Elelom, Elelomzam (pahouin).	Bahia.	223	223	Mitragyne macrophylla (Rubiacées).	Voir Ntovo. Se retrouve à la Côte d'Ivoire et au Cameroun.
OTSANGANI (n'komi).	Bissé (pahouin) — Oihugué (m'pongoué, n'komi) — Moutngani (Bachiras) — Nzougui (Bapounou).	Daniella.	172	172	Daniella sp. Légumineuses Césalpiniées).	
OTINDIA (m'pongoué, n'komi).	Assas, Eouclaveu (pahouin) — Ossésindé (gabonais) — Tchomboko (Sikiani) — N'kala (Loango) — Moutsetrendi (Balumbo).	Assas.	393	593	Bridelia speciosa (Euphorbiacées).	Voir Asas ou Assas.
OTOUBE (pahouin).	Oloumboi-loumboi (m'pongoué).		41-287	41-287	Hernandia beninensis (Lauracées).	
OTOUHIN (pahouin).	Otounga (gabonais) — Mouamba ou Mouamba Aoïo (Loango).	Otounga.	54	54	Anonacée indéterminée.	
OTOUMA (pahouin).	M'bengué (m'pongoué).		316	316	Ficus punctata (Urticacées).	
OTOUNGA (n'komi).	Voir Otouhin (pahouin).	Otounga.	54	54	Anonacée indéterminée.	
OTSOKO ou OSSOKO ou OSOKO ou OCHOKO (n'komi, gabonais, m'pongoué).	Sokoué (Sikiani) — Sogo, Tsougue, Songo, Sorro, Soko, Sorho (pahouin) — Issombo (Bapounou) — Usoro (intérieur du Gabon).	Ossoko.	293	244	Scyphocephalium Ochocoa (Myristicacées).	Voir Ossoko. Graines Oléagineuses.

NOMS CONNUS ET ORIGINE DE CES NOMS	DÉNOMINATIONS DIVERSES	NOMS PROPOSÉS POUR l'usage commercial	Numéros des pages de Chevalier	Numéros des pages de Chevalier	NOMS SCIENTIFIQUES PROBABLES ET FAMILLE BOTANIQUE	OBSERVATIONS
1	2	3	4	5	6	7
Ossongo (gabonais, n'ko-mi, Sikiani).	Asobin, Assonha (pahouin) — Ochongo (gabonais).	Ossongo.	293	293	Anthostema Aubryanum (Euphorbiacées).	Voir Ossongo.
Ossourou (Sikiani).	Elelom (pahouin) — N'tovo, Oganedja (m'pongoué) — Tobou (Eschiras, Bapounou) — Bahia (Côte d'Ivoire).	Bahia.	213	239	Mitragyne macrophylla (Rubiacées).	
Otvenia ou Otvenia (n'ko-mi).	M'bébame (pahouin) — M'pévi, M'pébi (m'pongoué) — Inang (Setté-Cama).	M'bébame.	247	247	Chrysophyllum sp. (Sapotacées).	
Otva-nzam (pahouin).	Dimimbi-diamamba (bayaka) — Touté (n'komi).		285	285	Discoglypremna caloneura (Euphorbiacées).	
Oufo (pahouin).			183	133	Ximenia americana (Olacinées).	
Otsourou ou Osounou (gabonais).	Acolé (gabonais).		241	241	Acolea missionis (Sapotacées).	Voir Acolé.
Ousgou (pahouin).			204	204	Parinarium glabrum (Rosacées).	
Ouôoueso (pahouin).	Voir Ooao (pahouin).		197	197	Tetrapleura Thonningii (Légumineuses Mimosées).	
Ouroria (pahouin.)	Ororo (gabonais).		277	277	Anthocleista Vogelii (Loganiacées).	
Ovala (divers).	Ebé (pahouin) — Bala, M'bala, Mvala, Mouala (m'pongoué) — Mouilapanza (mayumbé).	Ovala.	194	104	Pentaclethra macrophylla (Légumineuses Mimosées).	Voir Ebé. Graines oléagineuses.
Ovang ou Oveng ou Owang (pahouin).	Kévazingo, N'kévazingo, Koonazango (gabonais, n'komi) — Ibanda (Bayaka).	Kévazingo.	177	177	Didelotia africana (Légumineuses Césalpiniées).	
Ovang'kol (pahouin). (L'Ovang'kol reste plus petit que l'O-vang).	Ressemble beaucoup à Ovang bien que les pahouins distinguent les deux espèces.		(?)	(?)		
Ovéa ou Ovéa (pahouin)	Ngandja (n'komi) — Ngoé (m'pongoué) — Liméné (Loango) — Odone (pahouin du Como).	Ovéa.	232	232	Schumanniophyton Klaineanum (Rubiacées voisin des Sarcocephalus).	
Ovenzi (n'komi).	M'Varfina (pahouin).	Demi-deuil.	223	233	Diospyros aggregata (Ébénacées).	
Ovo (pahouin).	Niondja (m'pongoué).		322	322	Indéterminé.	
Ovoaa (m'pongoué).	Afo, M'fo (pahouin — M'poga (n'komi).	Ovoga.	288	288	Poga oleosa (Rhizophoracées).	Voir Afo. La graine fournit une huile comestible.

NOMS CONNUS ET ORIGINE DE CES NOMS	DÉNOMINATIONS DIVERSES	NOMS PROPOSÉS pour l'usage commercial	Numéros des pages de Chevalier	Numéros des pages de Chevalier	NOMS SCIENTIFIQUES PROBABLES ET FAMILLE BOTANIQUE	OBSERVATIONS
1	2	3	4	5	6	7
OVONBA ou OVOUNDA ou OWOUNDA (n'komi).	Evoma (pahouin) — Mouvounda, Movoun-da (Bapounou) — Owui (pahouin).	Ovanda.	49	16	Hexalobus crispiflorus (Anonacées).	
OVÔNE (pahouin).	Epano (m'pongoué).		394	121	Indéterminé.	
OVONE (pahouin).	Voir Onvong.	Onveng.	173	173	Dialium guineense (Légumineuses Césal-piniées).	
OVOCHEA (m'pongoué).	Ebornzok (pahouin) — Obotobou (m'pou-goué).	Ebornzok.	198	195	Légumineuse indéterminée.	Voir Ebornzok.
OWALA (m'pongoué).	Voir Ovala.	Ovala.	194	194	Pentaclethra macrophylla (Légumineu-ses Mimosées).	Voir Ebé.
OWALE (gabonais).	Bialé, N'gué ngué (gabonais)		63	63	Garcinia Klaineana (Guttifères).	
OWANG (pahouin).	Voir Ovang.	Kévazingo.	177	177	Didelotia africana (Légumineuses Césal-piniées).	
OWILI (m'pongoué).	Abel (pahouin) — Olengué (gabonais) — Ovolé (m'pongoué) — Obéle (Séttani).	Canarium.	124	114	Canarium velutinum (Burséracées).	Voir Abel.
OWIMON (m'pongoué).	M'bimo (Cap Lopez) — N'saoghn (pahouin)		256	154	Mimusops lacera (Sapotacées).	
OWINGOS (n'komi).	Eyen, Eli-bangan (pahouin) — Ogaéminia (m'pongoné) — Movingui (Bayaka).	Movingui.	177	177	Distemonanthus Benthamianus (Légumi-neuses Césalpiniées).	Voir Movingui.
OWOUA (m'pongoué).	Evouss (pahouin) — Mangoma (Bayaka).	Evouss.	181	101	Klainedoxa latifolia (Irvingiacées).	
OWOUDA (n'komi).	Voir Ovonda, Owui.	Ovonda.	49	49	Hexalobus crispiflorus (Anonacées).	
OYUI (pahouin).	Evoma (pahouin) — Ovonda (n'komi) — Mouvounda (Bapounou).	Ovonda.	49	40	Hexalobus crispiflorus (Anonacées).	Les pahouins utilisent le bois pour fa-briquer des pagaies.
OYAMBA (n'komi).	Agnuhé ou N'sangoma (pahouin) — Moga-digila (Bayaka).	Oyamba.	68	68	Pentadesma butyracea (Guttifères).	Voir Agnuhé.
OYANDA (n'komi).	Mouyanga (bapounou).		(?)	(?)	Indéterminé.	Paraît être voisin de Osso) (pahouin) mais non pas identique. Ces deux ar-bres, au moment de la floraison parais-sent entièrement rouges.
OYAYA (m'pongoué).			213	213		
OTEM (pahouin).			329	222	Indéterminé.	

17

NOMS CONNUS ET ORIGINE DE CES NOMS	DÉNOMINATIONS DIVERSES	NOMS PROPOSÉS POUR l'usage commercial	Numéros des pages de Chevalier	Numéros des pages de Chevalier	NOMS SCIENTIFIQUES PROBABLES ET FAMILLE BOTANIQUE	OBSERVATIONS
1	2	3	4	5	6	7
OYEM MVOME (pahouin).	M'Ba N'zogo (pahouin).		(?)	(?)	Indéterminé.	Voir si ce n'est pas le même que Kamba (n'komi)? Certains pahouins confondent Oyem Vomé et Mbanzogo, d'autres pahouins distinguent deux arbres différents.
OZAMBOUE (n'komi).	Esouha (m'pongoué) — Mangourra (pahouin).		189	189	Hymenostegia sp. (Légumineuses Césalpiniées).	
OZAKOME ou OZAKOUM (pahouin).	Voir Onzakon, Onzabili.	Onzabili.	150	150	Antrocaryon Klaineanum (Anacardiacées)	
OZANEGUILA (m'pongoué).	Essang, Escessang, Engessan, Issangulia (pahouin) — Ozanégulla (m'pongoué).	Escessang.	299	299	Ricinodendron africanum (Euphorbiacées).	Voir Escessang. Graines oléagineuses.
OZENENE (n'komi, m'pongoué).	Voir Odiénéjé.	Odiénéjé.	91	91	Odyendyea gabonensis (Simarubacées).	Graines oléagineuses donnant le beurre d'Odyendyé.
OZENENE (n'komi, m'pongoué).	M'ban (pahouin).	Odiénéjé.	121	121	Méliacées (indéterminées).	
OZIGO (m'pongoué).	Azigo (m'pongoué) — Assia (pahouin) — Massikou (Bayaka).	Ozigo.	115	115	Pachylobus Buttneri (Burséracées).	Fruit appelé « Sia » par les pahouins qui le mangent après ébouillantage.
OZOGOUE (m'pongoué).	Alénokoué (pahouin).		319	319	Dracaena fragans (Liliacées).	
OZOLI (gabonais).	Osol, Ossol (pahouin) — Osongho (m'pongoué) — Osodon (Sikiani) — Mountanianga (Loango).	Osol.	69	69	Symphonia gabonensis (Guttifères).	
OZOMBI (gabonais).	Asam, Okess (pahouin) — N'tiombi, Tchombi (m'pongoué) — Rikio (Côte d'Ivoire).	Rikio.	303	303	Uapaca sp. (Euphorbiacées).	
OZOUGA (m'pongoué, n'komi).	Osougo (n'komi) — Issona, Essoua (pahouin) — Mosouhonga (bayaka).	Ozouga.	87	87	Saccoglottis gabonensis (Humiriacées).	
OZOUBA (n'komi).	Owingué (m'pongoué) — Mangôma (bayaka) — Evouss (pahouin).	Evouss.	101	101	Klainedoxa latifolia (Irvingiacées).	
OZOUCO (n'komi).	Voir Orouga.	Orouga.	87	87	Saccoglottis gabonensis (Humiriacées).	
OZOVE (galoa).	Voir Angueuk.	Angueuk.	142	142	Ongokea Klaineana (Olacinées.)	La graine appelée goré ou n'goré sert d'appât pour piéger les écureuils, rats palmistes, etc.
OZOZO (m'pongoué).	Ofoss (pahouin).		154	154	Pseudospondias longifolia (Anacardiacées).	V. Ofoss.

P

NOMS CONNUS et origine de ces noms (1)	DÉNOMINATIONS DIVERSES (2)	NOMS PROPOSÉS pour l'usage commercial (3)	Numéros des pages de Chevalier (4)	Numéros des pages de Chevalier (5)	NOMS SCIENTIFIQUES probables et famille botanique (6)	OBSERVATIONS (7)
PADOUK (divers).	Ohiego, Brigo (m'pongoué, n'komi) — Igoungou (Setté-Cama) — M'venge (Camerun) — Tiene (Loango) — M'bel, Eheul (pahouin — M'bel pour l'arbre sur pied, Eheul pour le bois mis en œuvre).	Padouk.	159	159	Pterocarpus Soyauxii (Légumineuses Papilionacées).	Les pahouins utilisent le bois rouge de cette espèce de la manière suivante : ils grattent le bois mouillé avec un caillou et obtiennent ainsi une pâte rouge avec laquelle ils se peignent la peau.
PAIN DE DIKA ou O'HIKA (divers).	N'dok, Andok (pahouin) — Mouba (Loango) — Oba (m'pongoué).	Oba.	97-99	97-99	Irvingia gabonensis (Irvingiacées).	Le fruit de l' « Oba » est séché au soleil, la graine extraite du fruit séché, est torréfiée au feu, broyée et mélangée avec des graines d'Escoussous (fruit d'une liane) qui contiennent un beurre fin. La pâte ainsi obtenue est le pain d'Odika qui se vend 1 fr. le kilo.
PALÉTUVIER (divers).	Monfanda (Setté-Cama) — N'tane (pahouin) — Itanda, Ntanda (m'pongoué) — Mikosa (Loango) — Mouvanda (Bapouinou).	Palétuvier.	35, 295-296	35, 295-296	Rhizophora racemosa (Rhizophoracées).	
PALÉTUVIER BLANC.			260	260	Avicennia africana (Verbénacées).	
PALÉTUVIER ROUGE.	Voir Palétuvier.	Palétuvier.	209	209	Rhizophora racemosa (Rhizophoracées).	
PALISSANDRE D'AFRIQUE.			186	186	Macrolobium Palisoti (Légumineuses Césalpiniées).	
PINGO (Loango).	Voir Mvane (pahouin).	Pindja.	182	183	Hylodendron gabonense (Légumineuses Césalpiniées).	
PANZA (Loango).	Voir Ovala (gabonais).	Ovala.	189	189	Pentaclethra macrophylla (Légumineuses Mimosées).	Graines oléagineuses renfermées dans de grandes gousses, longues de 30 à 60 centimètres.
PAO-DIKO (portugais).	Tôm (pahouin) — Divavira (m'pongoué).		115	115	Pachylobus balsamifera (Burséracées).	
PARASOLIER (divers).	Assan, Asseng (pahouin) — Combo-Combo (m'pongoué) — Moussinga (Fernan-Vaz, Eschiras).	Parasolier	317	317	Mussanga Smithii (Urticacées).	Voir Assan ou Asseng.

Noms connus et origine de ces noms	Dénominations diverses	Noms proposés pour l'usage commercial	Numéros des pages de Chevalier	Noms scientifiques probables et famille botanique	Observations
1	2	3	4 / 5	6	7
Pemba (divers).			202	Parinarium excelsium (Rosacées).	Voisin du Sougué de la Côte d'Ivoire.
Pendo (n'komi).			216	Memecylon Loperianum (Mélastomacées).	
Penzo.				Indéterminé.	
Pindia (m'pongoué).	Mvana, Mvene (pahouin) — M'pango (Loango).	Pindie.	182	Hylodendron gabonense (Légumineuses Césalpiniées).	
Pinen.			(?)	Indéterminé.	
Puangolo (n'komi de Fernan-Vaz).			(?)	Indéterminé.	
Poivre à poudre des Pahouins.			87	Feronia gabonensis (Rutacées).	
Poivre d'Ethiopie (divers).	Okala (pahouin) — Akola, Bikoué, Ogana (gabonais).		52	Xylopia aethiopica (Anonacées).	
Popa (m'pongoué).	Ovnong (pahouin) — Probablement le même que : Ikoumbi, Mougbouhi, Moumfilou (Setté-Cama).	Onvong.	173	Dielium guineense (Légumineuses Césalpiniées).	
Prunier du Gabon (divers).	Abame ou Abam (pahouin).		241	Chrysophyllum pruniformis (Sapotacées).	Voir Abam. Fruit comestible.
R					
Raisin du Pahouin (divers).	M'vout, M'vouta (Loango).		149	Emiliomarcelia sp. (Anacardiacées).	Petit arbre à fruits rouges comestibles.
Raisin rouge (divers).			291	Staphysora Klaineana (Euphorbiacées).	Très voisin du « Sénan » de la Côte d'Ivoire dont le nom scientifique est Moesobotrya Stapfiana. Fruits comestibles rouges à maturité.
Raisin vert (divers).			291	Staphysora albida (Euphorbiacées).	Fruits comestibles verts à maturité.
Rikio (abé de la Côte d'Ivoire).	Asam, Okess (pahouin) — N'tiombi (m'pongoué).	Rikie.	303	Uapaca guineensis (Euphorbiacées).	

S

NOMS CONNUS ET ORIGINE DE CES NOMS	DÉNOMINATIONS DIVERSES	NOMS PROPOSÉS POUR l'usage commercial	Numéros des pages de Chevalier	NOMS SCIENTIFIQUES PROBABLES ET FAMILLE BOTANIQUE	OBSERVATIONS
1	2	3	4	6	7
Sapoucali.			(?)	Indéterminé.	
Sangoun (divers).	Bonandjo (pahouin).		61	Allanblackia floribunda (Guttifères).	
Santal d'Afrique (divers).			589	Pterocarpus erinaceus (Légumineuses papilionacées).	
Sanyi.			(?)	Indéterminé.	
Sassanga.			(?)	Indéterminé.	
Sessono (pahouin).	Ogambia-gambia (m'pongoué).		227	Plectronia sp. (Rubiacées).	
Sikoi (pahouin).			(?)	Indéterminé.	
Sogo ou Sorro ou Soro ou Sorno ou Souso (pahouin).	Oboco, Osoko ou Oisoko (gabonais, m'pongoué et n'komi) — Sokoué (Sikiani) — Osoro (intérieur du Gabon) - Issombo (Bapounou).	Ossoko.	284	Scyphocephalium Ochocoa (Myristicacées).	Les pahouins utilisent le fruit comme appât pour le piégeage. Voir Ossoko.
Sorové (Sikiani)	Voir Sogo.	Ossoko.	284	Scyphocephalium Ochocao (Myristicacées).	
Scoué-Sousou (Loango).	Voir Essoula.	Essoula.	148	Placodiscus pseudostipularis (Sapindacées).	
Surbiacolo (gabonais) ou Synmacolo (gabonais).	Nsoun (pabuin) — Arbre à ail — Liviza (ivili) — Liozzo (ivili).		75 et 166	Hua gabonii (Sterculiacées) et Scorodophlœus Zenkeri (Légumineuses Césalpiniées).	Ces deux espèces botaniques différentes, portent les mêmes noms indigènes et ont toutes deux une écorce à goût alliacé, utilisée comme condiment par les noirs.

T

NOMS CONNUS ET ORIGINE DE CES NOMS	DÉNOMINATIONS DIVERSES	NOMS PROPOSÉS POUR l'usage commercial	Numéros des pages de Chevalier	Numéros des pages de Chevalier	NOMS SCIENTIFIQUES PROBABLES ET FAMILLE BOTANIQUE	OBSERVATIONS
1	2	3	4	5	6	7
TAGULA (divers).			98	98	Pterocarpus tinctorius (Légumineuses papilionacées).	
TALI (Malinké).	Eloun (pahouin) — Elondo (n'komi) — Baga (Balumbo).	Tali,	179	179	Erytrophloeum guineense (Légumineuses Césalpiniées).	Cet arbre se retrouve à la Côte d'Ivoire et au Cameroun.
TCHISSAFOUKALA (Loango)	Olengué (gabonais) — Abeul ou Abel (pahouin) — Obélé (Sikiani).	Danarium.	114	114	Canarium velutinum (Burséracées).	
TCHORO (m'pongoué).	Evonvonlé, Evong-Evong (pahouin).	tulipier du Gabon	276	278	Spathodea campanulata (Bignoniacées).	Voir Evong-Evong.
TCHOMI (m'pongoué).	Asam, Okass (pahouin) — Ozombi (gabonais) — N'Tiombi (m'pongoué) — Rikio (Côte d'Ivoire).	Rikio.	303-305	303-305	Uapaca sp. (Euphorbiacées).	
TCHOMBONO (Sikiani).	Assas, Ecuoleveu (pahouin) — Ossésindé (gabonais) — N'kola (Loango) — Otindia (m'pongoué).	Assas.	293	293	Bridelia speciosa (Euphorbiacées).	
TCHONGOBA (gabonais).	Voir Alo, Alep?	Alep.	98	98	Desbordesia (Irvingiacées).	
TCHONTSI (gabonais).	Voisin de Eloun (pahouin) — Elondo (m'pongoué).	Tali,	179	179	Erythrophloeum sp. (Légumineuses Césalpiniées).	
TCHOUMBOU.	Voir Tsoumbou.	Tsoumbou.	196	196	Piptadenia ou Newtonia sp. (Légumineuses Mimosées).	
TEMI (Balumbo)	Alo ou Alep (pahouin).	Alep.	99	92	Irvingia oblonga (?) (Irvingiacées).	
TECK (divers).	Djatti (malais).	Teck.	312	312	Tecktonia grandis.	
TECK D'AFRIQUE (divers).	Eloun, Abang (pahouin) — Mandji (m'pongoué) — Kambala (n'komi, Setté-Cama) — Nombo (Sikiani).	Iroko.	328 357-493	325 367-493	Chlorophora regia ou excelsa (Urticacées)	
TEUL (pahouin).	Tel (pahouin) — N'téné (Loango) — Itoundoulon (m'pongoué) — Igogoro (m'pongoué).	Teul.	317	317	Ficus Vogeliana (Urticacées).	

NOMS CONNUS ET ORIGINE DE CES NOMS	DÉNOMINATIONS DIVERSES	NOMS PROPOSÉS POUR l'usage commercial	Numéros des pages de Chevalier
1	2	3	4
TISSORINA (gabonais).			144-149
TIOGO (m'pongoué).	Voir Tchogo.	Tulipier du Gabon	276
TISSILILI (Loango).	Voir Toum (pahouin).		309
TISSÉE ou TIÉBÉE (Loango).	Bois Corail, Ohinego, Erigo (m'pongoué) — Igonagou (Setté-Cama) — M'bel-kboui (pahouin).	Padouk.	440
TIVILA (Loango).	Voir Evila, Ebène.	Ebène.	244
TOBO ou TOBOU (Setté-Cama, Baponnou).	Voir Elelom (pahouin).	Bahia.	233
TOBO (Setté-Cama).	Voir Niové.	Niové.	255
TOGOLO (m'pongoué).	Okara (pahouin).		151
TOL ou TOLL (pahouin).	N'Tené (Loango) — Houndoniou (m'pongoué). Ce ne serait pas le même que Igogoro. Izogozo (gabonais) qui est un Ficus Voisin.	Tsul.	317
TOLIETOUN (pahouin).			152
TOM (pahouin).	Diva-vira (m'pongoué) — Beaume de San-Thomé.		114
TOMBO (Bikiani).	Bilinga (m'pongoué, n'komi) — N'toma, Aloma (pahouin) — N'gulu-Maza (Loango).	Bilinga.	259
TOMU (divers).			109
TOULOUT (gabonais).			140
TOUM (pahouin).	Nabiourobou, Tsoumbou (gabonais) — Tome, Ensalé (pahouin).	Tsoumbou.	196
TOUM (pahouin).	Toum (pahouin) — Voisin de Tolabritoum (pahouin) — N'toum (pahouin) est différent — Ossimizle (pahouin) est un peu différent. Le Tsoumbou est très différent.		180

Numéros des pages de Chevalier	NOMS SCIENTIFIQUES PROBABLES ET FAMILLE BOTANIQUE	OBSERVATIONS
3	6	7
145-149	Chytranthus edulis (Sapindacées).	
276	Spathodea campanulata (Bignoniacées).	Voir Evong-Evong.
469	Piptadenia sp. (Légumineuses Mimosées).	
119	Pterocarpus Soyauxii (Légumineuses Césalpinées).	Voir Eboul.
234	Diospyros Evila (Ebénacées).	
233	Mitragyne macrophylla (Rubiacées).	
265	Staudtia gabonensis (Myristicacées).	Voir M'Boun.
151	Pseudospondias gigantea (Anacardiacées)	
317	Ficus Vogeliana (Urticacées).	
153	Piptadenia ? (Légumineuses Mimosées).	
144	Pachylobus balsamifera (Burséracées).	
229	Sarcocephalus Trillesii (Rubiacées).	
109	Pachylobus Klaineana (Burséracées).	
146	Glossolepis Klainii (Sapindacées).	
196	Piptadenia sp. ou Newtonia sp (Légumineuses Mimosées).	Les pahouins se servent de la sève de cet arbre pour les épreuves judiciaires. Ils en mettent dans l'œil de l'inculpé qui devient aveugle s'il est coupable... (et même s'il est innocent).
180	Piptadenia sp. (Légumineuses Mimosées).	Il faut lire dans Chevalier, page 180 « Toum » et non « Troum ».

NOMS CONNUS ET ORIGINE DE CES NOMS	DÉNOMINATIONS DIVERSES	NOMS PROPOSÉS POUR l'usage commercial	Numéros des pages de Chevalier	Numéros des pages de Chevalier	NOMS SCIENTIFIQUES PROBABLES ET FAMILLE BOTANIQUE	OBSERVATIONS
1	2	3	4	5	6	7
Toumé (n'komi).	Dibimbi-djamamba (Bayaka) — Otua-Nzam (pahouin).		295	295	Discoglypremna Caloneura (Euphorbiacées).	
Tym (pahouin).			193	193	Pentaclethra Eetveldeana (Légumineuses Mimosées).	
Tsogo (pahouin).	Voir Sogo.	Ossoko.	244	244	Scyphocephalium Ochocoa (Myristicacées)	Voir Ossoko.
Tsombi (n'komi, Fernan-Vaz).			(?)	(?)	Indéterminé.	
Tsoumbou ou Tchoumbou (m'pongoué)	Toms, Toum (pahouin) — Eassé (pahouin)	Tsoumbou.	196	196	Piptadenia sp. ou Newtonia sp. (Légumineuses).	Voir Toum.
Tulé (gabonais).			146	146	Glossolepis Klainii (Sapindacées).	
Tulipier (divers).	Evong-Evong, Evongbelé-vonghélé, Evonvonló (pahouin) — Tchogo, Ntiogo (gabonais).	Tulipier du Gabon	278	278	Spathodea campanulata (Bignoniacées).	Voir Evong-Evong
Tulipier du Gabon (divers).	Voir Tulipier.	Tulipier.	278-279	278-279	Spathodea campanulata (Bignoniacées).	
U					U	
Usoro (divers).	Ochoco, Ossoko (gabonais) — Sogo, Tsogo (pahouin) — Issombo (bapounou.	Ossoko.	264	264	Scyphocephalium Ochocoa (Myristicacées).	
V					V	
Vésou (gabonais).			165	165	Macrolobium sp. (Légumineuses césalpiniées).	
Vétékouke (pahouin).			153	153	Lonchocarpus sericeus (Légumineuses Papilionacées).	
Viass ou Vioss (pahouin)	Voir Kamba.		126	126	Heisteria Trilleslana (Olacinées).	
Voumba (m'pongoué).	Ebain-Bisaih (m'pongoué).		248	248	Chrysophyllum subnudum (Sapotacées).	

NOMS CONNUS et origine de ces noms	DÉNOMINATIONS DIVERSES	NOMS PROPOSÉS pour l'usage commercial	Numéros des pages de Chevalier	Numéros des pages de Chevalier	NOMS SCIENTIFIQUES probables et famille botanique	OBSERVATIONS
1	2	3	4	5	6	7
W					**W**	
WAUFNE (pahouin).	Ovinozy (Fernan-Vaz).	Dami-deuil.	212	234	Diospyros aggregata (Ebénacées).	
Z					**Z**	
ZAMANGOULA (gabonais).	Voir Zaminguila (ci-après).	Acajou du Gabon	175	130	Khaya sp. (Méliacées).	
ZAMINGOULA (pahouin).	Ombéga, Mbéga (pahouin) — Ombéga, Zamanguila (gabonais) — Dilolo di Benga, Bilolo di Benga (Loango).	Acajou du Gabon	36 et 129-130	36 et 129-130	Khaya sp. (Méliacées).	
ZEKI (pahouin).	M'poussa (gabonais).		31	51	Monodora myristica (Anonacées).	
ZINGANA (pahouin).	Bois Zèbre (Colons) — Izingana (Fernan-Vaz).	Zingana.	241	241	Légumineuse indéterminée, probablement Macrolobium.	

MISSION BERTIN

Fig. 14. — L'éléphant « Fritz » au travail à la Mission Sainte-Anne
sur les bords du lac du Fernan-Vaz.

Fig. 15. — Pont et piste dans la Grande Forêt Primaire.

CHAPITRE SIXIÈME

TABLE ALPHABÉTIQUE DES NOMS SCIENTIFIQUES

donnant la référence au nom commercial,
s'il y a lieu d'en proposer un,
ou aux noms locaux quand il en existe de connus.

Ce nom commercial ou indigène pourra généralement être retrouvé
dans notre Chapitre V, Pages Nos 159 à 273.

---

(1) D'après A. Chevalier.

NOMS SCIENTIFIQUES	Référence de la page du livre A. Chevalier *Bois du Gabon*	FAMILLE BOTANIQUE	NOM COMMERCIAL ET INDIGÈNE

A

NOMS SCIENTIFIQUES	Référence	FAMILLE BOTANIQUE	NOM COMMERCIAL ET INDIGÈNE
Acíou Icondere. Bn.	203	Rosacées.	
Acolea. Pierre.	240	Sapotacées.	Ougounou, Aculé.
Acolea ? moniliformis. Pierre.	241	Sapotacées.	Ougounou, Acolé.
Acolea missionis. Pierre.	240	Sapotacées.	Ougounou, Acolé.
Acrosepalum Klaineanum. Pierre.	80	Tiliacées.	
Acrosepalum Poba. Pierre.	81	Tiliacées.	
Adenonema Klaineanum. Pierre.	277	Loganiacées.	
Afrodaphne. Stapf.	286	Lauracées.	
Afrodaniella. Stapf.	164	Légumineuses Césalpiniées.	
Afzelia. Smith.	162	Légumineuses Césalpiniées.	
Albizzia. Durazzini.	188	Légumineuses Mimosées.	
Alchornea cordata. Benth.	288	Euphorbiacées.	
Alchornea floribunda. Müll.	288	Euphorbiacées.	
Alchornea glabrata. Prain.	288	Euphorbiacées.	
Alchornea sp.	288	Euphorbiacées.	
Allamblackia Klainii. Pierre.	62	Guttifères.	Sangoun.
Allamblackia floribunda. Oliv.	62	Guttifères.	Bouandjo.
Allamblackia nerviflora. A. Chevalier.	62	Guttifères.	Bouandjo.
Alloxis cauliflora. Pierre.	55	Violariées.	Abinioro.
Alsodeia. Thou.	54	Violariées.	Abinioro.
Alstonia congoensis. Engler.	273	Apocynées.	Emien.
Alstonia pedicellata. Pierre.	273	Apocynées.	Emien.
Amphimas Klaineanus. Pierre in Pellegrin.	162	Légumineuses Césalpiniées.	Nchioumbou.
Amphimas ferrugineus. Pierre.	162	Légumineuses Césalpiniées.	Nchioumbou.
Ancistrocarpus. Oliv.	80	Tiliacées.	
Angynocalyx.	201	Légumineuse.	Fira.

NOMS SCIENTIFIQUES	Référence de la page du livre A. Chevalier (Bois du Gabon)	FAMILLE BOTANIQUE	NOM COMMERCIAL ET INDIGÈNE
Anisophyllea laurina var. gabonia. Pierre.	205	Rhizophoracées.	
Anisophyllea sororia. Pierre.	205	Rhizophoracées.	
Anopyxis leiocarpus.	364	Page 364 ?	
Anona Myristica. Gaertn.	50	Anonacées.	M'poussa.
Anoumabia cyanosperma. A. Chev.	145	Sapindacées.	
Anopyxis occidentalis. A. Chev.	205	Rhizophoracées.	
Anopyxis Kleineana. Pierre.	205	Rhizophoracées.	
Antrocaryon Kleineanum. Pierre.	148-150	Anacardiacées.	Onzabili.
Antiaris toxicaria var. africana. Scott Elliot.	311-312	Urticacées.	Ako.
Antiaris usambarensis. Engler.	311-312	Urticacées.	
Antiaris Welwitschii. Engler.	312	Urticacées.	
Anthostema Aubryanum. Bn.	288-533	Euphorbiacées.	Ossongo.
Anthocleista Vogelii. Planch.	277	Loganiacées.	Ororo-Ahlughé.
Anthocleista nobilis. G. Don.	277	Loganiacées.	Ahlushé.
Antidesma.	45		
Apotrichilia.	194	Méliacées.	
Aptandra Gore. Hua.	533	Olacinées.	
Argomuellera macrophylla. Pax.	288	Euphorbiacées.	
Argomuellera sessilifolia. Prain.	288	Euphorbiacées.	
Aribyoma. Pierre.	78	Sterculiacées.	
Aubrya gabonensis. Bn.	86	Sterculiacées.	Ozouga.
Aucoumea Kleineana. Pierre.	109-110-111-380.	Burséracées.	Okoumé.
Autranella congolensis.	371	Sapotacées.	
Avicennia africana. P. Beauv.	280	Verbénacées.	Palétuvier blanc.
Artocarpus incisa.		Urticacées.	Arbre à pain (cultivé).

B

NOMS SCIENTIFIQUES	Référence de la page du livre A. Chevalier (Bois du Gabon)	FAMILLE BOTANIQUE	NOM COMMERCIAL ET INDIGÈNE
Baccaurea Staudtii. Pierre.	291	Euphorbiacées.	Raisin vert.
Bothica minor. Oliv.	160	Légumineuses Césalpiniées.	
Baillonella toxifera.	255	Sapotacées.	

NOMS SCIENTIFIQUES	Référence de la page du livre A. Chevalier (Bois du Gabon)	FAMILLE BOTANIQUE	NOM COMMERCIAL ET INDIGÈNE
Baillonella toxisperma. Pierre.	241-242	Sapotacées.	Moabi.
Baillonella Djavé.	245-246	Sapotacées.	Moabi.
Baillonella Njavé.	246	Sapotacées.	Moabi.
Balsamocitrus gabonensis. Swingle.	19-87	Rutacées.	Poire à poudre des Pahouins.
Baphia. Afzel.	99-156	Légumineuse Papilionacées.	
Baphia laurifolia. Bn.	158	Légumineuse Papilionacées.	Eharmébène.
Baphia nitida. Lodd.	158	Légumineuse Papilionacées.	
Barteria Soyauxii. Engl.	219	Passifloracées.	Arbre à fourmis.
Barteria Bartert. Hook.	219	Passifloracées.	Arbre à fourmis.
Barteria Dewevrei. Wild. et Dur.	219	Passifloracées.	Gome-nomo.
Barteria fistulosa. Hook.	219	Passifloracées.	Gome-nomo.
Bassia Djavé. de Lanessan.	242-243	Sapotacées.	Moabi.
Bassia Noumgou. de Lanessan.	243	Sapotacées.	
Berlinia acuminata. Sol.	163-166-267	Légumineuses Césalpiniées.	Eborha.
Berlinia angolensis.	364		
Berlinia auriculata. Benth.	162-163	Légumineuses Césalpiniées.	
Berlinia platycarpa. Pierre.	163	Légumineuses Césalpiniées.	
Berlinia Kleineana. Pierre.	162	Légumineuses Césalpiniées.	
Berlinia bracteosa. Benth.	167	Légumineuses Césalpiniées.	Eblara.
Berlinia polyphylla. Harms.	168	Légumineuses Césalpiniées.	
Berlinia sp.		Légumineuses Césalpiniées.	Andoung.
Beilschmiedia Kleineana. Pierre.	286	Lauracées.	
Berchemia discolor. Hemsley.	145	Rhamnacées.	
Berchemia ? exavata. Pierre.	145	Rhamnacées.	
Bingeria. A. Chev.	125	Méliacées.	
Blighia sapida. Koenig.	145-146	Sapindacées.	
Bombax à fleurs blanches.	77	Bombacées.	

NOMS SCIENTIFIQUES	Référence de la page du livre A. Chevalier *Bois du Gabon*	FAMILLE BOTANIQUE	NOM COMMERCIAL ET INDIGÈNE
Bombax Buonopozense. P. B.	76	Malvacées.	Bombax.
Bombax breviscupe. Sprague.	76	Malvacées.	
Bombax Buergenti. Ulbrich.	76	Malvacées.	
Bombax flammeum. Ulbrich.	76	Malvacées.	
Bombax guineense.	37	Malvacées.	
Bombax Kimuense. de Wild.	76	Bombacées.	
Bombax sp.	76	Bombacées.	
Borassus flabellifer.		Palmiers.	Rônier.
Boswellia Klaineana.	112	Burséracées.	
Bridelia ferruginea.	45		
Bridelia grandis. Pierre et Hutch.	283	Euphorbiacées.	Assas.
Bridelia speciosa. Muell. Arg.	283	Euphorbiacées.	Assas.
Brazzeia congoensis. Bn.	83	Rhaptopétalacées ou Scytopétalacées.	Acolia.
Brazzeia biseriata. van. Tiegh.	83	Rhaptopétalacées ou Scytopétalacées.	Abianguar, Oblan guan.
Brazzeia rosea. van Tiegh.	83	Rhaptopétalacées ou Scytopétalacées.	Acolia.
Brazzeia Klainei. Pierre.	83	Rhaptopétalacées ou Scytopétalacées.	Abianguar, Oblan guan.
Brazzeia Soyauxii. Oliv.	83	Rhaptopétalacées ou Scytopétalacées.	Abianguar, Oblan guan.
Brazzeia scandens. van Tiegh.	83	Rhaptopétalacées ou Scytopétalacées.	Acolia.
Brazzeia Trilleriana. Pierre Mss.	83	Rhaptopétalacées ou Scytopétalacées.	Abianguar, Oblan guan.
Brachystegia Klainii. Pierre.	163	Légumineuses Césalpiniées.	
Brachystegia robusta. Pierre.	163-169	Légumineuses Césalpiniées.	Ohota.
Brachystegia Klaineana. Pierre.	168-170-171	Légumineuses Césalpiniées.	Ebébiliba.
Brachystegia sp.	163	Légumineuses Césalpiniées.	Buhinga.
Bursera.	90-112	Burséracées).	
Butyrospermum Parkii.	245-254	Sapotacées.	
Byrsanthus.	177	Samydacées.	Blankanialt.

NOMS SCIENTIFIQUES	Référence de la page du livre A. Chevalier *Bois du Gabon*	FAMILLE BOTANIQUE	NOM COMMERCIAL ET INDIGÈNE
C			
Cælocline parviflora. A. DC.	53	Anonacées.	
Cælocaryon cuneatum. Warb.	282	Myristicacées.	
Cælocaryon Klainii. Pierre in Heckel.	282	Myristicacées.	
Cælocaryon oxycarpum. Stapf.	282	Myristicacées.	
Calsiama. Raf.	149	Anacardiacées.	
Colesia. Raf.	149	Anacardiacées.	
Calesiam. Adans.	149	Anacardiacées.	
Calesiam Klaineanum. Pierre.	149	Anacardiacées.	
Calesiam articulatum. Pierre.	149	Anacardiacées.	
Calesiam egule.	149	Anacardiacées.	
Caloncoba glauca. Gilg.	56	Flacourtiacées ou Bixacées.	Niami-ngoma.
Calpocalyx Klainii. Pierre.	189-192	Légumineuse Mimosée.	Miama.
Camptostylus petiolaris. Pierre.	55	Bixacées.	
Camptophytum Klaineanum. Pierre.	221	Rubiacées.	
Camptophytum globrum. Pierre.	221	Rubiacées.	
Canarium occidentale.	383	Burséracées.	Canarium.
Canarium Schweinfurthii. Engl.	108-113	Burséracées.	
Canarium Thollonicum. Guillaum.	108	Burséracées.	
Canarium velutinum. Guillaum.	108-114	Burséracées.	Olengué.
Canthium horizontale. Schum. et Thonn.	227	Rubiacées.	
Canthium sp.	227	Rubiacées.	Ogambia-gambia.
Carapa off. — procera. D. C.	125	Méliacées.	Ngâm.
Carapa procera. D. C.	123	Méliacées.	
Carapa guianensis. Aubl.	123	Méliacées.	
Carapa gummiflua. C. DC.	123	Méliacées.	
Carapa Klaineana.	124	Méliacées.	
Carapa microcarpa. A. Chev.	123	Méliacées.	
Carapa Touloucouna.	123	Méliacées.	

NOMS SCIENTIFIQUES	Référence de la page du livre A. Chevalier *Bois du Gabon*	FAMILLE BOTANIQUE	NOM COMMERCIAL ET INDIGÈNE
Carapa velutina. C. DC.	123	Méliacées.	
Casearia hexagona. Pierre Mss.	55	Flacourtinées ou Bixacées.	
Casearia Klaineana ou neanum ? Pierre Mss.	55	Flacourtiacées ou Bixacées.	
Casearia anonæformis. Pierre Mss.	56	Flacourtiacées ou Bixacées.	
Castilloa Elastica.	132	Artocarpées.	Caoutchouc de l'Amérique centrale.
Celba pentandra. L. Gaertn..	73	Malvacées, Bumbacées.	Fromager.
Celtis guineensis.	292	Urticacées.	
Celtis sp.	312	Urticacées.	
Centroplacus glaucinus. Pierre.	289	Euphorbiacées.	
Centroplacus paniculatus. (Pax) Pierre.	289	Euphorbiacées.	
Centroplacus ? Klaineanus. Pierre.	289	Euphorbiacées.	
Cerolepis. Pierre.	55	Flacourtiacées ou Bixacées.	
Chelonecarya. Pierre.	132	Olacinées.	
Chlorophora excelsa. Welw..	319-313-314-315	Urticacées.	
Chlorophora regia. A. Chev.	312-314-315	Urticacées.	Iroko (Côte d'Ivoire, Dahomey, Lagos, Gold Coast).
Chloromyrtus Klaineana. Pierre.	211	Myrtacées.	
Chloromyrtus Soyauxii. Engl.	211	Myrtacées.	
Chrysobalanus chariensis.	49	Page 49 ?	
Chrysobalanus ellipticus. Solaud.	203	Rosacées.	
Chrysophyllum africanum. A. DC.	245	Sapotacées.	
Chrysophyllum Autranianum. A. Chev.	265-268-269	Sapotacées.	
Chrysophyllum congoense. Pierre.	248	Sapotacées.	
Chrysophyllum Lacourtianum. de Wild.	265	Sapotacées.	Abamm.
Chrysophyllum (sect. Donella).			
Chrysophyllum Letestuanum. A. Chev.	270	Sapotacées.	
Chrysophyllum macrophyllum. Sabine et G. Don.	248	Sapotacées.	
Chrysophyllum (sect. Donella) ogowense.	270	Sapotacées.	
Chrysophyllum (sect. Donella) pruniformis. Pierre.	241	Sapotacées.	Prunier du Gabon.

NOMS SCIENTIFIQUES	Référence de la page du livre A. Chevalier *Bois du Gabon*	FAMILLE BOTANIQUE	NOM COMMERCIAL ET INDIGÈNE
Chrysophyllum (Gambeya) subnudum. Baker.	241-248	Sapotacées.	Vounda.
Chrysophyllum sp.	241-249	Sapotacées.	Abamm.
Chrysophyllum sp. (aff. albidum). G. Don.	247	Sapotacées.	Mbébame.
Chrysophyllum sp. (aff. africanum). G. Don.	247	Sapotacées.	Mbébame.
Phyiranthus edulis. Pierre.	145-149	Anacardiacées.	Tienndebélé.
Phyiranthus macrophyllus. Gilg.	147	Sapindacées.	Hgen.
Phyiranthus sp.	147-141	Sapindacées.	Scarghebem ou Essabèrne.
Ricca discoidea. Bn.	192	Euphorbiacées.	
Cistanthera. K. Schum.	81	Tiliacées.	
Cistanthera Fouassieri. A. Chev.	81	Tiliacées.	
Cistanthera citriopsis. Pierre.	87	Rutacées.	
Cistanthera Klainii. Pierre Mss.	87	Rutacées.	
Cistanthera Cleidion. Biome.	992	Euphorbiacées.	
Cistanthera gabonicum. Bn.	980	Euphorbiacées.	
Cleistanthus gabonensis. Hutch.	989	Euphorbiacées.	
Cleistopholis glauca. Pierre in Engler.	48	Anonacées.	
Cleistopholis Klaineana. Pierre in Engler	48	Anonacées.	
Cleistopholis patens (Benth.) Engler.	48-49	Anonacées.	
Coffea humilis, arabica ou liberica.		Rubiacées.	Café.
Combretodendron. A. Chev.	213	Combrétacées.	
Conopharyngia crassa. Benth. Stapf.	274	Apocynées.	
Conopharyngia durissima. Stapf.	273	Apocynées.	
Conopharyngia Jollyana. Pierre in Stapf	274	Apocynées.	
Cola acuminata. Scheit. et Endh	78	Sterculiacées.	Kolatier.
Cola Ballayi.	78	Sterculiacées.	Kolatier.
Cola dasysperma. Pierre.	78	Sterculiacées.	Annshloln.
Cola lateritia. K. Schum.	70	Sterculiacées.	Ebenbouré.
Cola nitida.	400	Sterculiacées.	
Cola verticillata.	400	Sterculiacées.	
Cola sp. (Courtenia).	78	Sterculiacées	Orendé rouge.
Copaifera Arnoldiana. Wild.	193-199-443	Légumineuse indéterminée n° 3.	Ngoul.

NOMS SCIENTIFIQUES	Référence de la page du livre A. Chevalier — Bois du Gabon	FAMILLE BOTANIQUE	NOM COMMERCIAL ET INDIGÈNE
Copaifera Demeusei. Harms.	163	Légumineuses Césalpiniées.	
Copaifera ? Mannii.	164	Légumineuses Césalpiniées.	
Corynanthe gabonensis. A. Chev.	222	Rubiacées.	Omponedé.
Corynanthe Johimbe. K. Schum.	223	Rubiacées.	Kbvoughounzo.
Corynanthe paniculata.	221	Rubiacées.	
Cosmoheuron Klaineanum. Pierre.	132	Olacacées.	
Coula edulis. Bn.	133	Olacacées.	Gouin.
Croton Dybowskii. Hutch.	289	Euphorbiacées.	
Croton oligandrum. Pierre et Hutch.	289-294	Euphorbiacées.	Ngoul.
Croton oxypetalus. Müll. Arg.	280	Euphorbiacées.	
Croton sp.	294	Euphorbiacées.	Asourémon.
Crotonomonyne angustifolia. Pax.	289	Euphorbiacées.	
Crotononogyne argentea. Pax.	294	Euphorbiacées.	Mabéré.
Crotononogyne gabonensis. Pax.	289	Euphorbiacées.	
Crotononogyne parviflora. Prain.	289	Euphorbiacées.	
Crotononogyne Soyauxii. Prain.	289	Euphorbiacées.	
Crotononogyne Zenkeri. Pax.	289	Euphorbiacées.	
Cupania edulis. Schum. et Thonn.	140	Sapindacées.	
Cyanothyrsus. Harms.	164	Légumineuses Césalpiniées.	
Cyclostemon gabonensis. Pierre.	290-293	Euphorbiacées.	Hilem.
Cyclostemon Klaineanus. Pierre.	296	Euphorbiacées.	
Cyclostemon verrucosus. Pierre.	290	Euphorbiacées.	
Cylicodiscus gabunensis. Harms.	159	Légumineuse Mimosée.	
Cynometra sp.	163	Légumineuse Césalpiniée.	
Cynometra ? Klainii. Pierre.	162	Légumineuse Césalpiniée.	
Cyrtogonome argentea. Prain.	294	Euphorbiacées.	Mabéré

NOMS SCIENTIFIQUES	Référence de la page du livre A. Chevalier — Bois du Gabon	FAMILLE BOTANIQUE	NOM COMMERCIAL ET INDIGÈNE
D			
Dactylopetalum Barteri. Hook.	90b	Rhizophoracées.	Obeountchoa.
Daniellia (Cyanothyrsus) Klainei. Pierre.	172	Légumineuse Césalpiniée.	Daniella.
Daniellia (Cyanothyrsus) Soyauxii. Harms.	172	Légumineuse Césalpiniée.	Ivondé.
Daniellia thurifera.	164	Légumineuse Césalpiniée.	
Dasypetalum Klaineanum. Pierre.	55	Flacourtiacées ou Bixacées.	
Dasylepis. Pierre.	55-56	Flacourtiacées ou Bixacées.	
Desbordesia glaucescens. (Engler) Pierre.	92-93	Irvingiacées.	Aiho, Allo.
Desbordesia insignis. Pierre.	92-94-95-96	Irvingiacées.	Aiho, Allo.
Desbordesia Pierreana. van Tiegh.	92-93	Irvingiacées.	Aiho, Allo.
Desbordesia pallida. van Tiegh.	92	Irvingiacées.	Aiho, Allo.
Desbordesia Soyauxii. van Tiegh.	92	Irvingiacées.	Aiho, Allo.
Desplatzia caudata. Pierre.	81	Tiliacées.	Aka ou Akak.
Desplatzia Klainii. Pierre.	81	Tiliacées.	
Desplatzia subericarpa. Bocq	81	Tiliacées.	
Desplatzia Trillesiana. Pierre.	81	Tiliacées.	Ikandika.
Dialium guineense. Wild.	173-176	Légumineuse Césalpiniée.	Onvong.
Dialium macranthum. A. Chev.	174-175-176	Légumineuse Césalpiniée.	
Dialium sp. (aff. — connaroides). Harms.	176	Légumineuse Césalpiniée.	Oina.
Dichostemma glaucescens. Pierre.	290	Euphorbiacées.	
Didelotia africana. Pierre.	177	Légumineuse Césalpiniée.	Kévazinga.
Didelotia Duparquetiana.	177	Légumineuse Césalpiniée.	M'pandya.
Diospyros aggregata.	233	Ébénacées.	Demi-deuil.
Diospyros dasypetala. Pierre	233	Ébénacées.	

NOMS SCIENTIFIQUES	Référence de la page du livre A. Chevalier (*Bois du Gabon*)	FAMILLE BOTANIQUE	NOM COMMERCIAL ET INDIGÈNE
Diospyros Denda.	30	Ebénacées.	
Diospyros Ebenum. Retz.	31	Ebénacées.	
Diospyros flavescens. Gurke.	31-225-238-239	Ebénacées.	Ebène.
Diospyros Evila. Pierre.	31-234-236-237	Ebénacées.	Ebène.
Diospyros Klaineana. Pierre.	87-233	Ebénacées.	
Diospyros sphaerocarpa. Pierre.	233	Ebénacées.	
Diospyros Diphasia. Pierre.	87	Rutacées.	
Diospyros Klaineana. Pierre.	87	Rutacées.	
Discoglypremna caloneura. Prain.	296	Euphorbiacées.	Otua nzam.
Distemonanthus Benthamianus. Bn.	177-198-444	Légumineuse Césalpiniée.	Moviagui.
Dodonaea viscosa.	366		
Dracaena fragrans. Gawl.	319	Liliacées.	Ozogoué.
Drypetes arborescent. Oliv.	290	Euphorbiacées.	
Drypetes gabonensis. Pierre.	290-296	Euphorbiacées.	Kilem.
Drypetes Klainii. Pierre et Pax.	290	Euphorbiacées.	
Drypetes Poxii. Hutch.	290	Euphorbiacées.	
Drypetes Pierreana. Hutch.	290	Euphorbiacées.	
Drypetes verrucosa (Pierre) Hutch.	290	Euphorbiacées.	
Dryptopetalum Griffonii. Bn.	205	Rhizophoracées.	Obeountchos.
Duboscia macrocarpa. Bocq.	81-82	Tiliacées.	Aka.
Duboscia polyantha. Pierre Mss.	81	Tiliacées.	
Dumoria africana. A. Chev.	37-243-250-251	Sapotacées.	Dauka.
Dumoria Heckelt. A. Chev.	245-273-251	Sapotacées.	
Dysoxylum. Pierre.	173	Méliacées.	

E

NOMS SCIENTIFIQUES	Référence	FAMILLE BOTANIQUE	NOM COMMERCIAL ET INDIGÈNE
Egossea laurifolium. Pierre.	84	Rhaptopétalacées ou Scytopétalacées.	
Ekebergia. Sparrm.	123	Méliacées.	
Elaeis guineensis.		Palmiers.	Palmier à huile.

NOMS SCIENTIFIQUES	Référence de la page du livre A. Chevalier (*Bois du Gabon*)	FAMILLE BOTANIQUE	NOM COMMERCIAL ET INDIGÈNE
Emiliomarcelia. T. et H. Durand.	148	Anacardiacées.	Raisin pahouin ou Mvoui ou Mrouia
Enantia chlorantha. Oliv.	48-397	Anonacées. Page 397?	
Eulada.	189	Légumineuse Mimosée.	
Entandrophragma Pierrei. A. Chev.	194	Legumineuse Mimosée.	
Eriocoelum.	148	Sapindacées.	
Eriobroma Klaineana. Pierre.	78-79	Sterculiacées.	
Eriobroma oblonga. (Mast.) Pierre Mss.	78	Sterculiacées.	
Eriodendron anfractuosum. DC.	73	Malvacées, Bombacées.	Fromager du Soudan ou Bantan.
Eriodendron guineense. Schum et Thonn.	76-77	Malvacées, Bombacées.	Fromager.
Erythrophlœum guineense. G. Don.	154-179	Légumineuse Césalpiniée.	Tali.
Erythrophlœum gabunense. Taub.	189	Légumineuse Mimosée.	
Erythrophlœum Le Testui. A. Chev.	180-181-182	Légumineuse Césalpiniée.	
Erythropyxis ecandens. Pierre.	83	Rhaptopétalacées ou Scytopétalacées.	Acolla.
Eugenia (Syzygium). Fleuryi. A. Chev.	214	Myrtacées.	Ntioumba.
Eugenia guineensis. Baill.	211-214	Myrtacées.	Ntioumba.
Eugenia Soyauxii. Engl.	211	Myrtacées.	

F

NOMS SCIENTIFIQUES	Référence	FAMILLE BOTANIQUE	NOM COMMERCIAL ET INDIGÈNE
Fagara angolensis. Engl.	87	Rutacée.	
Fagara Klaineana. Pierre.	87	Rutacée.	
Fagara macrophylla. Oliv.	44-68	Rutacée.	Mongo.
Fagara sp.	68	Rutacée.	Olonvoge.
Fegimanra africana. Pierre	149	Anacardiacées.	Nguembé.
Feronia gabonensis. M. Cornu Hort.	87	Rutacées.	Poivre à poudre des Pahouins.

NOMS SCIENTIFIQUES	Référence de la page du livre A. Chevalier (Bois du Gabon)	FAMILLE BOTANIQUE	NOM COMMERCIAL ET INDIGÈNE
Ficus exasperata. Vahl.	316	Urticacées.	Akopi.
Ficus punctata. Lamk.	316-399	Urticacées.	Mkengué.
Ficus (sycomorus) Vogeliana. Miq.	317	Urticacées.	Teul
Ficus Vogelii.	399	Urticacées.	
Piliocopsis discophora. Harms.	189-190-191-192	Légumineuse Mimosée.	Alie.
Firmiana Klaineana. Pierre.	78	Sterculiacées.	Ingen.
Firmiana Spircana. Pierre.	78	Sterculiacées.	Ingen.
Fourniana obovata. Pierre.	290	Euphorbiacées.	
Funtumia elastica. (Preuss) Stapf.	29-273-367	Apocynacées.	Caoutchouc d'Afrique.
Funtumia africana. Stapf.	275	Apocynacées.	Forl.

G

NOMS SCIENTIFIQUES	Référence de la page du livre A. Chevalier (Bois du Gabon)	FAMILLE BOTANIQUE	NOM COMMERCIAL ET INDIGÈNE
Gambeya africana. (DC). Pierre.	246	Sapotacées.	
Gambeya congoensis. Pierre.	246	Sapotacées.	
Garcinia Afzeliana. Pierre.	63	Guttifères.	Ngé-ngé.
Garcinia Klaineana. Pierre.	63	Guttifères.	Owali.
Garcinia sp. (Sect. Xanthochymus).	65	Guttifères.	Owali.
Gardenia.	45		
Glossolepis Klainii. Pierre.	146	Sapindacées.	Toulout.
Grewiopsis. De Wild.	81	Tiliacées.	
Grossera paniculata. Pax.	290	Euphorbiacées.	
Grumilea. Gaertn.	221	Rubiacées.	

H

NOMS SCIENTIFIQUES	Référence de la page du livre A. Chevalier (Bois du Gabon)	FAMILLE BOTANIQUE	NOM COMMERCIAL ET INDIGÈNE
Habertio. Pennat.	149	Anacardiacées.	Ogana.
Habzelia aethiopica. A. DC.	52	Anonacées.	
Haematostaphis. Hook.	149	Anacardiacées.	
Haematostaphis Barteri. Hook.	149	Anacardiacées.	Adjouaha.

NOMS SCIENTIFIQUES	Référence de la page du livre A. Chevalier (Bois du Gabon)	FAMILLE BOTANIQUE	NOM COMMERCIAL ET INDIGÈNE
Haematostaphis Pierrei. Engl.	154	Anacardiacées.	Otom.
Haematostaphis Klaineana. Pierre.	154	Anacardiacées.	Otoes.
Hannoa Klaineana. Pierre.	69	Simarubacées.	
Hardwickia ? Mannii. Oliv.	160	Légumineuse Césalpiniée.	
Haronga madagascariensis paniculata. Choisy.	61	Hypéricinées.	Atrui.
Hasskarlia minor didymostemon. Bn.	296	Euphorbiacées.	Okoum.
Heisteria Trilleriana. Pierre in Heckel.	132-134-135-136	Olacinées.	Noisette des bois.
Herminiera Elaphroxylon. G. et Perr.	197	Légumineuse Papilionacées.	
Hernandia beninensis. Walw.	286-287	Lauracées.	Olumbol-loumbol.
Hevea brasiliensis.		Euphorbiacées.	Caoutchouc de l'Amérique du Sud.
Hexolobus. A. DC.	49	Anonacées.	
Hexalobus grandiflorus. Benth.	46	Anonacées.	Owui.
Hexalobus crispiflorus. A. Rich.	49	Anonacées.	Owui.
Homalium africanum. Benth.	118	Samydacées.	tibafoughélé.
Homalium macropterum. Gilg.	219	Samydacées.	Mrénézo.
Homalium sarcopetalum. Pierre.	55	Flacourtiacées ou Bixacées.	
Homalium stipulaceum. Welw	55	Flacourtiacées ou Bixacées.	
Hoplestigma Klaineanum. Pierre.	56-57-58-59	Flacourtiacées ou Bixacées.	Dzigno.
Hormogyne altissima. A. Chev.	263	Sapotacées.	
Hormogyne gabonensis. A. Chev.	264-265-267	Sapotacées.	
Hormogyne Pierrei. A. Chev.	262	Sapotacées.	
Hua Gabonii. Pierre.	78-156	Sterculiacées. Légumineuse Césalpiniée.	Arbre à ail. Estoun.
Hylodendron gabonense ou *gabunense.* Taub.	181-182-184-185	Légumineuse Césalpiniée.	Pindja.
Hymenostegia Klainii. Pierre.	184-183	Légumineuse Césalpiniée.	
Hymenostegia sp.	183	Légumineuse Césalpiniée.	Escuna.
Hyphaene.	44		

NOMS SCIENTIFIQUES	Référence de la page du livre A. Chevalier *Bois du Gabon*	FAMILLE BOTANIQUE	NOM COMMERCIAL ET INDIGÈNE
I			
Irvingella Klainei. van Tiegh.	93	Irvingiacées.	
Irvingella Smithii. (Hook. f.) van Tiegh.	93	Irvingiacées.	
Irvingella Spirei. van Tiegh.	93	Irvingiacées.	
Irvingia gabonensis. Bn.	44-93-95	Irvingiacées.	Oba ou Iba.
Irvingia glaucescens. (Engler).	93	Irvingiacées.	
Irvingia Klainii. Pierre.	93	Irvingiacées.	Allo, Allom.
Irvingia oblonga. A. Chev.	93-99	Irvingiacées.	Alep.
Isolona hexaloba. (Pierre) Engl. et Diels.	48	Anonacées.	
Isolona Klaineana. Pierre.	48-50	Anonacées.	Ogoha.
J			
Jatropha Heudelotii. H. Bn.	292	Euphorbiacées.	Essessang.
Jollydora.	12-17		
K			
Karica berchemioides. Pierre.	145	Rhamnacées.	N'Karla.
Khaya (aff. — anthoteca), C. DC.	129	Méliacées.	Acajou du Gabon.
Khaya (aff. — grandis). Sprague.	130	Méliacées.	Acajou du Gabon.
Khaya ivorensis. A. Chev.	36-128-129-326	Méliacées.	
Khaya Klainii. Pierre.	36-125-126-127 128-129-130	Méliacées.	
Klaincanthus gaboniæ. Pierre.	290	Euphorbiacées.	
Klaineastrum gabonense. Pierre. Mss.	215	Mélastomacées.	
Klaineastrum pulcherrimum. Gilg.	215	Mélastomacées.	

NOMS SCIENTIFIQUES	Référence de la page du livre A. Chevalier *Bois du Gabon*	FAMILLE BOTANIQUE	NOM COMMERCIAL ET INDIGÈNE
Klainedoxa cuprea. van Tiegh.	92	Irvingiacées.	
Klainedoxa Dybowskii. van. Tiegh.	92	Irvingiacées.	Licongo.
Klainedoxa gabonensis. Pierre.	92-93-100-102 103	Irvingiacées.	Okip ?
Klainedoxa Lecomtei. van. Tiegh.	92	Irvingiacées.	
Klainedoxa longifolia. Pierre.	92-93	Irvingiacées.	
Klainedoxa latifolia. Pierre.	101	Irvingiacées.	Eveuss.
Klainedoxa macrocarpa. van Tiegh.	92	Irvingiacées.	
Klainedoxa macrophylla. Pierre.	92-93	Irvingiacées.	
Klainedoxa sphærocarpa. van Tiegh.	92	Irvingiacées.	Eveues.
Klainedoxa spinosa. van Tiegh.	92-101	Irvingiacées.	Owingué.
Klainedoxa Trilliesii. Pierre.	92	Irvingiacées.	Erel.
Klainedoxa Tholloni. van Tiegh.	92	Irvingiacées.	
Klainedoxa tripyrena. van Tiegh.	92	Irvingiacées.	
Klainedoxa Kokkia. Zipp. ex. Blume.	149	Anacardiacées.	
L			
Locodiscus Klaineanus. Pierre.	145	Sapindacées.	
Landolphia Owariensis.		Apocynacées.	Liane à caoutchouc.
Lannea Zenkeri. Engl. et Krause.	129-130	Anacardiacées.	Oleumi.
Lasiodiscus ? Klainii. Pierre.	144	Rhamnacées.	
Lavalleopsis densiventia. Engl.	137-138-139	Olacinées ou Olacacées.	Kamba.
Lavalleopsis Klaineana. Pierre.	132-138	Olacinées ou Olacacées.	
Lavalleopsis Lavigeria.	12-21	Olacinées ou Olacacées.	
Lecaniodiscus. Planch.	146	Sapindacées.	
Lecaniodiscus Klainii. Pierre.	146	Sapindacées.	
Lecomtedoxa Klaineana. Pierre.	141	Sapotacées.	N'Guembé.
Leioptyx congoensis. Pierre.	124	Méliacées.	
Leplaulus. Benth.	132	Olacinées.	
Liriodendron tulipifera.	8		

NOMS SCIENTIFIQUES	Référence de la page du livre A. Chevalier *Bois du Gabon*	FAMILLE BOTANIQUE	NOM COMMERCIAL ET INDIGÈNE
Litosiphon. Pierre Mss.	124	Méliacées.	
Lonchocarpus cyanescens. Oliv.	397		
Lonchocarpus sericeus. H. B. K.	158	Légumineuse Papilionacées.	Venékouer.
Lophira alata. Banks.	104	Lophiracées.	
Lophira procera. A. Chev.	104-105 107-352	Lophiracées.	Azobé.
Lovoa Klaineana. Pierre.	124-139	Méliacées.	Alone.
Lovoa trichilioides. Harms.	124	Méliacées.	
Lucula.	29		
Lychnodiscus.	156	Sapindacées.	

M

NOMS SCIENTIFIQUES	Référence	FAMILLE BOTANIQUE	NOM COMMERCIAL ET INDIGÈNE
Maba. Foret.	31-233	Ébénacées.	
Maba ? *Autraniana.* Pierre.	233	Ébénacées.	
Maba ? Cylantha Klaineana. Pierre.	233	Ébénacées.	
Maba sp.	240	Ébénacées.	Variété d'ébène.
Macaranga Pierreana. Prain.	291	Euphorbiacées.	
Macaranga Zenkeri. Pax.	290-297	Euphorbiacées.	
Macarisia.	205	Rhizophoracées.	
Macrolobium Palisoti. Benth.	164-186	Légumineuse Césalpiniée.	Palissandre d'Afrique.
Macrolobium Stephanti. A. Chev.	165	Légumineuse Césalpiniée.	
Macrolobium stipulaceum. Benth.	165	Légumineuse Césalpiniée.	
Macrolobium diphyllum. Harms.	183	Légumineuse Césalpiniée.	
...sobotrya Barteri. Hutch.	291	Euphorbiacées.	Raisin rouge.
...sobotrya Dussenii. (Pax). Hutch.	291	Euphorbiacées.	
Maesobotrya Griffoniana (Bn). Pierre.	291	Euphorbiacées.	Raisin vert.
Maesobotrya Longipes. (Pax) Hutch.	291	Euphorbiacées.	
Maesobotrya Staudtii. (Pax) Hutch.	291	Euphorbiacées.	

NOMS SCIENTIFIQUES	Référence de la page du livre A. Chevalier *Bois du Gabon*	FAMILLE BOTANIQUE	NOM COMMERCIAL ET INDIGÈNE
Maesopsis berchemioides (Pierre) Nob.	145	Rhamnacées.	
Malacantha. Pierre.	241	Sapotacées.	
Mallotus subulatus. Müll. Arg.	297	Sapotacées.	Asogomon.
Mammea africana. Don.	63	Guttifères.	
Mammea Ebboro. Pierre.	63-69-70-71	Guttifères.	Ebboro.
Mammea Klaineana. Pierre.	63-65-66-67	Guttifères.	Obote.
Mannia africana. Hook.	89-90	Simarubacée.	
Mangifera africana. Oliv.	149	Anacardiacée.	Nguembé.
Manilkara.	241	Sapotacées.	Nguembégoué.
Maprounea africana.	291	Euphorbiacées.	
Maprounea bridelioides. Pierre Mss.	291	Euphorbiacées.	
Maprounea membranacea. Pax et K. Hoffm.	291-298	Euphorbiacées.	Ossel ?
Markhamia. Ssem.	278	Bignoniacées.	
Megabaria macrophylla (Pax) Pierre Mss.	292	Euphorbiacées.	
Megabaria obovotum. Pierre Mss.	291	Euphorbiacées.	
Megabaria Stapfiana. Beille.	291	Euphorbiacées.	
Megabaria ? Trillesii. Pierre.	291-292-302	Euphorbiacées.	Oouahimbondon
Memecylon calophyllum. Gilg.	215	Mélastomacées.	
Memecylon Lopezianum. A. Chev.	216	Mélastomacées.	Pendo.
Memecylon myrianthum. Gilg.	215	Mélastomacées.	
Memecylon ogowense. A. Chev.	216	Mélastomacées.	
Memecylon pulcherrimum. Gilg.	215	Mélastomacées.	
Memecylon Vogelii.	215	Mélastomacées.	
Microdesmis paniculata. Pax.	289	Euphorbiacées.	
Mildbraedia Klaineana. (Pierre) Hutch.	292	Euphorbiacées.	
Mildbraedia paniculata. Pax.	292	Euphorbiacées.	
Millettia Laurentii. de Wild.	157	Légumineuse Papilionacée.	
Millettia versicolor. Welw.	157	Légumineuse Papilionacée.	
Mimusops congolensis. de Wild.	271-272	Sapotacées.	Anzala.
Mimusops Djave.	242-252	Sapotacées.	Moabi.
Mimusops lacera. Baker.	241-256	Sapotacées.	Qwimen.

NOMS SCIENTIFIQUES	Référence de la page du livre A. Chevalier *Bois du Gabon*	FAMILLE BOTANIQUE	NOM COMMERCIAL ET INDIGÈNE
Mimusops Pierreana. Engler.	943	Sapotacées.	Mbahl.
Mitragyne macrophylla. Hiern.	223-224-225 356	Rubiacées.	Bahia.
Monodora borealis. Scott Elliot.	50	Anonacées.	
Monodora Myristica. (Gaertn.) Dun.	49-50	Anonacées.	Mpoussa.
Morelia senegalensis. A. Rich.	225	Rubiacées.	Ninegont.
Morinda citrifolia. L.	226	Rubiacées.	Akian.
Morus mesozygia. Stapf.	310	Urticacées.	
Musanga Smithii. R. Br.	377	Urticacées.	Parasolier.
Myrianthus arboreus. Pal Beauv.	311-312	Urticacées.	Ndgokom.
Myristica Kombo. M. Bn.	283	Myristicacées.	Illomba.
Myristica Nishue. Bn.	283	Myristicacées.	

N

Newtonia insignis. Bn.	186	Légumineuse Césalpiniée.	Tsoumbou.

O

Ochocoa Gabonii. Pierre.	284	Myristicacées.	Ossoko.
Ochrocarpus africanus. (Don) Oliv.	63	Guttifères.	Mabaro ou Ebot
Octoknema affinis. Pierre.	138-140 141-142	Olacinées.	
Octoknema Klaineana. Pierre.	138	Olacinées.	
Octolepis Casearia. Oliv.	56	Bixacées, Flacourtiacées.	
Odina. Roxb.	149	Anacardiacées.	
Odyendyea gabonensis. Pierre.	89-91	Simarubacées.	
Odyendyea Klaineana. Pierre.	89	Simarubacées.	
Oldfieldia africana. Benth.	292-293	Euphorbiacées.	Fou (Côte d'Ivoire).

NOMS SCIENTIFIQUES	Référence de la page du livre A. Chevalier *Bois du Gabon*	FAMILLE BOTANIQUE	NOM COMMERCIAL ET INDIGÈNE
Omphalocarpum. P. Beauv.	941	Sapotacées.	
Oncoba Kleinii ? Pierre.	56	Bixacées.	Niami-ngoma.
Oncoba Poba ? Pierre.	80	Tiliacées.	
Ungokea Gore. (Hua) Engl.	132	Olacinées.	
Ongokea Klaineana. Pierre.	132-142	Olacinées.	Angueuk.
Oricia gabonensis. Pierre.	88	Rutacées.	
Oricia Klaineana. Pierre.	88	Rutacées.	
Oricia Lecomteana. Pierre.	88	Rutacées.	
Oubanguia denticulata. van Tieghem.	84	Rhaptopétalacées ou Scytopétalacées.	Mbourwé.
Oubanguia laurifolia. Pierre Mss.	84	Rhaptopétalacées ou Scytopétalacées.	
Oubanguia Tholloni.	84	Rhaptopétalacées ou Scytopétalacées.	
Oxystigma.	163-165	Légumineuse Césalpiniée.	
Oxystigma Mannii. (Bn.) Harms.	166	Légumineuse Césalpiniée.	
Oxymitra patens. Bentham.	49	Anonacées.	
Oxymitra hamata. (Benth.) Engler et Diels.	51	Anonacées.	

P

Pachylobus albiflorus. Guillaum.	109	Burséracées.	
Pachylobus balsamifera. Oliv.	109-114-121	Burséracées.	Diva-Vira.
Pachylobus Buttneri. Engl.	109-116	Burséracées.	
Pachylobus Buttneri var. cinerea. A. Chev.	116	Burséracées.	Ozigo.
Pachylobus Ebo.	109	Burséracées.	Ebo ou Ebomail.
Pachylobus Ezigo. Pierre.	116	Burséracées.	
Pachylobus edulis. Don.	109-117-121	Burséracées.	Atango.
Pachylobus edulis var. glabra.	117-120-121	Burséracées.	Adzom.
Pachylobus edulis var. sylvestris. A. Chev.	118-119-120	Burséracées.	Atango.
Pachylobus Klaineana. (Pierre) Guillaume.	109	Burséracées.	Tomm.
Pachylobus Ofha. Guillaum.	109	Burséracées.	

NOMS SCIENTIFIQUES	Référence de la page du livre A. Chevalier *Bois du Gabon*	FAMILLE BOTANIQUE	NOM COMMERCIAL ET INDIGÈNE
Pachylobus trimera. (Oliv.) Guillaum.	109	Burséracées.	
Pachira.	76	Guttifères.	
Pachypodanthium confine. (Pierre), Engl. et Diels.	49-51	Anonacées.	Ntom.
Pachystela cinerea. (Engl.). Pierre.	256	Sapotacées.	Mirino.
Pagamea. Aubl.	221	Rubiacées.	
Paluauza ? gabonensis. A. Chev.	298	Euphorbiacées.	Mboll.
Pala. Juss.	273	Apocynées.	
Pancovia Klaineana. Pierre.	146	Sapindacées.	
Pandu oleosa. Pierre.	307-308-309	Pandacées.	Afane.
Pandanus.	115-357	Burséracées.	
Pausinystalia Johimbe. (K. Schum.) Pierre.	221	Rubiacées.	
Pausinyctalis macroceras. (K. Schum.) Pierre.	221	Rubiacées.	
Pausinystalia Trilleyit. Pierre.	221	Rubiacées	
Parinarium chrysophyllum. Oliv.	204	Rosacées.	
Parinarium excelsum.	202	Rosacées.	
Parinarium gabunense. Engl.	202	Rosacées.	
Parinarium glabrum. Oliv.	204	Rosacées.	Ounguh.
Parinarium minus. Bn.	202	Rosacées.	Eteu ou Pemba.
Parinarium Klaineanum. Pierre Mss.	202	Rosacées.	
Parkia ugboensis. A. Chev.	168-193-383	Légumineuse Mimosée.	Lô (Côte d'Ivoire)
Parkia Klainei. Pierre.	188-193	Légumineuse Mimosée.	
Patonia.	233	Ebénacées.	
Pentaclethra Reiveldeana. de Wild. et Dur.	193	Légumineuse Mimosée.	
Pentaclethra filiciformis. Bureau Mss. in Herb. Mus. Paris.	193	Légumineuse Mimosée.	Tain.
Pentaclethra Griffoniana. Bn.	189	Légumineuse Mimosée.	Nchiurnba, Nchicumbeu.
Pentaclethra macrophylla. Benth.	180-194	Légumineuse Mimosée.	Ovaia.
Pentadesma butyracea. Sab.	64-68	Guttifères.	Oyamba.
Pentadesma gabonensis. Pierre.	64	Guttifères.	

NOMS SCIENTIFIQUES	Référence de la page du livre A. Chevalier *Bois du Gabon*	FAMILLE BOTANIQUE	NOM COMMERCIAL ET INDIGÈNE
Pentadesma leptoneura. Pierre.	64	Guttifères.	
Pentadesma leptoneura var. Klainei. Pierre.	64	Guttifères.	
Pentadesma Lecomteana. Pierre Mss.	64	Guttifères.	
Pentadesma maritima. Pierre.	64	Guttifères.	
Pentadesma Peripeplus Klaineanus.	222	Rubiacées.	
Petalocaryum dulce. Pierre.	132	Olacinées.	
Petersia africana. Welw.	211	Myrtacées.	
Petersia Klainei, Pierre Mss.	211	Myrtacées.	
Petersia minor. Niedenzu.	211	Myrtacées.	
Petersia viridiflora. A. Chev.	214	Combretacées.	Abalé (de la Côte d'Ivoire).
Phoenix.	44		
Phyllanthus discoideus. Muell. Arg.	292	Euphorbiacées.	
Phyllanthus Klainei. Hutch.	292	Euphorbiacées.	
Phyllocosmus africanus. Klotsch.	86	Linacées.	
Picralima nitida. Pierre.	273	Apocynées.	
Pierreodendron durissimum. A. Chev.	258-260-261	Sapotacées.	Dimaguimeuirri.
Pterardia Griffoniana. Bn.	291	Euphorbiacées.	Raisin vert.
Piptadenia africana. Benth.	189-198	Légumineuses Mimosées.	Tsoumbou.
Piptadenia Klaineana. Pierre.	189	Légumineuses Mimosées.	
Piptadenia Mannii.	189	Légumineuses Mimosées.	
Piptadenia unijuga. Pierre.	192	Légumineuses Mimosées.	
Piptadenia sp.	198	Légumineuses Mimosées.	Eseng ou Eseng.
Pithecolobium altissimum. Oliv.	199	Légumineuses Mimosées.	Elengankouma.
Pithecolobium sp.	197	Légumineuses Mimosées.	Eseule.
Piscodiscus pseudo-stipularis. Radlk.	146	Anacardiacées.	Ngué-nané.
Plagiostyles africana. Prain.	292	Euphorbiacées.	
Plagiostyles Klaineana. Pierre.	292	Euphorbiacées.	
Plasiolane Klaineana. Pierre.	222-232	Rubiacées.	Ovibe.

NOMS SCIENTIFIQUES	Référence de la page du livre A. Chevalier *Bois du Gabon*	FAMILLE BOTANIQUE	NOM COMMERCIAL ET INDIGÈNE
Plectronia horizontalis. (Schum. et Thonn.) K. Schum.	227	Rubiacées.	
Plectronia sp.	227	Rubiacées.	Ogambia-gambia.
Plesiatropha Klaineana. Pierre.	293	Euphorbiacées.	
Pleurodiscus. Pierre Mss.	148	Sapindacées.	
Podocarpus Mannii.	42		
Poga pleosa. Pierre.	206-207-208	Rhizophoracées.	Ovaga.
Polyalthia suaveolens. Engl. et Diels.	48	Anonacées.	
Popowia sp.	48	Anonacées.	
Porphyranthus Zenkeri. Engler.	307	Pandacées.	Afane.
Premna angolensis. Gurke.	280	Verbénacées.	
Protomegabaria Stapfiana. Hutch.	291	Euphorbiacées.	
Pterocarpus angolensis. DC.	29	Légumineuses Papilionacées.	
Pterocarpus cabræ.	30	Légumineuses Papilionacées.	
Pterocarpus erinaceus. Poir.	29-389	Légumineuses Papilionacées.	
Pterocarpus Soyauxii. Taub.	95-30-159-160 161	Légumineuses Papilionacées.	Padouk.
Pterocarpus tinctorius. Welw.	29-162	Légumineuses Papilionacées.	
Pterygota.	75	Sterculiacées.	
Ptychopetalum. Benth.	132	Olacinées.	
Pseudorpondias gigontea ? A. Chev.	151-152-153	Anacardiacées.	Togolo.
Pseudospondias Klaineana. Pierre.	154	Anacardiacées.	Otoss.
Pseudospondias longifolia. Engl.	149-154	Anacardiacées.	
Pseudospondias microcarpa. (A. Rich.) Engler.	154	Anacardiacées.	Esougosongo.
Psychotria Gabonia. Hiern.	228	Rubiacées.	Medzimkoga ou Medzimkouro.
Psychotria Klaineana. Pierre.	222	Rubiacées.	Avouana.
Pycnanthus Kombo (Bn.) Warb.	282	Myristicacées.	
Pycnanthus Niohué. Warb.	283	Myristicacées.	
Pynaertia occidentalis. A. Chev.	205	Rhizophoracées.	
Pyramidocarpus caudatus.	56	Flacourtiacées ou Bixacées.	
Pyramidocarpus pellolarii. Pierre.	56	Flacourtiacées ou Bixacées.	

NOMS SCIENTIFIQUES	Référence de la page du livre A. Chevalier *Bois du Gabon*	FAMILLE BOTANIQUE	NOM COMMERCIAL ET INDIGÈNE
Q			
Quassia africana. Bn.	88	Rutacées.	Ogama, Ojon.
Quassia tetramera. Pierre.	89	Simarubacées.	
R			
Randia. Pierrot., A. Chev.	223	Rubiacées.	Mongo.
Rauwolfia macrophylla. Stapf.	275	Apocynées.	Evoma.
Rauwolfia vomitoria. Afzel.	276	Apocynées.	
Raphyostyles fusca. Pierre.	133	Olacinées.	
Raphiostyles latifolia. Pierre.	133	Olacinées.	
Rhaptopetalum Soyauxii. Oliv.	83	Rhaptopétalacées ou Scytopétalacées.	Ahlanguar Oblonguan.
Rhopalopilia.	77		
Rhizophora Mangle. L.	35-206	Rhizophoracées.	Palétuvier.
Rhizophora racemosa. G. F. Meyer.	35-209	Rhizophoracées.	Palétuvier ?
Ricinodendron africanus. Muell. Arg.	292-299	Rhizophoracées.	Essessang.
S			
Saccoglottis gabonensis. (Bn.) Urban	86	Humiriacées.	Ozouga.
Santiriopsis. Engl.	108-109	Burséracées.	
Santiridium. Pierre.	109	Burséracées.	
Sapium ellipticum. (Hockst.) Pax.	292-301	Euphorbiacées.	
Sapium Mannianum. Benth.	301	Euphorbiacées.	M'ban.
Sarcocephalus Pobeguini.	383	Rubiacées.	Badi.
Sarcocephalus Trillesii. Pierre.	37-229-230 251 355	Rubiacées.	Bilinga.
Sarcocephalus sp.	232	Rubiacées.	Inklohia.

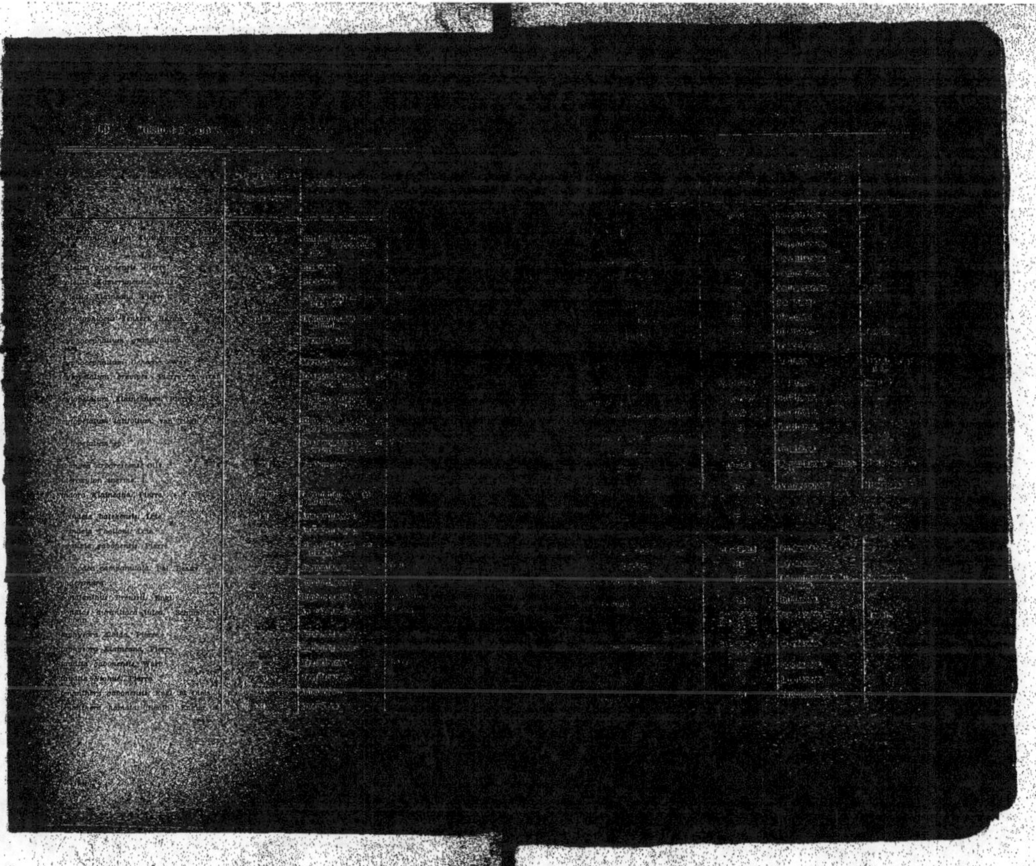

NOMS SCIENTIFIQUES	Référence de la page du livre A. Chevalier *Bois du Gabon*	FAMILLE BOTANIQUE	NOM COMMERCIAL ET INDIGÈNE
Théobroma Cacao.		Sterculiacées.	Cacaoyer.
Tragia elliptica. Hochst.	292	Sterculiacées.	
Treculia acuminata. Ba.	311	Urticacées.	
Treculia africana.	311-319	Urticacées.	Arbre à pain d'Afrique.
Treculia Klaineana. Pierre.	311	Urticacées.	
Treculia sp.	319	Urticacées.	Oyaya.
Trichilia caloneura. Pierre.	125	Méliacées.	
Trichilia Gilletii. de Wild.	131	Méliacées.	Tali.
Trichilia Heudelotii. Planch.	125	Méliacées.	
Trichilia Welwitschii.	125	Méliacées.	
Trichilia ? papillosa. Pierre.	124	Méliacées.	
Trichoscypha acuminata. Engl.	149	Anacardiacées.	
Trichoscypha africana. Lete.	149	Anacardiacées.	
Trichoscypha ferruginea. Engl.	149	Anacardiacées.	
Trichoscypha fusca. Lete.	149	Anacardiacées.	
Trichoscypha gabonensis. Lete.	149	Anacardiacées.	
Trichoscypha Klainei. Lete.	149	Anacardiacées.	
Trichoscypha longifolia. Engl.	149	Anacardiacées.	
Trichoscyhpa macrophylla. Lete.	149	Anacardiacées.	
Trichoscypha nigra. Lete.	149	Anacardiacées.	
Trichoscypha Preussii. Engl.	149	Anacardiacées.	
Trichoscypha reticulata. Engl.	149	Anacardiacées.	
Trichoscypha rubicunda. Lete.	149	Anacardiacées.	
Trichoscypha turbinata. Lete.	149	Anacardiacées.	
Trillesianthus. Pierre Mss.	21-81	Tiliacées.	
Trillesianthus ? sp.	82	Tiliacées.	
Tripleurodiscus Klaineanus. Pierre.	290	Euphorbiacées.	
Triplochiton scleroxylon.	398	Sterculiacées.	Samba (de la Côte d'Ivoire).
Tulea.	145	Sapindacées.	
Turraeanthus Klainei. Pierre.	125	Méliacées.	
Turraeanthus Zenkeri.	125	Méliacées.	
Tylostemon gabonensis. (Meism.) Stapf.	288	Lauracées.	

NOMS SCIENTIFIQUES	Référence de la page du livre A. Chevalier *Bois du Gabon*	FAMILLE BOTANIQUE	NOM COMMERCIAL ET INDIGÈNE
Tylostemon Mannii. (Meism.) Stapf.	288	Lauracées.	
Tylostemon minutiflorus. Meism. Stapf.	288	Lauracées.	

U

NOMS SCIENTIFIQUES	Référence de la page du livre A. Chevalier *Bois du Gabon*	FAMILLE BOTANIQUE	NOM COMMERCIAL ET INDIGÈNE
Uapaca guinensis. Müll. Arg.	303-304	Euphorbiacées.	Rikio.
Uapaca Heudelotii. Bn.	305	Euphorbiacées.	Rikio.
Uapaca Le Testuana. A. Chev.	304	Euphorbiacées.	
Unona aethiopica. Dun.	52	Anonacées.	Ogana.
Uvaria gigantea. Engl.	48	Anonacées.	
Uvaria parviflora. Guill. et Perr.	53	Anonacées.	
Uvariastrum Pierreanum. Engl.	18-49	Anonacées.	
Uvariastrum sp.	52	Anonacées.	Ogoumbvikua.

V

NOMS SCIENTIFIQUES	Référence de la page du livre A. Chevalier *Bois du Gabon*	FAMILLE BOTANIQUE	NOM COMMERCIAL ET INDIGÈNE
Vitellaria paradoxa.	254	Sapotacées.	
Vitex Agnus-castus. L.	280	Verbenacées.	
Vitex grandifolia. Gürke.	280	Verbenacées.	Evans.
Vitex pachyphylla. Bak.	281	Verbenacées.	Evino.
Youapa macrophylla.	165	Légumineuses Césalpiniées.	Okamba.

W

NOMS SCIENTIFIQUES	Référence de la page du livre A. Chevalier *Bois du Gabon*	FAMILLE BOTANIQUE	NOM COMMERCIAL ET INDIGÈNE
Wirigenia. Jungh.	149	Anacardiacées.	

NOMS SCIENTIFIQUES	Référence de la page du livre A. Chevalier Bois du Gabon	FAMILLE BOTANIQUE	NOM VERNACULAIRE
	X		
Xantochymus.	63	Guttifères	
Ximenia americana.	133	Olacinées	[illisible]
Ximenia gabonensis, de Lanessan.	133	Olacinées	
Xylopia acutiflora. Benth.	53	Anonacées	
Xylopia aethiopica. (Dun.) A. Rich.	49-52	Anonacées	[illisible]
Xylopia Klaineana. Pierre.	49	Anonacées	
Xylopia longipetala. de Wild. et Th. Dur.	53	Anonacées	
Xylopia parviflora (Guill. et Perr.) Vallot.	53	Anonacées	
Xylopia undulata. Pal. Beauv.	50-51	Anonacées	[illisible]

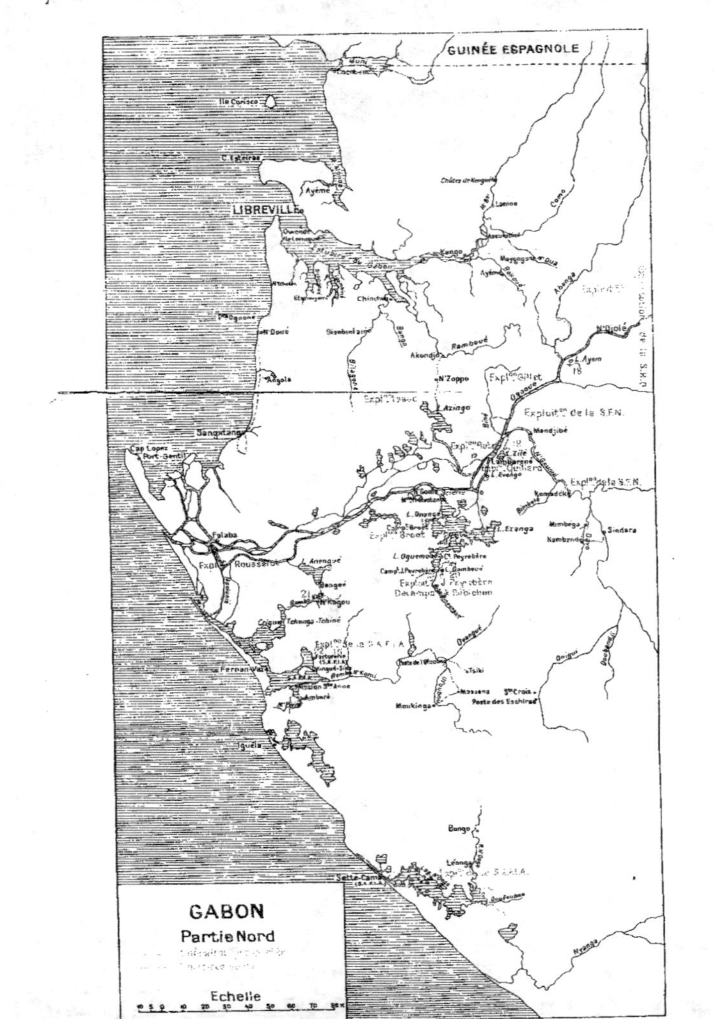

GUINÉE ESPAGNOLE
Ile Corisco
LIBREVILLE
GABON
Partie Nord
Echelle

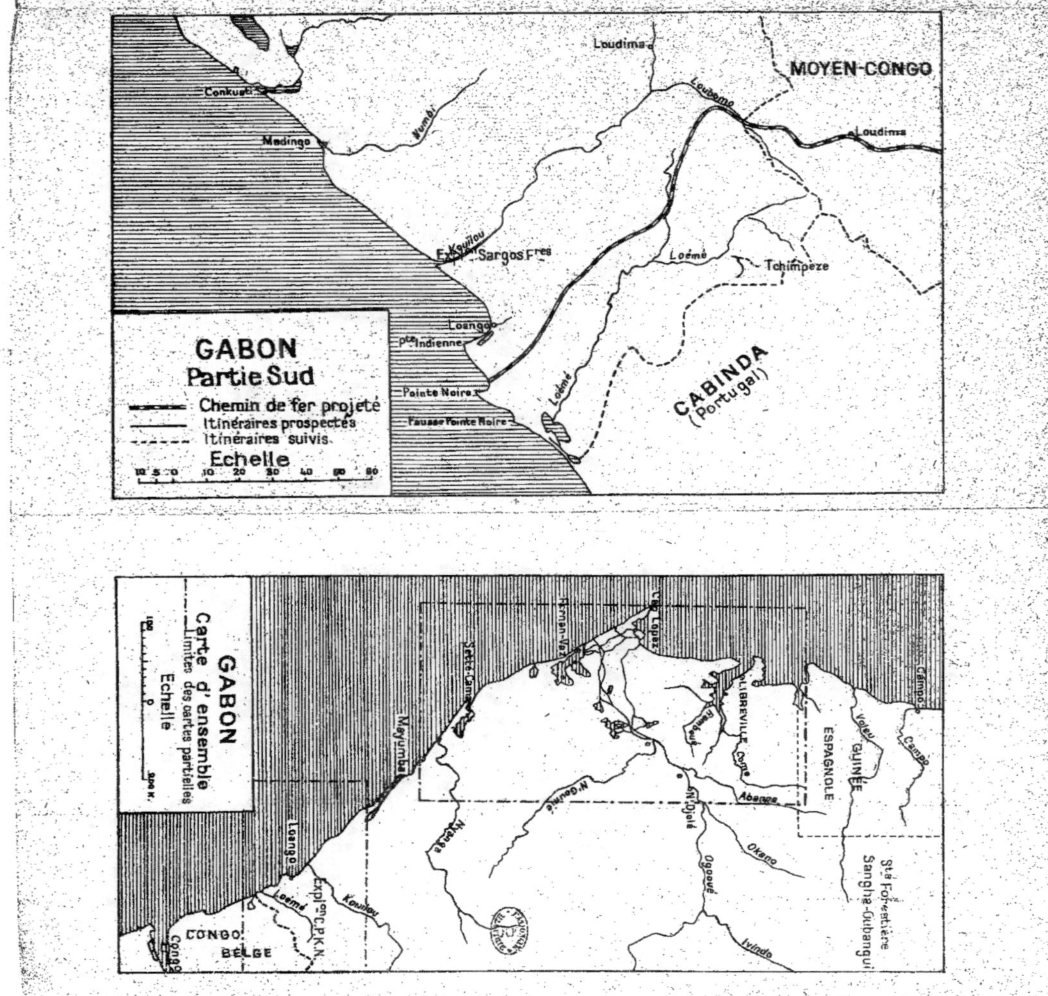

MOYEN-CONGO
Loudima
Loubomo
Loudima
Bembi
Medingo
Conkuati
Kouilou
Expl on Sargos Frès
Loémé
Tchimpeze
Loémé
Loango
pte Indienne
Pointe Noire
Fausse Pointe Noire
CABINDA (Portugal)
GABON
Partie Sud
Chemin de fer projeté
Itinéraires prospectés
Itinéraires suivis
Echelle
10 5 0   10 20 30 40 50 60
GABON
Carte d'ensemble
Limites des cartes partielles
Echelle
100   0   200 K.
Campo
Valeu
GUINEE
ESPAGNOLE
Ste Forestière
Sangha-Oubangui
LIBREVILLE
Come
Abanga
Okano
Ivindo
Ogooué
Rembaué
N'Djolé
N'Gounié
Cap Lopez
Fernan-Vaz
Setté-Cama
Nyanga
Mayumba
Loango
Loémé
Expl on C.P.K.N.
Kouilou
CONGO BELGE
Congo

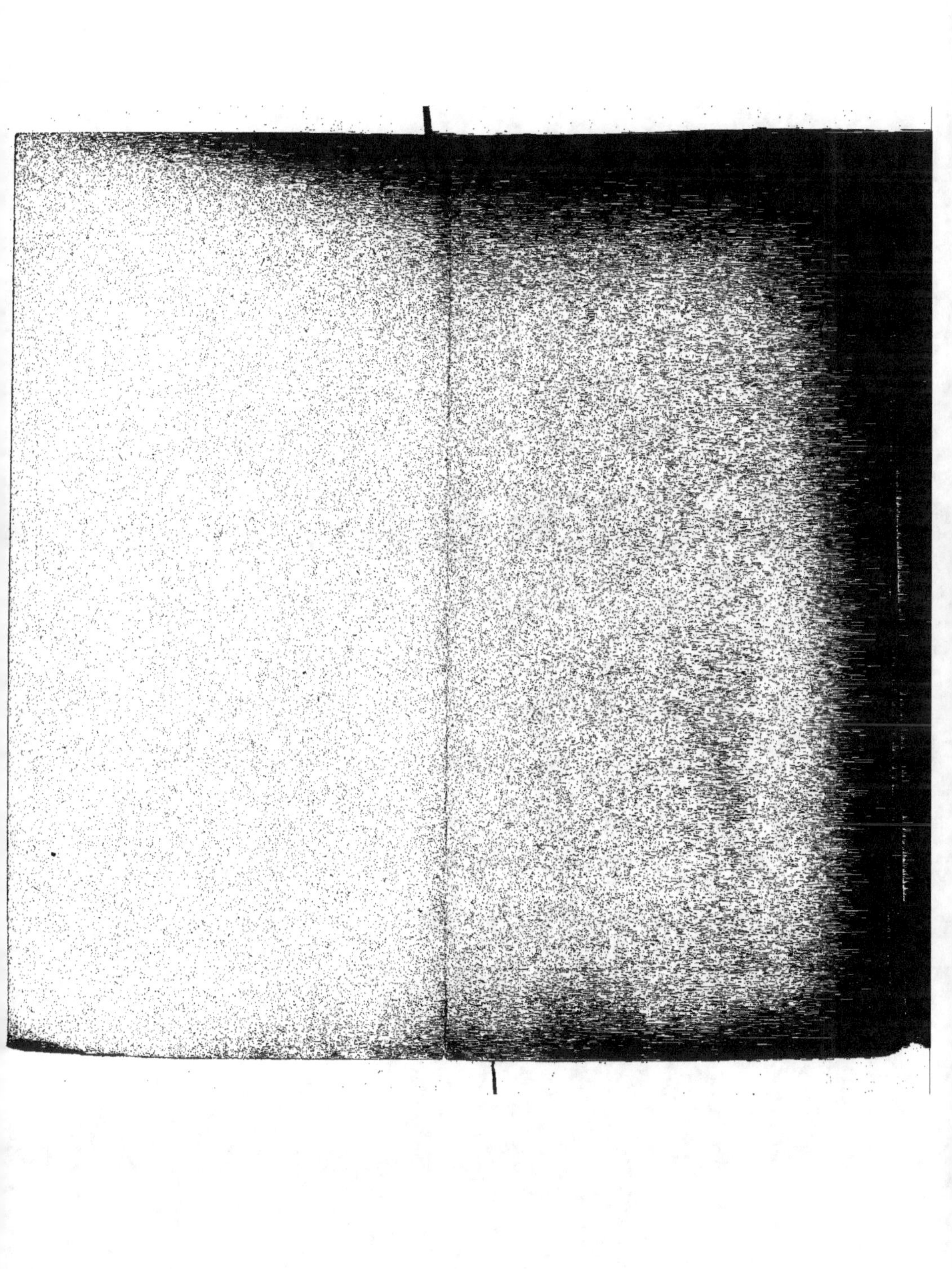

TABLE DES MATIÈRES

ANGERS. — IMPRIMERIE F. GAULTIER & A. THÉBERT